十四五

高等学校创新性数智化应用型经济管理规划教材（财务系列）

省级一流本科专业（会计学）建设点配套教材

总主编 / 李雪　主审 / 徐国君

U0955096

资产评估（第二版）

陈晓冬　杨岫◎主编

耿菲◎副主编

立信会计出版社

LIXIN ACCOUNTING PUBLISHING HOUSE

图书在版编目(CIP)数据

资产评估 / 陈晓冬，杨屾主编. —2 版. —上海：立信会计出版社，2023.2

“十四五”高等学校创新性数智化应用型经济管理规划教材. 财务系列

ISBN 978-7-5429-7234-7

Ⅰ. ①资… Ⅱ. ①陈… ②杨… Ⅲ. ①资产评估—高等学校—教材 Ⅳ. ①F20

中国国家版本馆 CIP 数据核字(2023)第 033992 号

策划编辑　方士华
责任编辑　方士华
美术编辑　吴博闻

资产评估(第二版)

ZICHAN PINGGU

出版发行	立信会计出版社		
地　　址	上海市中山西路 2230 号	邮政编码	200235
电　　话	(021)64411389	传　　真	(021)64411325
网　　址	www.lixinaph.com	电子邮箱	lixinaph2019@126.com
网上书店	http://lixin.jd.com		http://lxkjcbs.tmall.com
经　　销	各地新华书店		

印　　刷	上海华业装璜印刷有限公司	
开　　本	787 毫米×1092 毫米	1/16
印　　张	14.25	
字　　数	365 千字	
版　　次	2023 年 2 月第 2 版	
印　　次	2023 年 2 月第 1 次	
书　　号	ISBN 978-7-5429-7234-7/F	
定　　价	45.00 元	

如有印订差错，请与本社联系调换

总　序

教材是高校实现人才培养目标的重要载体,教材及教材建设对高校发展具有举足轻重的作用。与培养模式相对应的教材是培养合格人才的基本保证,是实现培养目标的重要工具。由于历史的原因,在财经类教材的出版方面,相关出版社出版研究型本科或者高职高专、中等职业等层次的教材较多,应用型本科教材较少。虽然近年来一些应用型本科教材也陆续出版,但总体而言,这些教材还是缺乏权威性、普适性、实用性、创新性。造成这种状况的原因主要在于:出版社对财经类应用型本科教材的出版还不够重视,没有进行有效的组织;财经类应用型本科院校多为新建院校,教材建设相对滞后,主观上也较愿意使用研究型本科教材;在教材使用中存在比较严重的混用现象,教材目标读者群不明确,如不少教材既适用于研究型本科院校又适用于应用型本科院校,或者既适用于本科院校又适用于高职高专院校。

由于目前财经类应用型本科教材种类和数量匮乏或质量欠佳,财经类应用型本科院校不得不沿用传统研究型教材。这些教材本身的质量很好、级别很高,但是并不适用于应用型本科院校的教学,教师和学生普遍反映不好用。即使在全国范围看,也还没有相对成套、成熟的适合财经类应用型本科院校的教材。现有教材存在的主要问题包括:①教材的定位和要求过高;②教材的内容偏多、难度偏大;③教材着重于理论解释,相关案例、实训等内容较少,缺乏普适性、实用性。

与此同时,信息技术的快速发展使学生的学习习惯和阅读习惯发生了改变,不断朝个性化、自主学习的方向发展,传统的单一纸质教材已经无法适应这种变化。翻转课堂、慕课、微课等网络课程的兴起,混合式教学的不断推进,也对立体化教材建设提出了新的要求。教材作为一种课堂上的教学工具、一种传播媒介,理应顺势而为,随课堂形式、学生学习方式的改变而改变,朝着数字化、立体化、可视化的方向发展。因此,需要编写适应学生水平、便于学生接受的立体化财经类应用型本科教材。

我们组织具有多年应用型人才培养经验的优秀教师和实务界专家编写了这套教材。本系列教材有《会计基本技能》《出纳实务》《基础会计》《中级财务会计》《成本会计》《管理会计》《会计信息系统》《财务管理》《审计学》《高级财务会计》《商业分析》《税法》《经济法》《金融学》等品种。为了保证教材的质量,本系列教材聘请了知名高校的专家教授进行专门指导和审核。每本教材至少有一名本学科的知名专家或学科带头人提出审核指导意见,至少有一名高等院校教学一线的高级职称教师组织编写,至少有一名行业协会、实务界专家或教学研究机构人员提出编写建议。

本系列教材的特色如下。

1. 应用性

应用型本科的教材建设应坚持培养应用型本科人才的定位，充分吸收和借鉴传统的普通本科教材与高职高专类教材建设的优点和经验，以就业为导向，做到理论上高于高职高专类教材、动手能力的培养上高于传统的本科院校教材。本系列教材体现了应用型本科的定位，体现了素质教育和"以学生发展为本"的教育理念，遵循了高等教育教学基本规律，重视知识、能力和素质的协调发展，根据应用型人才培养模式对学生的创新精神、实践能力和适应能力的要求，在内容选材、教学方法、学习方法、实验和实训配套等方面突出了应用性特征。

2. 针对性

本系列教材的编写符合会计学、财务管理和审计学等专业的培养目标、培养需求、业务规格和教学大纲的基本要求，与各专业的课程结构和课程设置相对应，与课程平台和课程模块相对应。教材在结构纵横的布局、内容重点的选取、示例习题的设计等方面符合教改目标和教学大纲的要求，把教师的备课、试讲、授课、辅导答疑等教学环节有机地结合起来。

3. 立体化

本系列教材为立体化教材，实现了由传统纸质教材向"纸质教材＋数字资源"的转变，通过技术手段将晦涩难懂的理论知识转变为直观的具体知识，以立体化、数字化的方式呈现，包括图文、动画、音频、视频等多种形式，生动、有趣且易懂，不仅可以激发学生的学习兴趣，还有利于教学效果的提升。

4. 趣味性

本系列教材注重趣味性，使用了大量的例题和案例，每章都加入了"思政育人""相关思考""延伸阅读"等内容，使读者能够加深理解，便于掌握相关内容。在案例、例题等的设计选用上重点突出趣味性，易于引发读者的共鸣。

5. 先进性

本系列教材反映了应用型会计人才教育教学改革的内容，能够反映学科领域的新发展。教材的整体规划、每一种教材的内容构建等均体现了创新性。教材还强调了系列配套，包括了教材、学习参考书、教学课件等。立体化教材在内容修订上更具有明显优势，线上资源可以随时根据政策法规、理论知识或工作实务等的变化进行调整，更有利于保持教材内容的先进性。

6. 基础性

本系列教材将打破传统教材自身知识框架的封闭性，尝试多方面知识的融会贯通，注重知识层次的递进，体现每一门科目的基本内容，同时在具体内容上突出实际运用能力，做到"教师易教，学生乐学，技能实用"。

7. 易于自学

自学能力是大学生的一项基本能力。学生只有具备了自主学习的能力，才能最终建立起终身学习的保障体系，这也是应用型本科人才培养的客观要求。应用技术型高校的生源素质与普通高校相比存在一定的差距，除了一部分是高考发挥失误的学生，还有一部分学生在学习习惯、基础知识等方面存在一定的欠缺，这就要求教材能够调动这部分学生的学习积极性，在理论方面尽量通俗易懂，在实践方面尽量采用案例式教学。为了有利于学生课后自主学习，本系列教材配套了学习指导书和教学课件。

因此，本系列教材的定位准确，特色明显，适用于应用型本科院校教学，容易得到学生和市场的认可，便于学生的自学和教师的教学。

"十四五"高等学校创新性数智化应用型经济管理规划教材凝聚了众多领导、教授和专家多年来的经验和心血。当然，由于我们的经验和人力有限，教材中难免存在不足，我们期待着各位同行、专家和读者的批评指正。我们将伴随着经济发展和会计环境的变迁不断修订教材，以便及时反映学科的最新发展和人才培养的最新变化。

本系列教材自2014年出版后，得到市场的认可，深受广大高校师生的欢迎。为了更好地回馈读者，本系列教材从2017年起启动第二版的修订工作，2019年启动第三版的修订工作，2021年启动第四版的修订工作。各种教材的修订版将陆续出版。我们会一如既往地做好教材修订和相关服务工作，希望广大读者对本套系列教材继续给予支持。

李　雪

2023年2月

第二版前言

本书作为高等学校创新性数智化应用型经济管理规划教材(会计系列)之一,具有应用性、针对性、先进性、基础性、自学性的特点,在充分吸收和借鉴传统的本科院校教材与高职高专类教材建设的优点和经验的基础上,以就业为导向,做到理论上高于高职高专类教材、实践能力的培养上高于传统的本科院校教材。

本书以2017年10月1日起执行的《资产评估基本准则》及执业准则为依据,遵循科学性、规范性、实用性和可操作性的原则,力求理论联系实际,既吸收资产评估的最新研究成果,又结合资产评估实务,全面系统地阐述资产评估的基本原理和方法体系,详细介绍各类资产评估的基本方法和资产评估管理等方面的内容。本书适应面较广,既可以作为经济类、管理类本科学生的教学用书,也可以作为实务人员的参考用书。

本书的编写特点如下:

(1) 简明实用。本书在内容上力求避免很多同类教科书中经常出现的冗长的理论描述和烦琐的公式推导。教材章节安排合理,内容详略得当,不会对教材使用者造成过多的负担。本教材有大量的图表,从而使教材不仅更加直观,而且更富有说服力。

(2) 突出案例。本书突出案例在书本知识和财会实践两者之间的桥梁作用,力求通过案例提高学生运用所学知识解决实际问题的能力。本书每一章开篇都有一个引例,能帮助读者先行把握该章内容。

(3) 学科交融。资产评估课程与经济学、会计学、财务管理等课程在相关理论、概念、方法等方面有诸多交融。本书从资产评估视角讲述这些概念和方法,并打通学科之间的联系,使读者对资产、价值、估值等核心概念有更加透彻的理解和掌握,以完善知识结构。

(4) 紧密联系实务。本书紧密结合我国资产评估实践,读者不仅能够掌握资产评估的基本方法及其在主要业务领域的应用,还能对我国资产评估实践有一定程度的了解。

(5) 具有立体化特色。除了教材主体内容,还专门针对教学内容配备了丰富的立体化资料,包含针对教材中的重难点进行详细的视频讲解、配套课件与章节练习等,教材使用者可通过扫描二维码的方式查看。

本书由陈晓冬和杨屾主编,耿菲为副主编,多位优秀教师参编。具体分工如下:第一章至第四章为杨屾编写,第五章和第七章为陈晓冬编写,第六章和第八章为耿菲编写,第九章为倪晓菡编写,第十章为王心雨编写。本书在编写的过程中参考了大量相关教材和论著,在此向有关作者致以深深的谢意!

本书的编写先后经过多次讨论研究，力求内容编排合理、避免错误，但难免存在考虑不周，表达不妥当的地方，书中若有疏漏不足之处，敬请读者批评指正。

编　　者

2023 年 2 月

目　录

第一章　资产评估的基本理论

内容提要

本章主要讲解了资产评估的含义、特点、作用，资产评估的价值类型和目的，资产评估的原则，资产评估的假设，以及资产评估的程序等。

重点难点

本章重点为资产评估的要素，资产评估的特点，资产评估的目的及价值类型、资产评估的原则及假设；难点为价值类型选择与资产评估目的的关系。

学习目标

通过本章的学习，学生应掌握资产评估的要素，资产评估的特点，资产评估的目的及价值类型、资产评估的原则及假设；了解资产评估的特点、作用和程序。

知识框架

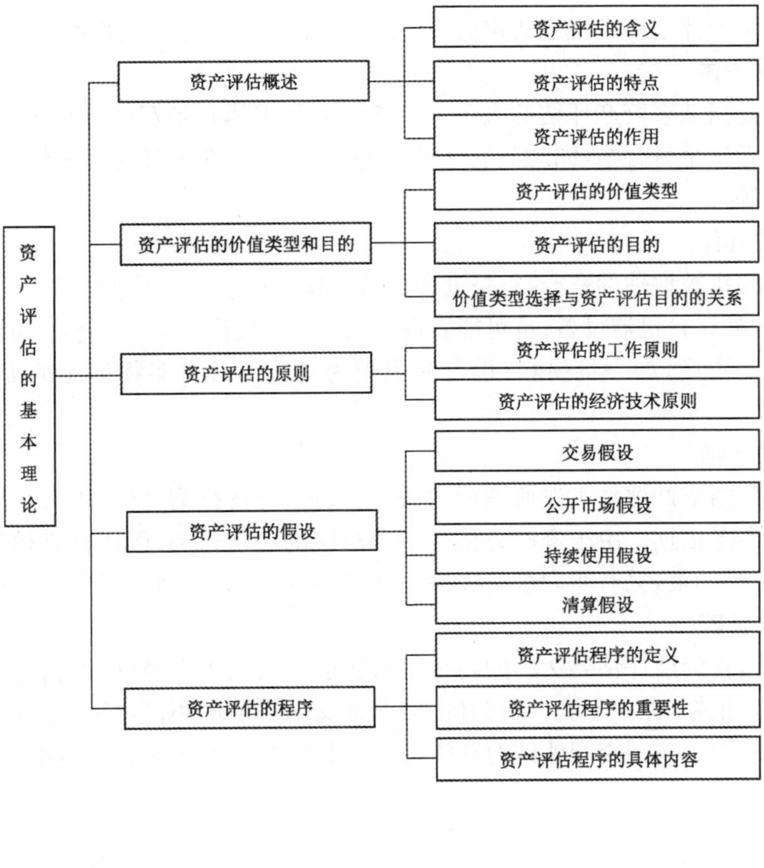

1-1 第一章章节导读

引入案例　　混改过程中，国有资产是如何流失的？

A公司系某省国有控股公司，国有资本占股70%，B公司是A公司的全资子公司。2020年1月，该省为深入推进混合所有制改革，以B公司为试点，拟将其混改为民营资本占股100%的民营企业。后A公司安排孙某牵头负责B公司混改工作，由C公司对B公司的国有资产进行评估。在混改过程中，孙某在明知B公司有100万元债权尚未收回，且该债权在B公司总账目没有体现的情况下，指使公司财务人员不向C公司提供与该债权有关的财务资料，因此该债权未被纳入B公司资产评估。2020年4月，经C公司评估B公司国有资产数额为1 000万元。与此同时，孙某暗中运作，与民营企业负责人赵某商定，由孙某出资500万元，赵某出资500万元，以赵某公司名义参与B公司混改，后成功签约。2020年10月，孙某见混改已完成，便以B公司名义将100万元债权收回，并以二人名义投入B公司生产经营。

思考：资产评估在防止国有资产流失中发挥了什么作用？

案例来源：https://www.ccdi.gov.cn/hdjln/ywtt/202201/t20220127_167450.html.

第一节　资产评估概述

一、资产评估的含义

资产评估是对资产在某一时点的价值进行估计的行为或过程。具体地讲，资产评估是指符合国家有关规定的专门机构和人员，依据相关法律、法规和资产评估准则，遵循适用的评估原则，选择适当的价值类型，按照法定的评估程序，运用科学的评估方法，对评估对象在特定目的下的评估基准日价值进行分析、推算并发表专业意见的行为和过程。

目前我国资产评估准则规定法定的资产评估行为需要遵守下列要素。

（一）评估主体

评估主体是指从事资产评估的人员和机构。人员主体是指资产评估师，即通过全国资产评估师资格考试全科合格，同时具有实践经验的人员；机构主体主要有资产评估公司、资产评估事务所等。

（二）评估客体

评估客体是指被评估的资产，它是资产评估的具体对象。在评估实践中，它可能表现为某项单项资产，如一台机器设备；也可能表现为某项整体资产，如一个企业；可能表现为某些具有实物形态的资产，如一批材料；也可能表现为某些不具有实物形态的资产，如一项专利权。

（三）评估依据

评估依据是指资产评估工作所遵循的法律、法规、经济行为文件、重大合同协议以及取费标准和其他参考依据。由于资产评估是一种法定的经济行为，因而其必须遵守国家的法律、法规和文件的约束，只有明确这些法律、法规和文件，才能正确地进行资产评估。

（四）评估目的

评估目的是指资产评估要达到的目标。从普遍意义上来看，资产评估的目的是为未来的交易提供作价依据，但由于资产行为的不同，即交易类型的不同，决定了资产评估的具体目的必然有所不同。关于资产评估的具体目的在本章第二节中有详细的阐述。

（五）评估原则

评估原则是指资产评估纲领性的规定，它是资产评估具体准则的原始依据，是处理评估当事人各方关系、处理评估业务的行为准则。资产评估为交易双方预交易的资产提供作价依据，这一目的决定了资产评估必定具备独立、客观、公正的工作原则。关于资产评估的原则在本章第三节中有详细的阐述。

（六）评估程序

评估程序是指资产评估工作从开始准备到最后结束的工作顺序。由于程序的选择往往会涉及评估结果的公正性，资产评估必须依据法定的程序进行。如果不规定资产评估的程序，资产评估师先根据评估一方的要求确定评估结果，再选择一定的方法拼凑这种结果，造成评估结果的失实，给另一方当事人带来损失，同时影响评估行为的社会形象，最终葬送资产评估的权威性，从而导致十分有害的后果。因此，我国资产评估法律规定了资产评估的程序，以利于规范资产评估行为，具体内容在本章第五节中有详细的阐述。

（七）评估价值类型

评估价值类型是对评估价值的质的规定。资产评估的价值量是评估价值的量的规定，而评估的价值类型则是评估价值的质的规定。作为一名专业的资产评估师，在实施实质性的评定估算行为之前，必须明确评估为之服务的交易所需要的价值类型，以便选择更有效的方法评定这种类型的价值，更好地为资产交易服务。关于资产评估的价值类型在本章第二节中有详细的阐述。

（八）评估方法

评估方法是指资产评估所运用的特定技术。为了得到资产的价值量，我们需要通过不同的渠道并运用不同的方法进行计算，这种评估的思路和技术方法在资产评估中我们称为方法。资产的价值量可以通过何种评估渠道得到，可以通过何种技术方法计算，在第二章中有详细的阐述。

（九）资产评估假设

资产评估假设是指资产评估得以进行的前提条件。由于资产评估的结果用于不同的资产业务，因而对不同资产业务内涵界定的不同，必然决定了资产评估的计算方法不同，因而其计算结果也不同。因此，在进行每项实质性的评估之前，资产评估师必须先对结果成立的前提条件进行假设，以便更好地进行评定估算。资产评估假设在本章第四节中有详细的阐述。

（十）资产评估基准日

资产评估基准日是指资产评估价值所对应的时点。由于货币在不同的时间点具有不同的价值，因而资产评估必须明确评估价值所对应的时点，这个时点被称为资产评估基准日。明确资产评估基准日不仅使评估行为具有更好的操作性，而且也降低了资产交易双方不当使用评估结果的可能性。

二、资产评估的特点

理解和把握资产评估的特点，有利于进一步认识资产评估的实质，对于做好资产评估工作，提高资产评估质量具有重要意义。一般来说，资产评估具有以下特点。

（一）市场性

资产评估是适应市场经济要求的专业中介服务活动，其基本目标就是根据资产业务的不同性质，通过模拟市场对资产价值作出经得起市场检验的评定估算和报告。

（二）公正性

资产评估行为服务于资产业务并满足社会公共利益的需要，而不能只满足于资产业务当事人任何一方的需要。公正性的表现有两点：①资产评估按公允、法定的准则和规程进行，公允的行为规范和业务规范是公正性的技术基础；②评估人员是与资产业务没有利害关系的第三者，这是公正性的组织基础。

（三）专业性

资产评估是一种专业人员的活动，资产评估结果应该是一种专家意见，从事资产评估业务的机构应由一定数量和不同类型的专家及专业人士组成。一方面，这些资产评估机构形成专业化分工，使得评估活动专业化；另一方面，评估机构及其评估人员对资产价值的估计判断也都是建立在专业技术知识和经验的基础之上。

（四）咨询性

咨询性是指资产评估结论为资产业务提供的专业化估价意见，该意见本身并无强制执行的效力，评估师只对结论本身合乎职业规范要求负责，而不对资产业务定价决策负责。事实上，资产评估为资产交易提供的估价往往是当事人作为要价和出价的参考，最终的成交价取决于当事人的决策动机、谈判地位和谈判技巧等综合因素。

三、资产评估的作用

在不同的历史时期和不同的社会经济条件下，资产评估可能发挥着不同的作用。结合我国当前的社会经济条件，资产评估主要发挥着以下基本作用。

（一）咨询作用

资产评估的咨询作用是指资产评估结论是为资产业务提供专业化估价意见，该意见本身并无强制执行的效力，它只是给相关当事人提供有关资产交换价值方面的专业判断或专家意见，资产评估不能也不应该取代资产交易当事人的交易决策。

（二）鉴证作用

鉴证由鉴别和举证两个部分组成，鉴别是依据专业原则对经济活动及其结果作出的独立判断，而举证则是为该判断提供理论和事实支撑，使之做到言之有理，持之有据。

（三）公正协调作用

公正协调作用是指资产评估结论为资产交易相关当事方提供大家可以接受的交易价格，使得交易得以顺利完成。协调资产交易当事方在资产交易价格上的争议，是目前我国资产评估较重要的作用。

延伸阅读 1-1

资产评估的管理作用

资产评估的管理作用是指在以公有制为基础的社会主义市场经济初级阶段中，国家或政府在利用资产评估过程中所发挥出的特殊作用。在社会主义市场经济初级阶段的某一历史时期，作为国有资产所有者代表的国家，不仅把资产评估视为提供专业服务的中介行业，而且将其作为维护国有资产、促使国有资产保值增值的工具和手段。在资产评估开展初期，国家通过制定申请立项、资产清查、评定估算和验证确认的国有资产评估管理程序，使资产评估具有了管理的作用。但是，资产评估的管理作用并不是资产评估与生俱来的，它只是国有资产评估在特定历史时期的特定作用。它会随着国家在国有资产评估管理体制方面的变化而加强或弱化。

2001 年 12 月 31 日，国务院办公厅转发了《财政部关于改革国有资产评估行政管理方式——加强资产评估监督管理工作意见的通知》。该通知指出：①取消政府部门对国有资产评估项目的立项确认审批制度，实行核准制和备案制；②加强资产评估活动的监管力度；③完善制度建设，规范评估秩序。

随着国有资产评估项目的立项确认审批制度的取消和核准制及备案制的确立，资产评估的管理作用也随之发生了改变。

1-2 资产评估基本准则

第二节　资产评估的价值类型和目的

一、资产评估的价值类型

资产评估中的价值类型是指资产评估结果的价值属性及其表现形式。不同的价值类型从不同的角度反映资产评估价值的属性和特征。不同属性的价值类型所代表的资产评估价值不仅在性质上是不同的，在数量上往往也存在着较大差异。根据资产评估所依据的市场条件、被评估资产的使用状态以及评估结论的适用范围，资产评估价值类型分为市场价值和市场价值以外的价值。

（一）市场价值

在《国际评估准则》中，市场价值定义如下："自愿买方与自愿卖方在评估基准日进行正常的市场营销之后，所达成的公平交易中某项资产应当进行交易的价值的估计数额，当事人双方应当各自精明、谨慎行事，不受任何强迫压制。"根据《国际评估准则》关于对市场价值的其他补充说明，将资产评估中的市场价值定义整理如下：资产评估中的市场价值是指资产在评估基准日公开市场上最佳使用状态下最有可能实现的交换价值的估计值。

根据我国《资产评估价值类型指导意见》（中国资产评估协会〔2007〕189 号），市场价值是指自愿买方和自愿卖方在各自理性行事且未受任何强迫的情况下，评估对象在评估基准日进行正常公平交易的价值估计数额。

一般而言，在特定评估时点的公开市场上，市场价值相对于潜在的买者和卖者来说都是相对公平合理的。因此，根据公开市场的范围不同，市场价值具有区域性；同时，市场价值又是区域市场整体认同的公平合理的结果。

（二）市场价值以外的价值

市场价值以外的价值也称非市场价值、其他价值，《国际评估准则》并没有直接定义市场价值以外的价值，而是指出凡不符合市场价值定义条件的资产价值类型都属于市场价值以外的价值。市场价值以外的价值不是一种具体的资产评估价值存在形式，它是一系列不符合资产市场价值定义条件的价值形式的总称或组合。

根据我国《资产评估价值类型指导意见》（中国资产评估协会〔2007〕189 号），市场价值以外的价值类型包括投资价值、在用价值、清算价值、残余价值等。

（1）投资价值是指评估对象对于具有明确投资目标的特定投资者或某一类投资者所具有的价值。

（2）在用价值是指将评估对象作为企业组成部分或者要素资产，按其正在使用的方式和程度及其对所属企业的贡献价值的估计数额，而并不考虑该资产的最佳用途或资产变现的情况。

（3）清算价值是指评估对象处于清算、被迫出售或快速变现等非正常市场条件下的价值估计数额。

（4）残余价值是指机器设备、房屋建筑物或其他有形资产等的拆零变现价值估计数额。

此外，在某些特定评估业务中，评估结论的价值类型可能会受到相关法律、法规或者契约的约束，这些评估业务的评估结论应当按照相关法律、法规或者契约等的规定选择评估结论的价值类型。相关法律、法规或者契约没有规定的，可以根据实际情况选择市场价值或者市场价值以外的价值类型，并予以定义。特定评估业务包括：以抵（质）押为目的的评估业务、以税收为目的的评估业务、以保险为目的的评估业务、以财务报告为目的的评估业务等。

市场价值以外的价值与市场价值相比，评估的是非公开市场上的价值，它是局部的市场认同，只对特定的资产业务当事人来说是公平合理的。但需要注意的是，在满足各自含义及相应使用条件的前提下，市场价值和市场价值以外的价值的评估结论都是公平合理的。

（三）市场价值与市场价值以外的价值的划分标准

在资产评估实践中，评估人员主要通过以下三个方面来判断是选择市场价值还是市场价值以外的价值：一是资产评估时所依据的市场条件，是公开市场条件还是非公开市场条件；二是资产评估时所依据的被评估资产的使用状态，是正常使用（最佳使用）还是非正常使用；三是资产评估时所使用的信息资料及其相关参数的来源，是公开市场的信息数据还是非公开市场的信息数据。

如果以上三个条件同时满足，则评估价值类型为市场价值，其余情况均为市场价值以外的价值。

（四）明确资产评估中的市场价值与市场价值以外的价值的意义和作用

资产评估作为一种专业中介性服务活动，它对客户和社会所提供的服务是一种专家意见及专业咨询。无论是专家意见或专业咨询，其最重要的是这种意见或咨询能对客户的某些行为起指导作用。关于资产的市场价值和市场价值以外的价值的概念及分类，符合资产评估服务于客户和服务于社会的内在要求。其意义和作用具体体现在以下几个方面：

（1）这种分类方法和概念界定有利于评估人员对评估条件与评估结果性质的认识，便于评估人员在撰写评估报告时更清楚明了地说明其评估结果的确切含义。只有评估人员自己充分认清了自己的评估结果的性质，才可能在评估报告中充分说明这个评估结果。一份结果阐述明确的评估报告才能使客户受益。

（2）这种分类方法及概念界定便于评估人员划定其评估结果的适用范围和使用范围。资产评估结果的适用范围与评估目的所要求的评估结果用途的匹配和适应，是检验资产评估科学性和合理性的首要标准。把评估结果按照资产的市场价值和市场价值以外的价值分类，可以从大的方面决定评估的适用范围，便于评估人员将其与评估的特定目的相对照。资产评估结果的使用范围关系到评估结果能否被正确使用的问题。对于大多数评估报告使用者来说，他们未必都十分了解不同价值类型的评估结果都有其使用范围的限定。限定评估结果的使用范围的责任应由评估人员承担，评估人员应在评估报告中将评估结果的使用范围给予明确的限定。

一般而言，属于市场价值性质的资产评估结果主要适用于产权变动类资产业务，也可以适用于非产权变动类资产业务。资产的市场价值的合理性是相对于评估时点整体市场而言的，即整体市场认同，资产的市场价值对于整体市场上潜在的买者或卖者来说是相对公平合理的。属于市场价值以外的价值（或非市场价值）性质的评估结果，既适用于产权变动类资产业务，同时也适用于非产权变动类资产业务。在评估时点，资产的市场价值以外的价值只对特定的资产业务当事人来说是公平合理的，即局部市场认同。资产评估中的市场价值和市场价值以外的价值的市场认同范围基本上就限定了这两种价值类型评估结果的适用范围和使用范围。

总之，按市场价值和市场价值以外的价值将评估结果分为两大类，旨在合理和有效地限定评估结果的适用范围和使用范围。因此，把评估结果分为市场价值和市场价值以外的价值两大类是相对合理和便于操作的。

二、资产评估的目的

资产评估的目的有资产评估一般目的和特定目的之分。资产评估的一般目的包含特定目的，而资产评估的特定目的则是一般目的的具体化。

（一）资产评估的一般目的

资产评估的一般目的是由资产评估的性质及其基本功能决定的。资产评估作为一种专业人士对特定时点及特定条件约束下资产价值的估计和判断的社会中介活动，它一经产生就具有了为委托人以及资产交易当事人提供合理的资产价值咨询意见的功能。不论是资产评估的委托人，或是与资产交易有关的当事人，他们所需要的无非是评估师对资产在一定时间及一定条件约束下公允价值的判断。如果我们暂且不考虑资产交易或引起资产评估的特殊需求，可以发现资产评估的一般目的就是评估资产的公允价值。

从资产评估的角度，公允价值是一种相对合理的评估价值，它是相对于当事人各方的地位、资产的状况及资产面临的市场条件合理的评估价值。资产评估中的公允价值的一个显著特点是它与相关当事人的地位、资产的状况及资产所面临的市场条件相吻合，并且没有损害各当事人的合法权益，也没有损害他人的利益。

相关思考 1-1

如何从资产评估的角度理解“公允”价值?

公允价值分为相对公允价值和绝对公允价值。所谓相对公允价值，是指经特定买卖双方认可的交换价值。所谓绝对公允价值，是指完全公平的价值，在资产评估中，这种完全公平的价值是指被多数人认可的价值，一般应当符合公开市场的前提条件。

（二）资产评估的特定目的

资产评估的特定目的指的是被评估资产即将发生的经济行为。同样的资产，因为评估的特定目的不同，其评估价值也不相同。评估的特定目的对资产评估的影响表现在两个方面：一是在什么样的条件下，即资产发生怎样的经济行为时应该评估和可以评估；二是不同的经济行为决定了评估价值类型的差异，引致资产评估结果的差异。

从我国资产评估实践来看，引起资产评估的资产业务主要有：资产转让，企业兼并，企业出售，企业联营，股份经营，中外合资、合作，企业清算，担保，企业租赁，债务重组等。当然，随着社会经济的发展，引起资产评估的资产业务和经济行为也在不断地增加，如财产保险、财产纳税、资产公允价值判断等。

1-3 资产评估价值类型指导意见

三、价值类型选择与资产评估目的的关系

关于价值类型的选择与资产评估目的的关系应该从两个方面来认识和把握：一是要从正确选择价值类型的角度，来关注资产评估目的等相关条件对所选择价值类型的影响；二是要从价值类型的选择对实现资产评估目的以及满足其他相关条件的角度，来关注价值类型的正确选择。

（一）评估目的影响评估价值类型的选择

前已述及，评估目的包括一般目的和特定目的，而资产评估的特定目的是影响资产评估价值的基础条件，它对于价值类型的选择具有约束作用。

特定资产业务决定了资产的存续条件，资产价值受制于这些条件及其可能发生的变化。资产评估人员在进行具体资产评估时一定要根据具体的资产业务的特征选择与之相匹配的评估价值类型。按照资产业务的特征与评估结果的价值属性一致性原则进行评估，是保证资产评估趋于科学、合理的基本前提。

需要指出的是，评估的特定目的是影响甚至是决定评估结果价值类型的一个重要的因素，但它绝不是决定资产评估结果价值类型的唯一因素。评估的时间、地点，评估时的市场条件、资产业务各当事人的状况以及资产自身的状态等，都可能对资产评估结果的价值类型产生影响。

（二）价值类型的合理选择是实现评估目的的重要途径

资产评估的一般目的是要对各种条件下“交易”中的资产的公允价值作出判断，以及给出这些资产在各种条件下的公允价值。而特定目的是一般目的的具体化，其实质是判断特定条件下或具体条件下资产的公允价值。

可见，对于某一资产而言，资产评估中的公允价值不是一个确定不变的值，而是一个相对值。当资产处于正常使用及正常市场条件下时，有一个与此条件相对应的合理价值；当其处于非正常使用及非正常市场条件下时，也有一个与之相对应的合理价值。尽管对于同一资产在不同条件下的合理价值是不同的，但是它们有一个共同的特点，即该价值相对于它们各自所面对的条件都是合理和公允的。

正是由于资产评估特定目的及其特定条件下资产公允价值的多样性、复杂性和难以把握性的存在，设计、选择并利用科学合理的资产评估价值类型对于评估人员把握资产评估特定目的及其特定条件下的公允价值就显得十分重要。

市场价值和市场价值以外的价值类型的分类，以及该价值类型分类所包含的具体价值表现形式，对于实现评估目的，特别是把握资产评估中的公允价值具有极其重要的作用。这种作用突出表现在资产评估的市场价值上。市场价值在资产评估中的作用主要体现在以下两个方面：

（1）市场价值是资产评估中的公允价值的坐标。资产评估中的公允价值与市场价值是两个不同层次的概念：资产评估中的公允价值是一个宏观层次的概念，它包括了正常市场条件和非正常市场条件两种情况下的合理评估结果；而资产评估中的市场价值只是正常市场条件下资产处在最佳使用状态下的合理评估结果。相对于公允价值而言，市场价值更为具体，条件更为明确，在实践中评估人员更易把握。它是资产评估中最为典型的公允价值。

(2) 市场价值在其评估所依据的市场范围内，对任何交易当事人都是相对合理和公允的，而市场价值以外的价值的相对合理和公允性是受某些条件严格限制的。

第三节 资产评估的原则

资产评估的原则是指评估机构和评估人员在资产评估中必须遵循的评估行为准则，这些行为准则，是开展资产评估工作应遵循的基本要求。资产评估结果一般要涉及资产所有者、经营者等各方面的产权和权益关系，为了约束资产评估行为，保证资产结果的真实可靠性，就必须对资产评估工作中的一些技术规范和业务准则进行规定。资产评估原则主要包括：资产评估的工作原则和资产评估的经济技术原则。

一、资产评估的工作原则

资产评估工作的性质决定了资产评估机构及其资产评估师在执业过程中应坚持独立性、客观公正性、科学性和专业性等工作原则。

(一) 独立性原则

资产评估中的独立性原则包含两层含义：

(1) 评估机构本身应该是一个独立的、不依附于他人的社会公正性中介组织(法人)，在利益及利害关系上与资产业务各当事人没有任何联系。

(2) 评估机构及其评估人员在执业过程中应始终坚持独立的第三者地位，评估工作不受委托人及外界的意图及压力的影响，进行独立公正的评估。

(二) 客观公正性原则

客观公正性原则要求资产评估工作实事求是，尊重客观实际。资产评估机构及其评估人员在评估工作中必须以实际材料为基础，以确凿的事实和事物发展的内在规律为依据，以求实的态度为指针，实事求是地得出评估结果，而不可以以自己的好恶或其他个人的情感进行评估。资产评估结果是评估人员认真调查研究，通过合乎逻辑的分析、推理得出的、具有客观公正性的评估结论。

(三) 科学性原则

科学性原则是指在资产评估过程中，必须根据评估的特定目的，选择适当的价值类型和方法，制定科学的评估实施方案，使资产评估结果科学合理。资产评估方法的科学性，不仅在于方法本身，更重要的是必须严格与价值类型相匹配。价值类型的选择是以评估的特定目的为依据，它对评估方法具有约束性，不能以方法代替价值类型，以技术方法的多样性和可替代性模糊评估价值类型的唯一性，以致影响评估结果的合理性。

另外，科学性原则还要求资产评估程序科学合理。资产评估业务不同，其评估程序也有繁简的差异。因此，应根据评估本身的规律性和国家有关规定，结合资产评估的实际情况，确定科学的评估程序。这样，才能既有利于节约人力、物力和财力，降低评估成本，又有利于提高评估效率，保证评估工作的顺利进行。

(四) 专业性原则

专业性原则要求资产评估机构必须是提供资产评估服务的专业技术机构。资产评估机构必须拥有一支由工程、技术、营销、财务会计、法律和经济管理等多学科的专家组成的资产评估专业队伍，这支专业队伍的成员必须具有良好的教育背景、专业知识和丰富的经验，这是确保资产评估方法正确、评估结果公正的技术基础。此外，专业性原则还要求资产评估行业内部存在专业技术竞争，以便为委托方提供广阔的选择余地。这是确保资产评估公平的市场条件。

二、资产评估的经济技术原则

资产评估中的经济技术原则是指在资产评估执业过程中的一些技术规范和业务准则。它们为评估人员在执业过程中的专业判断提供技术依据和保证。

（一）预期收益原则

预期收益原则是以技术原则的形式概括出资产及其资产价值最基本的决定因素。资产之所以有价值是因为它能够为其拥有者或控制者带来未来经济利益，资产价值的高低主要取决于它能够为其所有者或控制者带来的预期收益量的多少。预期收益原则是评估人员判断资产价值的一个最基本的依据。

（二）贡献原则

从一定意义上来讲，贡献原则是预期收益原则在某种情况下的具体应用原则。贡献原则主要适用于构成某整体资产的各组成要素资产的评估，它要求要素资产价值的高低要由该要素资产对整体资产的贡献来决定，或者是由当整体资产缺少该项要素资产将蒙受的损失来决定。

（三）供求原则

供求原则是经济学中关于供求关系影响商品价格原理的概括。假定在其他条件不变的前提下，商品的价格随着需求的增长而上升，随着供给的增加而下降。尽管商品价格随供求关系变化并不呈固定比例变化，但变化的方向都具有规律性。供求规律对商品价格所形成的作用力同样适用于资产价值的评估，评估人员在判断资产价值时也应充分考虑和依据供求原则。

（四）替代原则

作为一种市场规律，在同一市场上，具有相同使用价值和质量的商品，应有大致相同的交换价值。如果具有相同使用价值和质量的商品具有不同的交换价值或价格，买者会选择价格较低者。当然，作为卖者，如果可以将商品卖到更高的价格水平上，他会在较高的价位上出售商品。在资产评估中确实存在着评估数据、评估方法等的合理替代问题，正确运用替代原则是公正进行资产评估的重要保证。

（五）评估时点原则

市场是变化的，资产的价值会随着市场条件的变化而不断改变。为了确保资产评估工作得以顺利实施，同时又能保证资产评估结果能够经受市场的检验，在进行资产评估时，必须假定市场条件固定在某一时点，这一时点就是评估基准日，或称估价日期。它为资产评估提供了一个时间基准。资产评估的评估时点原则要求资产评估必须有评估基准日，而且评估值就是评估基准日的资产价值。

第四节　资产评估的假设

假设是指依据有限事实而作出合理推断的状态，任何一种理论、观念和方法应用都以一定的假设为前提。资产评估与其他学科一样，其理论体系和方法体系的确立也是建立在一系列假设基础之上的。资产评估的假设主要有交易假设、公开市场假设、持续使用假设和清算假设。

一、交易假设

交易假设是资产评估得以进行的一个最基本的前提假设，它假定所有待评估资产已经处在交易过程中，评估师根据待评估资产的交易条件等模拟市场进行估价。

众所周知，资产评估是为了发挥资产评估在资产实际交易之前为委托人提供资产交易底价的专家判断作用，同时又能够使资产评估得以进行，利用交易假设将被评估资产置于“市场交易”当中，模拟市场进行评估就是十分必要的。

交易假设一方面为资产评估得以进行“创造”了条件；另一方面它明确限定了资产评估的外部环境，即资产是被置于市场交易之中。资产评估不能脱离市场条件而孤立地进行。

二、公开市场假设

公开市场假设就是假定比较完善的公开市场存在，被评估资产将要在这样的市场中进行交易。该假设是对资产拟进入的市场的条件，以及资产在这样的市场条件下接受何种影响的一种假定说明或限定。

公开市场假设的关键在于认识和把握公开市场的实质和内涵。就资产评估而言，公开市场是指充分发达与完善的市场条件，是一个有自愿的买者和卖者的竞争性市场。在这个市场上，买者和卖者的地位是平等的，彼此都有获取足够市场信息的机会和时间，买卖双方的交易行为都是在自愿的、理智的而非强制或不受限制的条件下进行的。事实上，现实中的市场条件未必真能达到上述公开市场的完善程度。公开市场假设就是假定那种较为完善的公开市场存在，被评估资产将要在这样一种公开市场中进行交易。当然，公开市场假设也是基于市场客观存在的现实，即资产在市场上可以公开买卖这样一种客观事实为基础的。

公开市场假设旨在说明一种充分竞争的市场条件，在这种条件下，资产的交换价值受市场机制的制约并由市场行情决定，而不是由个别交易决定，资产在公开市场上实现的交换价值隐含着市场对该资产在当时条件下有效使用的社会认同。当然，在资产评估中，市场是有范围的，它可以是地区性市场，也可以是国内市场，还可以是国际市场，资产评估师应根据实际评估业务确定其范围。

公开市场假设是资产评估中的一个重要假设，其他假设都是以公开市场假设为基本参照。公开市场假设也是资产评估中使用频率较高的一种假设，凡是能在公开市场上交易、用途较为广泛或通用性较强的资产，都可以考虑按公开市场假设进行评估。

三、持续使用假设

持续使用假设也是对资产拟进入的市场的条件以及在这样的市场条件下的资产状态的一种假定性描述或说明。该假设首先设定被评估资产正处于使用状态，包括正在使用中的资产和备用的资产；其次根据有关数据和信息，推断这些处于使用状态的资产还将继续使用下去。

持续使用假设既说明了被评估资产所面临的市场条件或市场环境，同时又着重说明了资产的存续状态。根据资产未来的存续状态，该假设可细分为三种具体情况：一是在用续用；二是转用续用；三是移地续用。在用续用指的是处于使用中的被评估资产在产权发生变动或资产业务发生后，将按其现行正在使用的用途及方式继续使用下去。转用续用指的是被评估资产将在产权发生变动后或资产业务发生后，改变资产现时的使用用途，调换新的用途继续使用下去。移地续用指的是被评估资产将在产权发生变动后或资产业务发生后，改变资产现在的空间位置，转移到其他空间位置上继续使用。

由于持续使用假设是在一定市场条件下对被评估资产使用状态的一种假定说明，因此在持续使用假设前提下的资产评估及其结果的适用范围常常是有限制的。在许多场合下评估结果并没有充分考虑资产用途替换，它只对特定的买者和卖者是公平合理的。

持续使用假设也是资产评估中的一个非常重要的假设，尤其是在我国，经济体制处于转轨时期，市场发育尚未完善，资产评估活动大多与老企业的存量资产产权变动有关。因此，被评估对象经常处于或被假定在持续使用的假设前提之下。要充分认识和掌握持续使用假设的内涵和实质，对于我国的资产评估来说有着重要意义。

四、清算假设

清算假设是对资产拟进入的市场条件的一种假定说明或限定。具体而言，是对资产在非公开市场条件下被迫出售或快速变现条件的假定说明。清算假设首先是基于被评估资产面临清算或具有潜在的被清算的事实或可能性，再根据相应数据资料推定被评估资产处于被迫出售或快速变现的状态。

由于清算假设假定被评估资产处于被迫出售或快速变现条件之下，被评估资产的评估值通常要低于在公开市场假设前提下或持续使用假设前提下同样资产的评估值。因此，在清算假设前提下的资产评估结果的适用范围是非常有限的。当然，清算假设本身的使用也是较为特殊的。

第五节　资产评估的程序

一、资产评估程序的定义

资产评估程序是指资产评估师执行资产评估业务所履行的系统性工作步骤。资产评估程序由具体的工作步骤组成，不同的资产评估业务由于评估对象、评估目的、资产评估资料收集情况等相关条件的差异，资产评估师可能需要执行不同的资产评估具体程序或工作步骤，但由于资产评估业务的共性，各种资产类型、各种评估目的的资产评估业务的基本程序是相同或相似的。

二、资产评估程序的重要性

资产评估程序的重要性表现在以下几个方面：

（1）资产评估程序是规范资产评估行为、提高资产评估业务质量和维护资产评估服务公信力的重要保证。

（2）资产评估程序是相关当事方评价资产评估服务的重要依据。

(3) 资产评估程序是资产评估机构和资产评估师防范执业风险、保护自身合法权益、合理抗辩的重要手段之一。

三、资产评估程序的具体内容

(一) 明确资产评估业务基本事项

明确资产评估业务基本事项包括在订立资产评估委托合同以前所进行的一系列基础性工作,其对资产评估项目风险评价、项目承接以及资产评估项目的顺利实施具有重要意义。

资产评估机构和资产评估师在接受资产评估业务委托之前,应当与委托人等相关当事人共同明确以下资产评估业务基本事项:①委托人、产权持有人和委托人以外的其他资产评估报告使用人;②评估目的;③评估对象和评估范围;④价值类型;⑤评估基准日;⑥资产评估报告使用范围;⑦资产评估报告提交期限及方式;⑧评估服务费及支付方式;⑨委托人、其他相关当事人与资产评估机构及其资产评估专业人员工作配合和协助等需要明确的重要事项。

资产评估师在明确上述资产评估基本事项的基础上,应当根据评估业务的具体情况,对自身专业胜任能力、独立性和业务风险进行综合分析和评价,并由评估机构决定是否承接评估业务。

(二) 订立业务委托合同

资产评估业务约定书是资产评估机构与委托人共同签订的,确认资产评估业务的委托与受托关系,明确委托目的、被评估资产范围及双方权利义务等相关重要事项的合同。

根据我国资产评估行业的现行规定,资产评估师承办资产评估业务,应当由其所在的资产评估机构统一受理,并由评估机构与委托人签订书面资产评估委托合同,资产评估师不得以个人名义签订资产评估委托合同。资产评估委托合同应当由资产评估机构和委托方的法定代表人或其授权代表签订。资产评估委托合同应当内容全面、具体,含义清晰准确,符合国家法律、法规和资产评估行业的管理规定,具体包括以下基本内容:①资产评估机构和委托方名称、住所;②资产评估目的;③资产评估对象和评估范围;④资产评估基准日;⑤出具资产评估报告的时间要求;⑥资产评估报告使用范围;⑦资产评估收费;⑧双方的权利、义务及违约责任;⑨签约时间;⑩双方认为应当约定的其他重要事项。

(三) 编制资产评估计划

为高效地完成资产评估业务,资产评估师应当编制资产评估计划,对资产评估过程中的主要工作步骤以及时间和人力进行规划和安排。资产评估计划是资产评估师为执行资产评估业务拟订的资产评估工作思路和实施方案,对合理安排工作量、工作进度、专业人员调配以及按时完成资产评估业务具有重要意义。由于资产评估项目千差万别,资产评估计划也不尽相同,其详略程度取决于资产评估业务的规模和复杂程度。资产评估师应当根据所承接的具体资产评估项目情况,恰当编制资产评估计划,并根据执行资产评估业务过程中的具体情况,及时修改、补充资产评估计划。

(四) 进行评估现场调查

资产评估师执行资产评估业务,应当对评估对象进行必要的勘察。进行资产勘察和现场调查工作不仅仅是基于资产评估人员勤勉尽责义务的要求,同时也是资产评估程序和操作的必经环节,有利于资产评估机构和人员全面、客观地了解评估对象,核实委托方和产权持有者提供资料的可靠性，资产评估师在从事资产评估时绝不可以以任何借口进行省略。

为了更好地进行现场调查，资产评估师应当根据被评估资产的差异及评估目的不同等原因，确定现场调查的具体方式。为了保证现场调查目的的有效实现，资产评估师应当与委托方或资产占有方进行适当的沟通，但在沟通时应当注意分寸，避免资产占有方为了左右评估结果而进行不法操纵。

（五）收集整理资产评估资料

资产评估资料具体包括待评估资产的产权证明文件、技术资料、与待评估资产相同或类似的参照物的市场交易信息、有关参照物的成交时间及其当时的功能结构和新旧程度等特性、影响待评估资产市场供求状况的因素信息等。如果涉及无形资产和企业价值的评估，还应收集相关行业的资料。

由于资产评估的专业性和评估对象的广泛性，不同的项目、不同的评估目的、不同的资产类型对评估资料有着不同的需求。另外，由于评估对象及其所在行业的市场状况、信息化和公开化程度差别较大，相关资料的可获取程度也不同。因此，资产评估师的执业能力在一定程度上也包括其收集、占有与所执行项目相关信息资料的能力。资产评估师在日常工作中就应当注重收集信息资料及其来源，并根据所承接项目的情况确定收集资料的深度和广度，尽可能全面、翔实地占有资料，并采取必要措施确定资料来源的可靠性。

（六）评定估算形成结论

资产评估师在占有相关资产评估资料的基础上，进行评定估算，其主要步骤包括：分析资产评估资料，恰当选择资产评估方法，运用资产评估方法形成初步资产评估结论，综合分析确定资产评估结论，资产评估机构内部复核等。

目前成本法、市场法和收益法是三种通用的资产评估基本方法，原则上在任何资产评估项目中都可以运用这三种方法，但在实务中，资产评估人员必须结合所掌握的资料和评估的特定目的，充分考虑这三种方法的适用性。一般来说，应尽可能同时采用多种评估方法进行评估，以便消除因为方法的局限性和所收集的数据的不确切性而产生不良影响，确保评估结果的客观准确性。对采用两种以上资产评估方法得到的评估结论，要进行比较分析、综合分析评估方法的相关性和恰当性、相关参数选取的合理性，以便形成资产评估结论。

资产评估机构应当建立内部质量控制制度，由不同人员对资产评估过程和结论进行必要的复核。

（七）编制、出具评估报告

资产评估师应当按有关资产评估报告准则与规范的要求编制资产评估报告。资产评估报告主要内容包括：①委托方、产权持有方和委托方以外的其他评估报告使用者；②评估目的；③评估对象和评估范围；④价值类型及其定义；⑤评估基准日；⑥评估依据；⑦评估方法；⑧评估程序实施过程和情况；⑨评估假设；⑩评估结论；⑪特别事项说明；⑫评估报告使用限制说明；⑬评估报告日；⑭评估机构和资产评估师签章。

资产评估师在提交正式资产评估报告之前，可以与委托人等进行必要的沟通，听取委托人、资产占有方等对资产评估结论的反馈意见，并引导委托人、产权持有者、资产评估报告使用者等合理理解资产评估结论。

（八）整理归集评估档案

资产评估师在向委托人提交资产评估报告后，应当及时将资产评估工作底稿归档。将这一环节列为资产评估基本程序之一，充分体现了资产评估服务的专业性和特殊性，不仅有利于评估机构应对今后可能出现的资产评估项目的检查和法律诉讼，也有利于资产评估师总结、完善和提高资产评估业务水平。资产评估师应当将在资产评估工作中形成的、与资产评估业务相关的、有保存价值的各种文字、图表、音像等资料及时予以归档，并按国家有关规定对资产评估工作档案进行保存、使用和销毁。

1-4 资产评估执业准则——资产评估程序

1-5 资产评估执业准则——资产评估档案

思政育人

国有资产需加强评估防流失

2022年政府工作报告指出，在促进多种所有制经济共同发展方面，完成国企改革三年行动任务，加快国有经济布局优化和结构调整，深化混合所有制改革，加强国有资产监管，促进国企聚焦主责主业、提升产业链供应链支撑和带动能力。国家对国有资产评估、监管等提出了更高要求，在国企混改过程中，如何科学评估国有资产，关系到国有资产的保值增值。

除了科学优化国有资产评估方法，加强评估机构及评估专业人员的思想道德建设也十分重要。《资产评估执业道德准则》中明确规定，资产评估机构及其资产评估专业人员应当诚实守信，勤勉尽责，谨慎从业，坚持独立、客观、公正的原则，不得出具或者签署虚假资产评估报告或者有重大遗漏的资产评估报告。

资料来源：https://mp.weixin.qq.com/s?_biz=MzA5NTE0MDgxNw==&mid=2651727559&idx=2&sn=1afd18d7d38ae3f21b5cda6d09f47850&chksm=8bb96879bccee16f9db95f247449297c9a9474205f1f6f34a638c388149bb3f5451db94c5d10&scene=27.

本章重要概念

资产评估　评估原则　评估目的　价值类型　评估假设　评估程序　评估基准日

本 章 练 习

1-6 第一章练习题答案

1-7 第一章 PPT

一、单项选择题

1. 资产评估是通过对某一（　　）价值的估算，从而确定其价值的经济行为。

A. 时期　　B. 时点　　C. 时区　　D. 阶段

2. 资产评估结果的价值类型与（　　）直接相关。

A. 评估的特定目的　　B. 评估方法

C. 评估程序　　D. 评估基准日

3.（　　）是资产评估得以进行的一个最基本的前提假设。

A. 公开市场假设　　B. 交易假设

C. 清算假设　　D. 在用续用假设

4. 下列不属于资产评估工作原则的是（　　）。

A. 独立性原则　　B. 客观性原则

C. 替代性原则　　D. 科学性原则

5. 资产评估的一般目的是评估资产的（　　）。

A. 价格　　B. 价值　　C. 公允价值　　D. 公开市场价值

6. 资产评估的（　　）是指资产评估的行为服务于资产业务的需要，而不是服务于资产业务当事人的任何一方的需要。

A. 市场性　　B. 公正性　　C. 咨询性　　D. 专业性

7. 评估资产市场价值所适用的最直接的市场条件假设前提是（　　）。

A. 公开市场假设　　B. 交易假设

C. 清算假设　　D. 在用续用假设

8. 资产评估值与资产交易中的实际成交价格存在（　　）的关系。

A. 前者必须高于后者　　B. 前者必须低于后者

C. 前者必须等于后者　　D. 前者可以高于、低于或等于后者

9. 下列关于资产评估价值类型的有关说法中，不正确的是（　　）。

A. 评估目的是决定价值类型的一个重要因素，但不是唯一的因素

B. 市场价值以外的价值类型有在用价值、投资价值、清算价值和残余价值等

C. 投资价值是指资产对于具有明确的投资目标的特定投资者或某类投资者具有的价值

D. 公允价值指的就是市场价值

10. 同一资产在不同的假设条件下，评估结果（　　）。

A. 相同　　B. 趋于一致　　C. 不相同　　D. 应进行具体分析

二、多项选择题

1. 资产评估的特点包括（　　）。

A. 市场性　　B. 公正性　　C. 独立性　　D. 专业性

E. 咨询性

2. 适用于资产评估的假设有（　　）。

A. 交易假设　　B. 持续使用假设　　C. 持续经营假设　　D. 公开市场假设

E. 清算假设

3. 资产评估的经济技术原则包括（　　）。

A. 贡献原则　　B. 预期收益原则

C. 替代原则　　D. 供求原则

E. 独立性原则

4. 资产评估特定目的在资产评估中的作用表现在（　　）。

A. 对评估结果的性质、价值类型起约束作用

B. 是资产评估活动的起点和目标

C. 影响资产评估人员对资产价值类型的选择

D. 是评估人员首先要求明确的一个基本事项

E. 是决定资产价值类型的唯一因素

5. 资产的继续使用包括（　　），在不同的假设下，其评估价值一般是不同的。

A. 在用续用　　B. 转用续用　　C. 移地续用　　D. 出售续用

E. 转借续用

三、判断题

1. 从理论上讲，在资产评估结果中，无论是市场价值还是非市场价值都是公允价值。（　　）

2. 在市场经济条件下，资产评估应逐渐成为一种行政强制性的定价行为。（　　）

3. 同一资产在不同假设前提下，其结果应当趋于一致。（　）
4. 资产评估业务约定书应当由资产评估师和委托方的法定代表人签订。（　）
5. 评估基准日与评估报告日是同一时间。（　）

四、简答题

1. 资产评估的基本要素有哪些？
2. 资产评估应遵循哪些工作原则和经济技术原则？
3. 资产评估应该按照怎样的步骤进行？

五、案例题

S资产评估事务所2015年在某省设立，主营评估业务，并采取“借牌子”“过门子”等方法获取了证券资格。该评估机构的评估资格证2017年后没有进行年检。成立当初，为了争揽业务，该机构推出了所谓“成本套餐”，即收费少一点、人员少派点、底稿少编点。在人手紧张、业务繁忙时期，依然“来者不拒”。同时承揽多家大型项目的评估业务，并集中了一批无证券资格的机构和人员进行“兵团作战”，外聘“专家”水平参差不齐。在评估过程中，该机构对不同项目的评估假设都大同小异。

W公司刚注册商标，委托S事务所评估其未来的市场范围以及可能带来的收益，S事务所只对W公司提供的许多“未来”项目进行评估。S事务所在三天时间内便为W公司“炮制”出一份作价4.93亿元的虚高评估报告。在评估过程中既未到相关部门核实土地权属、征地费用、土地等级等一系列涉及资产评估的重要依据，也未取得被评估土地所在地政府有关当地土地基准地价文件，仅凭W公司提供的一宗土地的“国有土地使用证”复印件和另一宗土地的“国有土地使用证正在办理之中的证明”复印件等，就“凭经验”采用基准地价法对2 080亩土地（其中包括部分国家文物保护区范围内的土地）进行所谓的“估算”并出具报告，W公司据此向金融机构骗贷1.66亿元。由于报告时间紧，来不及进行实物现场全面核查，该机构直接在特别事项说明中表述“实物资产未进行核实，以账面价值作为评估结果”。

该案例中的S事务所的问题主要表现在哪几个方面？

第二章　资产评估的基本方法

内容提要

本章主要讲解资产评估市场法、成本法和收益法的含义、基本前提、基本要素、具体应用；三种评估方法的优缺点；资产评估方法之间的联系、区别以及评估方法的选择等。

重点难点

本章重点为市场法、成本法和收益法的基本思路以及具体应用；本章难点为这三种基本评估方法的具体应用及区别。

学习目标

通过本章的学习，学生应掌握市场法、成本法和收益法的含义、基本前提、基本要素、具体应用，三种评估方法的优缺点；明确三种评估方法之间的联系、区别以及评估方法的选择。

知识框架

2-1 第二章章节导读

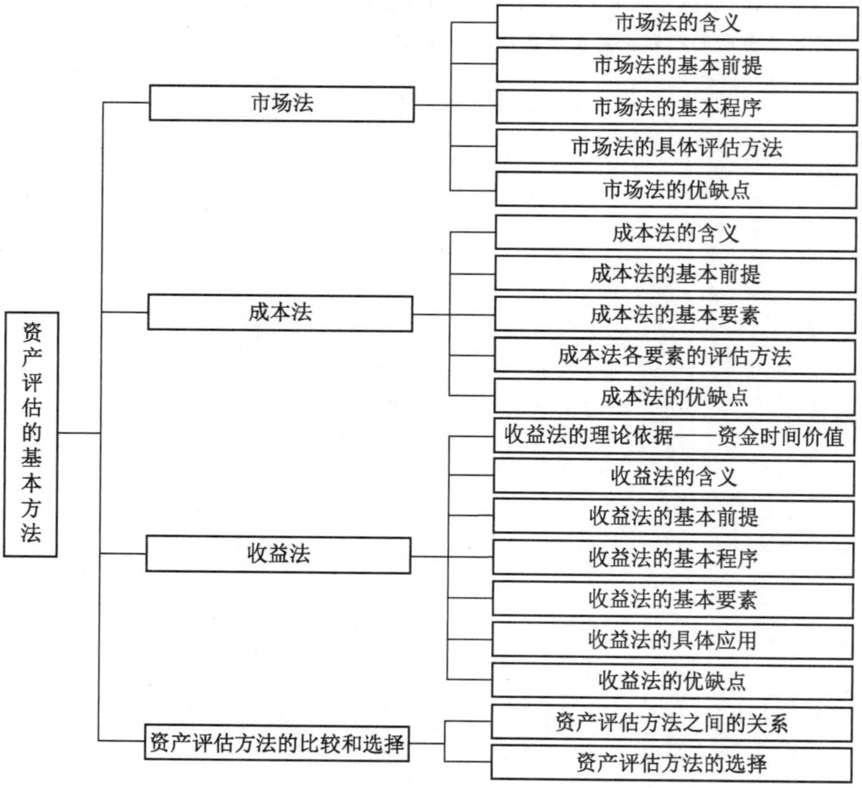

引入案例　　选择哪种资产评估方法

北京市某事务所承接到以下三项资产评估业务：

(1) 某小区内一套住宅。

(2) 一幢政府大楼。

(3) 某知名企业的商标使用权。

请问，应分别采用哪种评估方法呢？

第一节 市　场　法

一、市场法的含义

市场法是指利用市场上同样或类似资产的近期交易价格，经过直接比较或类比分析以估测资产价值的各种评估技术方法的总称。

市场法的基本思路是：通过市场调查，选择一个或几个与被评估资产相同的或类似的资产作为参照物，分析参照物的构造、功能、性能、新旧程序、地区差别、交易条件及成交价格等，并与被评估资产一一对照比较，找出两者的差别及差别所反映在价格上的差额，经过调整，计算出被评估资产的价格。

市场法的理论基础是替代原则，因为任何一个正常的投资者在购置某项资产时，所愿意支付的价格不会高于市场上具有相同用途的替代品的现行市价。运用已被市场检验了的结论来评估被评估对象，显然是容易被资产业务各当事人所接受的。因此，市场法是资产评估中最为直接、最具有说服力的评估方法之一。

同时市场法的应用与市场经济体制的建立和发展、资产的市场化程度密切相关。随着我国社会主义市场经济体制的建立和完善，为市场法提供了广泛的应用空间，市场法日益成为一种重要的资产评估方法。

二、市场法的基本前提

通过市场法进行资产评估需要满足两个最基本的前提条件。

(一) 有一个活跃的公开市场

公开市场是一个充分的市场，市场上有自愿的买者和卖者，他们之间进行平等交易。这就排除了个别交易的偶然性，市场成交价格基本上可以反映市场行情。按市场行情估测被评估资产价值，使得评估结果更贴近市场，更容易被资产交易各方接受。

(二) 公开市场上要有可比的资产及其交易活动

资产及其交易的可比性是指选择的可比资产及其交易活动在近期公开市场上已经发生过，且与被评估资产及资产业务相同或相似。这些已经完成交易的资产就可以作为被评估资产的参照物，其交易数据是进行比较分析的主要依据。资产及其交易的可比性具体体现在以下几个方面：

(1) 参照物与评估对象在功能上具有可比性，包括用途、性能上的相同或相似。

(2) 参照物与被评估对象面临的市场条件具有可比性，包括市场供求关系、竞争状况和交易条件等。

(3) 参照物成交时间与评估基准日间隔时间不能过长，应在一个适度时间范围内；同时，时间对资产价值的影响是可以调整的。

参照物与评估对象的可比性是运用市场法评估资产价值的重要前提。把握住参照物与评估对象功能上的一致性，可以避免张冠李戴；把握住参照物与评估对象所面临的市场条件，可以明确评估结果的价值类型；选择近期交易的参照物，可以减少调整时间因素对资产价值影响的难度。

三、市场法的基本程序

（一）选择参照物

不论评估对象是单项资产还是整体资产，运用市场法评估时都需经历选择参照物这样一个程序。对参照物的要求关键是一个可比性问题，包括功能、市场条件及成交时间等。另外就是参照物的数量问题，不论参照物与评估对象如何相似，通常应选择 3 个以上的参照物。因为运用市场法评估资产价值，被评估资产的评估值高低在很大程度上取决于参照物成交价格的水平，而参照物成交价又不仅仅是参照物功能自身的市场体现，它还受买卖双方交易地位、交易动机、交易时限等因素的影响。为了避免某个参照物个别交易中的特殊因素和偶然因素对成交价及评估值的影响，运用市场法评估资产时应尽可能选择多个参照物。

（二）在评估对象与参照物之间选择比较因素

从理论上讲，影响资产价值的基本因素大致相同，如资产性质、市场条件等。但具体到每一种资产时，影响资产价值的因素又各有侧重。如影响房地产价值的主要因素是地理位置，而技术水平则在机器设备评估中起主导作用。所以，应根据不同种类资产价值形成的特点，选择对资产价值形成影响较大的因素作为对比指标，在参照物与评估对象之间进行比较。

（三）指标对比、量化差异

根据前面所选定的对比指标，在参照物及评估对象之间进行比较，并将两者的差异进行量化。例如，资产功能指标，尽管参照物与评估对象功能相同或相似，但在生产能力、产品质量，以及在资产运营过程中的能耗、料耗和工耗等方面都可能有不同程度的差异。运用市场法的一个重要环节就是将参照物与评估对象对比指标之间的上述差异数量化和货币化。

（四）在各参照物成交价格的基础上，调整已经量化的对比指标差异

市场法是以参照物的成交价格作为评定估算评估对象价值的基础。在这个基础上将已经量化的参照物与评估对象对比指标差异进行调增或调减，就可以得到以每个参照物为基础的评估对象的初步评估结果。初步评估结果与所选择参照物的个数密切相关。

（五）综合分析确定评估结果

按照一般要求，运用市场法通常应选择 3 个以上的参照物。所以，在一般情况下，运用市场法评估的初步结果也在三个以上。根据资产评估的一般惯例的要求，正式的评估结果只能是一个，这就需要评估人员对若干评估初步结果进行综合分析，以确定最终的评估值。确定最终的评估值，主要是取决于评估人员对参照物的把握和对评估对象的认识。当然，如果参照物与评估对象的可比性都很好，评估过程中没有明显的遗漏或疏忽，采用算术平均法

或加权平均法等方法将初步结果转换成最终评估结果也是可以的。

四、市场法的具体评估方法

市场法实际上是指在一种评估思路下的若干具体评估方法的集合。按照参照物与评估对象的相似程度,市场法中的具体方法可以被分为两大类:直接比较法和类比调整法。

(一) 直接比较法

直接比较法是指利用参照物的交易价格,以评估对象的某一或若干基本特征与参照物的同一及若干基本特征直接进行比较,得到两者的基本特征修正系数或基本特征差额,在参照物交易价格的基础上进行修正从而得到评估对象价值的一类方法。其基本计算公式为:

$$评估对象价值 = 参照物成交价格 \times 修正系数1 \times 修正系数2 \times \cdots \times 修正系数 n$$

或

$$评估对象价值 = 参照物成交价格 \pm 基本特征差额1 \pm 基本特征差额2 \pm \cdots \pm 基本特征差额 n$$

直接比较法直观简洁、便于操作,但通常对参照物与评估对象之间的可比性要求较高。参照物与评估对象要达到相同或基本相同的程度,或参照物与评估对象的差异主要体现在某几项明显的因素上。

当参照物与评估对象完全相同或差异仅仅体现在某一基本特征上时,直接比较法还可能演变为现行市价法、市价折扣法、功能价值类比法、价格指数法和成新率价格调整法等评估方法。

(1) 现行市价法,适用于参照物与被评估资产完全相同的情况。当评估对象本身具有现行市场价格或与评估对象基本相同的参照物具有现行市场价格的时候,可以直接利用评估对象或参照物在评估基准日的现行市场价格作为评估对象的评估价值。例如,可上市流通的股票和债券可按其在评估基准日的收盘价作为评估价值;批量生产的设备、汽车等可按同品牌、同型号、同规格、同厂家、同批量的设备、汽车等的现行市场价格作为评估价值。其计算公式为:

$$评估对象价值 = 参照物成交价格$$

(2) 市价折扣法,适用于参照物与被评估资产只存在交易条件方面差异的情况。市价折扣法是以参照物成交价格为基础,考虑到评估对象在销售条件、销售时限等方面的不利因素,凭评估人员的经验或有关部门的规定,设定一个价格折扣率来估算评估对象价值的方法。其计算公式为:

$$评估对象价值 = 参照物成交价格 \times (1 - 价格折扣率)$$

【例 2-1】 评估对象为某一快速变现的资产,在评估基准日与其完全相同的资产的正常变现价格为 30 万元,经资产评估师综合分析,认为快速变现的折扣率应为 25%,计算该评估对象的价值。

$$评估对象价值 = 30 \times (1 - 25\%) = 22.5(万元)$$

(3) 功能价值类比法,适用于被评估资产与参照物之间只存在功能方面差异的情况。若功能之间的差异可以量化为价值之间的差异,就可以进行功能和价值的类比。

功能价值类比法是以参照物的成交价格为基础，考虑参照物与评估对象之间的功能差异进行调整来估算评估对象价值的方法。根据资产的功能与其价值之间的关系可分为线性关系和指数关系两种情况：

（1）资产价值与其功能呈线性关系的情况，通常被称作生产能力比例法，其计算公式为：

$$评估对象价值 = 参照物成交价格 \times \frac{评估对象生产能力}{参照物生产能力}$$

【例 2-2】 被评估资产年生产能力为 40 吨，参照物资产的年生产能力为 50 吨，评估基准日参照物资产的市场价格为 20 万元，计算该评估对象的价值。

$$评估对象价值 = 20 \times \frac{40}{50} = 16（万元）$$

（2）资产价值与其功能呈指数关系的情况，通常被称作规模经济效益指数法，其计算公式为：

$$评估对象价值 = 参照物成交价格 \times \left(\frac{评估对象生产能力}{参照物生产能力}\right)^x$$

延伸阅读 2-1

规模经济效益指数 x

公式中的 x 被称作规模经济效益指数，事实上它的取得是靠统计分析得到的。目前在我国，这样的统计分析并不多见，实践中通常采用的是一个经验数据。在美国，这个经验数据一般为 0.4～1.2，这些数据也会随着社会经济的发展和行业发展等而发生变化。我国到目前为止尚未有统一的经验数据，在评估过程中要谨慎使用这种方法。公式中参照物一般可选择同类资产中的标准资产。

【例 2-3】 被评估资产年生产能力为 40 吨，参照物资产的年生产能力为 50 吨，评估基准日参照物资产的市场价格为 20 万元，该类资产的功能价值指数为 0.7，计算该评估对象的价值。

$$评估对象价值 = 20 \times \left(\frac{40}{50}\right)^{0.7} = 17.11（万元）$$

（4）价格指数法（也称物价指数法），适用于被评估资产与参照物之间只有交易时间不同的情况，且时间差异不能过长。

相关思考 2-1

为何价格指数法的时间差异不能过长？

一般来讲，随着时间的变化，资产的交易价格也会发生变化。由于交易时间与评估基准日时间相差过长，会有许多其他不可确定的因素影响交易价格，因此，这种方法要求时间差异不能过长。

价格指数法是以参照物成交价格为基础，考虑参照物的成交时间与评估对象的评估基准日之间的时间间隔对资产价值的影响，利用价格指数调整估算评估对象价值的方法。其计算公式为：

$$评估对象价值 = 参照物成交价格 \times 价格指数$$

或

$$评估对象价值 = 参照物成交价格 \times (1 + 价格变动指数)$$

或

$$评估对象价值 = 参照物成交价格 \times \frac{评估基准日同类资产定基价格指数}{参照物成交日同类资产定基价格指数}$$

或 $$评估对象价值 = 参照物成交价格 \times \frac{1 + 评估基准日同类资产定基价格变动指数}{1 + 参照物成交日同类资产定基价格变动指数}$$

或 评估对象价值 = 参照物成交价格 × 参照物成交日至评估基准日各期环比价格指数乘积

或 评估对象价值=参照物成交价格×参照物成交日至评估基准日各期(1+环比价格变动指数)乘积

【例 2-4】 某项待评估资产于 2022 年 12 月 10 日进行评估,与评估对象完全相同的参照物 4 个月前的成交价为 20 万元。调查得知该类资产在 2022 年 8 月和 12 月的定基物价指数分别为 120%和 160%,2022 年 9 月～12 月的环比价格指数分别为 110%、105%、120%和 96%,物价变动(上涨)指数约为 33%。计算该评估对象的价值。

$$评估对象价值 = 20 \times \frac{160\%}{120\%} = 26.67(万元)$$

或 评估对象价值 = 20 × 110% × 105% × 120% × 96% = 26.61(万元)

或 评估对象价值 = 20 × (1 + 33%) = 26.6(万元)

(5) 成新率价格调整法,适用于评估对象与参照物之间仅有成新程度差异的情况。

成新率价格调整法是以参照物的成交价格为基础,考虑参照物与评估对象新旧程度上的差异,通过成新率调整估算出评估对象的价值。其计算公式为:

$$评估对象价值 = 参照物成交价格 \times \frac{评估对象成新率}{参照物成新率}$$

其中: $$资产的成新率 = \frac{资产的尚可使用年限}{资产的已使用年限 + 资产的尚可使用年限}$$

如果当参照物与评估对象的差异不仅仅体现在某一基本特征上的时候,上述评估方法,如现行市价法、市价折扣法、功能价值类比法、价格指数法和成新率价格调整法等的运用就可以演变成参照物与评估对象各个基本特征修正系数的计算了,如交易情况修正系数(正常交易情况/参照物交易情况)、功能价值修正系数(评估对象生产能力/参照物生产能力)、交易时间修正系数(评估对象的定基价格指数/参照物的定基价格指数)和成新程度修正系数(评估对象成新率/参照物成新率)等。

(二) 类比调整法

类比调整法是市场法中常见的评估方法。该方法并不要求参照物与评估对象必须一样或者基本一样。只要参照物与评估对象在大的方面基本相同或相似,该方法通过对比分析调整参照物与评估对象之间的差异,在参照物成交价格的基础上调整估算评估对象的价值。

类比调整法具有适用性强,应用广泛的特点。但该法对信息资料的数量和质量要求较高,而且要求评估人员要有较丰富的评估经验、市场阅历和评估技巧。因为,类比调整法可能要对参照物与评估对象的若干可比因素进行对比分析和差异调整。没有足够的数据资料,又不能充分了解和把握资产功能、市场行情,很难准确地评定估算出评估对象的价值。类比调整法包含成本市价法和市盈率倍数法两种。

(1) 成本市价法。成本市价法是以评估对象的现行合理成本为基础,利用参照物的成本市价比率来估算评估对象的价值的方法。其计算公式为:

$$评估对象价值 = 评估对象现行合理成本 \times \frac{参照物成交价格}{参照物现行合理成本}$$

【例 2-5】 评估基准日选取的参照物成本市价率为 200%，已知评估对象的现行合理成本为 20 万元，计算该评估对象的价值。

$$评估对象价值 = 20 \times 200\% = 40(万元)$$

（2）市盈率倍数法。市盈率倍数法主要适用于企业价值的评估。

市盈率倍数法是以参照物（企业）的市盈率作为乘数（倍数），以此乘数与被评估企业相同口径的收益额相乘估算被评估企业价值的方法。其计算公式为：

$$企业评估价值 = 被评估企业相同口径收益额 \times 参照物(企业)市盈率$$

【例 2-6】 某被评估企业的年净利润为 2 000 万元，评估基准日资产市场上同类企业平均市盈率为 8 倍，计算该企业的评估价值。

$$企业评估价值 = 2\,000 \times 8 = 16\,000(万元)$$

五、市场法的优缺点

（一）市场法的优点

市场法的优点包括以下几个方面：

（1）能够客观地反映资产目前的市场情况，其评估的参数、指标直接从市场获得，评估值更能反映市场现实价格。

（2）评估结果易于被各方理解和接受。

（二）市场法的缺点

市场法的缺点包括以下几个方面：

（1）需要有公开活跃的市场作为基础，有时因缺少可对比数据而难以应用。

（2）不适用于专用机器设备和大部分的无形资产，以及受地区、环境等条件限制的一些资产的评估。

（3）由于参照物与被评估资产之间的差异难以量化，在一定程度上影响了评估结果的准确性。

第二节　成　本　法

一、成本法的含义

成本法是指首先估测被评估资产的重置成本，然后估测被评估资产业已存在的各种贬值因素，并将其从重置成本中予以扣除而得到被评估资产价值的各种评估方法的总称。

成本法的基本思路是重建或重置被评估资产。该方法站在买者的角度，估测在现行市场条件下，重新购进与被评估资产相同或相类似的全新资产需要支付的成本额，在此重置成本基础上扣除被评估资产的各种损耗（即由于新旧程度因素、社会技术进步因素、社会经济环境变化等对资产价值的影响因素导致的贬值量)，即可得出被评估对象的评估价值。上述评估思路可概括为成本法的基本公式为：

$$资产评估价值 = 重置成本 - 实体性贬值 - 功能性贬值 - 经济性贬值$$

采用成本法对资产进行评估的理论依据如下。

(一) 资产的价值取决于资产的成本

资产的原始成本越高，资产的原始价值越大；反之，则越小，两者在质和量的内涵上是一致的。根据这一原理，采用成本法时必须首先确定资产的重置成本。重置成本是按在现行市场条件下重新购建一项全新资产所支付的全部货币总额，它与原始成本的内容构成是相同的，但两者反映的物价水平是不相同的，前者反映的是资产评估日期的市场物价水平，后者反映的是当初购建资产时的物价水平。在其他条件既定时，资产的重置成本越高，其重置价值越大。

(二) 资产的价值是一个变量

资产的价值随资产本身的运动和其他因素的变化而相应变化。资产的价值损耗主要来自以下三个方面：

(1) 资产投入使用后，由于使用磨损和自然力的作用，其物理性能会不断下降，价值会逐渐减少。这种损耗一般称作资产的物理损耗或有形损耗，也称实体性贬值。由于被评估对象大多不是全新状态的资产，通常情况下都会存在实体性贬值因素。

(2) 新技术的推广和运用，使得企业原有资产与社会上普遍推广和运用的资产相比，在技术上明显落后，性能降低，从而使得企业投入的费用相对增加、效益相对下降，其价值也就相应减少，这就是原有的资产相对于更新的资产所发生的功能性损耗，也称作功能性贬值。

(3) 由于资产以外的外部环境因素(包括政治因素、宏观经济政策因素等)变化，引致资产价值降低、收益额减少。这种损耗一般称作资产的经济性损耗，也称经济性贬值。

二、成本法的基本前提

采用成本法评估资产价值的前提条件如下。

(1) 被评估资产处于继续使用状态或被假定处于继续使用状态。被评估资产的预期收益能够支持其重置及其投入价值。

(2) 应当具备可利用的历史资料。成本法的应用是建立在历史资料基础之上的，许多信息资料、指标需要通过历史资料获得。同时，现时资产与历史资产须具有相同性或可比性。

(3) 被评估资产的实体性、内部结构及功能与假设的重置全新资产具有相同性或可比性。

(4) 形成资产价值的耗费是必需的。耗费是形成资产价值的基础，但耗费包括有效耗费和无效耗费。采用成本法评估资产，首先要确定这些耗费是必需的，而且应体现社会或行业平均水平。

(5) 被评估资产必须是可再生的，或可以复制的，不能再生的或复制的如土地和矿藏等资产不能应用成本法进行评估。

三、成本法的基本要素

就一般意义上讲，成本法的运用涉及四个基本要素，即资产的重置成本、资产的实体性贬值、资产的功能性贬值和资产的经济性贬值。在实际评估实践中，或者说在具体运用成本法评估资产的项目中，不是所有的评估项目一定都存在三种贬值，这需要根据评估项目的具体情况来定。从成本法定义的角度来讲，上述四个参数都可能存在。

（一）资产的重置成本

资产的重置成本是指在评估基准日购置或建造一项全新的与评估对象相同或者相似的资产所支付的成本。具体来说，重置成本又分为复原重置成本和更新重置成本两种。

（1）复原重置成本。复原重置成本是指采用与评估对象相同的材料、建筑或制造标准、设计、规格及技术等，以现行价格水平重新购建与评估对象相同的全新资产所发生的费用。

（2）更新重置成本。更新重置成本是指采用与评估对象并不完全相同的材料、现代建筑或制造标准、设计、规格和技术等，以现行价格水平购建与评估对象具有同等功能的全新资产所需的费用。

相关思考 2-2

复原重置成本与更新重置成本有何异同？

复原重置成本与更新重置成本的相同点：两者都采用现行价格水平，而且功能相同。

复原重置成本与更新重置成本的不同点：两者的成本构成不同，复原重置成本是采用与评估对象相同的材料、建筑或制造标准、设计、规格及技术等，更新重置成本是采用与评估对象并不完全相同的材料、现代建筑或制造标准、设计、规格和技术等。

（二）资产的实体性贬值

资产的实体性贬值亦称有形损耗，是指资产由于使用及自然力的作用导致的资产的物理性能的损耗或下降而引起的资产的价值损失。资产的实体性贬值通常采用相对数计量，即实体性贬值率，其计算公式为：

$$\text{实体性贬值率} = \frac{\text{资产的实体性贬值}}{\text{资产的重置成本}}$$

一般来讲，实体性贬值的决定因素有以下四个：

（1）使用时间。资产的已使用时间越长，其有形损耗就越大，剩余价值也就越小。

（2）使用率。使用率越高，资产的有形损耗就越大。不过也有例外，有些资产闲置的时间越长，损耗反而越大。

（3）资产本身的质量。资产本身的质量越好，在相同的使用时间和使用强度之下，有形损耗也越小。

（4）维修保养程度。资产在使用过程中保养得越好，其有形损耗越小。

（三）资产的功能性贬值

资产的功能性贬值是指由于技术进步引起的资产功能相对落后而造成的资产价值损失。资产的功能性贬值通常体现在以下两个方面：

(1) 超额运营成本形成的功能性贬值。在产量相等的情况下，由于被评估资产的运营成本高于同类型技术先进的资产而导致的功能性贬值。

(2) 超额投资成本形成的功能性贬值。由于新工艺、新材料和新技术的采用，使得生产相同的资产所需要的社会必要劳动时间减少，被评估资产原来的建造成本大于目前技术先进资产的现行建造成本而导致的功能性贬值。

(四) 资产的经济性贬值

资产的经济性贬值是指由于外部条件的变化引起资产闲置、收益下降等而造成的资产价值损失。例如，一栋住宅会因其附近的一座污染性化工厂的建成和生产运营，而降低价值；一辆微型轿车会因当地政府限制其行走线路政策的出台而降低价值。

四、成本法各要素的评估方法

通过成本法评估资产的价值不可避免地要涉及被评估资产的重置成本、实体性贬值、功能性贬值和经济性贬值四大基本要素。成本法中的各种具体方法实际上都是在成本法总的评估思路基础上，围绕着上述因素采用不同的方法测算形成的。

(一) 重置成本的评估方法

资产的重置成本一般可以通过以下方法进行估算。

1. 重置核算法

重置核算法是利用成本核算的原理，根据重新取得资产所需的费用项目，逐项计算然后累加得到资产的重置成本。其在实际测算过程中又具体划分为两种类型，即购买型和自建型。购买型是以购买资产的方式作为资产的重置过程，购买的结果一般是资产的购置价，如果被评估资产属于不需要运输、安装的资产，购置价就是资产的重置成本。如果被评估资产属于需要运输、安装的资产，资产的重置成本具体由资产的现行购买价格、运杂费、安装调试费以及其他必要费用构成。自建型是把自建资产作为资产重置方式，它根据重新建造资产所需的料、工、费及必要的资金成本和开发者的合理收益等分析和计算出资产的重置成本。

【例 2-7】 重新购置设备一台，现行市场价格每台 80 000 元，运杂费 2 000 元，直接安装成本 1 500 元，其中材料费 500 元，人工费 1 000 元，经计算，该项安装工程应承担的企业间接费用为每人工成本 1.20 元，求该设备重置成本。

$$重置成本 = 80\ 000 + 2\ 000 + 1\ 500 + 1\ 000 \times 1.2 = 84\ 700(元)$$

2. 价格指数法

价格指数法是利用与资产有关的价格变动指数，将被评估资产的历史成本(账面价值)调整为重置成本的一种方法。其计算公式为：

$$重置成本 = 资产的历史成本 \times 价格指数$$

或
$$重置成本 = 资产的历史成本 \times (1 + 价格变动指数)$$

或
$$重置成本 = 资产的历史成本 \times \frac{评估基准日同类资产定基价格指数}{资产购建时同类资产定基价格指数}$$

或
$$重置成本 = 资产的历史成本 \times \frac{1 + 评估基准日同类资产定基价格变动指数}{1 + 资产购建时同类资产定基价格变动指数}$$

或
$$重置成本 = 资产的历史成本 \times 资产购建时至评估基准日各期环比价格指数乘积$$

或　　重置成本 = 资产的历史成本 × 资产购建时至评估基准日各期(1 + 环比价格变动指数)乘积

【例 2-8】 被评估资产购置于 2018 年年底，其账面价值为 60 000 元，2022 年年底进行评估，评估人员经过对近年该类资产物价变化资料进行调查分析后得出：2019—2022 年各年的环比物价变动指数分别为 8%、6%、5%和 8%，该类资产在 2018 年年底和 2022 年年底的定基物价指数分别为 115%和 149%，该类资产 4 年间物价变动(上涨)指数约为 30%，计算被评估资产的重置成本。

$$重置成本 = 60\ 000 \times (1+8\%) \times (1+6\%) \times (1+5\%) \times (1+8\%) = 77\ 892.19(元)$$

或
$$重置成本 = 60\ 000 \times \frac{149\%}{115\%} = 77\ 739.13(元)$$

或
$$重置成本 = 60\ 000 \times (1+30\%) = 78\ 000(元)$$

价格指数法与重置核算法是重置成本估算较常用的方法，两种方法有相同点也有不同点。

(1) 物价指数法和重置核算法的相同点。两种方法都是建立在利用历史资料的基础上。因此，都需要注意判断、分析资产评估时重置成本口径与委托方提供历史资料(如财务资料)的口径差异。

(2) 物价指数法与重置核算法的不同点。①物价指数法估算的重置成本，仅考虑了价格变动因素，因而确定的是复原重置成本；而重置核算法既考虑了价格因素，也(可以)考虑生产技术进步和劳动生产率的变化因素，因而可以估算复原重置成本和更新重置成本。②物价指数法是建立在不同时期的某一种或某类甚至全部资产的物价变动水平上；而重置核算法则是建立在现行价格水平与购建成本费用核算的基础上。③一般情况下，价格指数法和重置核算法相比，核算的结果可能有误差，其准确度没有后者的高。

相关思考 2-3

科学技术进步较快的资产应采用哪种评估方法？

一项科学技术进步较快的资产，采用价格指数法估算的重置成本往往会偏高，所以应选用重置核算法。

3. 功能价值类比法

功能价值类比法是指利用某些资产的功能(生产能力)的变化与其重置成本的变化呈某种线性关系或指数关系，通过参照物的价格或重置成本，以及功能价值关系估测评估对象重置成本的技术方法。当资产的功能变化与其价格或重置成本的变化呈线性关系时，人们习惯把线性关系条件下的功能价值类比法称作生产能力比例法，而把非线性关系条件下的功能价值类比法称作规模经济效益指数法。

(1) 生产能力比例法。生产能力比例法是寻找一个与被评估资产相同或相似的资产为参照物，根据参照物的重置成本及参照物与被评估资产生产能力的比例，估算被评估资产的重置成本。其计算公式为：

$$评估对象重置成本 = 参照物重置成本 \times \frac{评估对象生产能力}{参照物生产能力}$$

【例 2-9】 某重置全新的一台机器设备价格 9 万元，年产量为 8 000 件，现知被评估资产年产量为 6 000 件，确定被评估资产的重置成本。

$$重置成本 = 9 \times \frac{6\ 000}{8\ 000} = 6.75(万元)$$

这种方法运用的前提条件和假设是资产的成本与其生产能力呈线性关系,生产能力越大,成本越高,而且是呈正比例变化。应用这种方法估算重置成本时,首先应分析资产成本与生产能力之间是否存在这种线性关系,如果不存在这种关系,这种方法就不可以采用。

(2) 规模经济效益指数法。实际调查表明,许多资产的生产能力与其价格之间的关系,呈非线性关系,生产能力越大,单位生产能力的价格越低,即价格性能比随生产能力提高而增大。这主要是由于一般在市场可行条件下,开发资产边际生产能力的生产成本下降。这时运用功能价值法就必然高估了资产的价值。规模经济效益指数法就是假定资产的生产能力与其重置成本之间呈非线性关系,其计算公式为:

$$评估对象重置成本 = 参照物重置成本 \times \left(\frac{评估对象生产能力}{参照物生产能力}\right)^x$$

公式中的 x 称作规模经济效益指数。

功能价值类比法的相关内容还可以参见市场法中的功能价值类比法部分所介绍的内容。

【例 2-10】 参照物资产重置成本为 7 000 元,生产能力为 3 000 件/年;被评估资产生产能力为 6 000 件/年,假设规模经济效益指数为 0.7,求被评估资产的重置成本。

$$重置成本 = 7\ 000 \times \left(\frac{6\ 000}{3\ 000}\right)^{0.7} = 11\ 371.53(元)$$

4. 统计分析法

在用成本法对企业整体资产及某一相同类型资产进行评估时,为了简化评估业务,节省评估时间,还可以采用统计分析法确定某类资产的重置成本,这种方法运用的步骤如下。

(1) 在核实资产数量的基础上,把全部资产按照适当标准划分为若干类别,如房屋建筑物按结构划分为钢结构、钢筋混凝土结构等;机器设备划分为运输设备、仪器、仪表等。

(2) 在各类资产中抽样选择适量具有代表性的资产,应用功能价值类比法、价格指数法或重置核算法等方法估算其重置成本。

(3) 依据分类抽样估算资产的重置成本额与账面历史成本,计算出分类资产的调整系数。其计算公式为:

$$K = \frac{R'}{R}$$

式中:K—— 资产重置成本与历史成本的调整系数;R' —— 某类抽样资产的重置成本;R—— 某类抽样资产的历史成本。

根据调整系数 K 估算被评估资产的重置成本,计算公式为:

$$被评估资产重置成本 = \sum 某类资产账面历史成本 \times K$$

某类资产账面历史成本可从会计记录中取得。

【例 2-11】 评估某企业某类通用设备时,经抽样选择具有代表性的通用设备 5 台,估算其重置成本之和为 80 万元。而该 5 台具有代表性的通用设备历史成本之和为 40 万元,该类通用设备账面历史成本之和为 400 万元。求该类通用设备的重置成本。

$$调整系数 = \frac{80}{40} = 2$$

$$该类通用设备的重置成本 = 400 \times 2 = 800(万元)$$

（二）实体性贬值的评估方法

资产的实体性贬值的估算一般可以选择以下几种方法进行估测。

（1）观察法。观察法是指由具有专业知识和丰富经验的工程技术人员，对被评估资产实体的各主要部位进行技术鉴定，并综合分析资产的设计、制造、使用、磨损、维护、修理、大修理、改造情况和物理寿命等因素，将评估对象与其全新状态相比较，考察由于使用磨损和自然损耗对资产的功能、使用效率带来的影响，判断被评估资产的成新率，从而估算资产的实体性贬值。其计算公式为：

$$资产实体性贬值 = 重置成本 \times 实体性贬值率$$

$$资产实体性贬值 = 重置成本 \times (1 - 成新率)$$

（2）使用年限法。使用年限法是利用被评估资产的实际已使用年限与其总使用年限的比值来判断其实体贬值率，进而估测资产的实体性贬值。其计算公式为：

$$资产实体性贬值率 = \frac{实际已使用年限}{总使用年限} \times 100\%$$

$$资产实体性贬值 = (重置成本 - 预计残值) \times 实体性贬值率$$

式中：

$$总使用年限 = 实际已使用年限 + 尚可使用年限$$

$$实际已使用年限 = 名义已使用年限 \times 资产利用率$$

预计残值是指被评估资产在清理报废时收回的残值。在资产评估中，通常只考虑数额较大的残值，如残值数额较小时可以忽略不计。

尚可使用年限是根据资产的有形损耗因素，预计资产的继续使用年限。由于资产在使用中负荷程度的影响，必须将资产的名义已使用年限调整为实际已使用年限。名义已使用年限是指资产从购进使用到评估时的年限。名义已使用年限可以通过会计记录、资产登记簿、登记卡片查询确定。实际已使用年限是指资产在使用中实际损耗的年限。实际已使用年限与名义已使用年限的差异，可以通过资产利用率来调整。资产利用率的计算公式为：

$$资产利用率 = \frac{截至评估基准日资产的累计实际利用时间}{截至评估基准日资产的累计法定利用时间} \times 100\%$$

当资产利用率＞1 时，表示资产超负荷运转，资产实际已使用年限大于名义已使用年限；

当资产利用率＝1 时，表示资产满负荷运转，资产实际已使用年限等于名义已使用年限；

当资产利用率＜1 时，表示开工不足，资产实际已使用年限小于名义已使用年限。

【例 2-12】 某资产于 2012 年 2 月购进，2022 年 2 月评估。根据该资产技术指标，在正常使用情况下，每天应工作 8 小时，该资产实际每天工作 9 小时。经估算该资产的重置成本为 50 万元，预计残值为 1 万元，尚可使用 5 年，求该资产的实体性贬值。

（1）计算资产利用率：

$$资产利用率 = \frac{10 \times 360 \times 9}{10 \times 360 \times 8} \times 100\% = 112.5\%$$

(2) 计算实际已使用年限：

$$实际已使用年限 = 10 \times 112.5\% = 11.25(年)$$

(3) 计算实体性贬值率：

$$资产实体性贬值率 = \frac{11.25}{11.25 + 5} \times 100\% = 69.23\%$$

(4) 计算实体性贬值：

$$资产实体性贬值 = (50 - 1) \times 69.23\% = 33.92(万元)$$

【例 2-13】 某机器设备购建于 2016 年 10 月 30 日，根据其技术经济指标，规定正常使用强度下每天的运转时间为 8 小时，由于其生产的产品自 2016—2022 年年末期间在市场上供不应求，企业在此期间一直超负荷使用该设备，每天实际运转时间为 10 小时，自 2021 年年初恢复正常使用。该机器设备的重置成本为 10 万元，预计残值为 1 万元，尚可使用 5 年。现以 2022 年 10 月 30 日为评估基准日，求该设备的实体性贬值额。

(1) 计算资产利用率：

$$资产利用率 = \frac{50 \times 30 \times 10 + 22 \times 30 \times 8}{6 \times 360 \times 8} \times 100\% = 117.36\%$$

(2) 计算实际已使用年限：

$$实际已使用年限 = 6 \times 117.36\% = 7.04(年)$$

(3) 计算实体性贬值率：

$$实体性贬值率 = \frac{7.04}{7.04 + 5} = 58.47\%$$

(4) 计算实体性贬值：

$$资产实体性贬值 = (10 - 1) \times 58.47\% = 5.26(万元)$$

在实际评估过程中，由于企业基础管理工作较差，再加上资产运转中的复杂性，资产利用率的指标往往很难确定。评估人员应综合分析资产的运转状态，诸如资产开工情况、大修间隔期、原材料供应情况、电力供应情况、是否为季节性生产等各方面因素分析确定。

延伸阅读 2-2

使用年限法可以利用的指标

使用年限法所显示的评估技术思路是一种应用较为广泛的评估技术，在资产评估实际工作中，评估人员还可以利用使用年限法的原理，根据被评估资产设计的总的工作量和评估对象已经完成的工作量、评估对象设计行驶里程和已经行驶的里程等指标，利用使用年限法的技术思路测算资产的实体性贬值。因此，使用年限法可以利用许多指标评估资产的实体性贬值。

(3) 修复费用法。修复费用法是利用恢复资产功能所支出的费用金额来直接估算资产实体性贬值的一种方法。所谓修复费用包括资产主要零部件的更换或者修复、改造、停工损失等费用支出。如果资产可以通过修复恢复到其全新状态，可以认为资产的实体性损耗等于其修复费用。

（三）功能性贬值的评估方法

估算功能性贬值，主要根据资产的效用，生产能力、工耗、物耗、能耗水平等功能方面的差异造成的成本增加和效益降低，相应确定功能性贬值额。同时，还要重视技术进步因素，考虑替代设备、替代技术、替代产品的影响，以及行业技术装备水平现状和资产更新换代的速度。

功能性贬值主要是由超额投资成本和超额运营成本两方面形成的，这两方面形成的功能性贬值的测算方法是不同的。

（1）超额运营成本形成的功能性贬值的估算。通常情况下，超额运营成本形成的运营性功能贬值的估算可以按下列步骤进行。

第一，确定年超额运营成本。将被评估资产的年运营成本与功能相同但性能更好的新资产的年运营成本进行比较。

第二，确定年净超额运营成本。由于企业支付的运营成本是在税前扣除的，企业支付的超额运营成本会导致税前利润额下降，所得税额降低，使得企业负担的运营成本低于其实际支付额。因此，年净超额运营成本是年超额运营成本扣除其抵减的所得税以后的余额。

第三，估计被评估资产的剩余寿命，以适当的折现率将被评估资产在剩余寿命内的年净超额运营成本折现，这些折现值之和就是被评估资产的功能性贬值。其计算公式为：

$$\text{功能性贬值} = \sum(\text{被评估资产年净超额运营成本} \times \text{折现系数})$$

【例 2-14】 某待评估的生产控制装置正常运行需要 6 名技术操作员，而目前的新式同类控制装置仅需要 4 名操作员。假定待评估装置与新装置的运营成本在其他方面相同，操作人员的人均年工资福利费为 12 000 元，待评估资产还可以使用 3 年，所得税税率为 25%，适用折现率为 10%。根据上述调查资料，求待评估资产相对于同类新装置的功能性贬值。

（1）估算待评估资产的年超额运营成本：

$$(6-4) \times 12\ 000 = 24\ 000(\text{元})$$

（2）测算待评估资产的年净超额运营成本：

$$24\ 000 \times (1-25\%) = 18\ 000(\text{元})$$

（3）将待评估资产在剩余使用年限内的年净超额运营成本折算为现值：

$$18\ 000 \times (P/A,\ 10\%,\ 3) = 18\ 000 \times 2.487 = 44\ 766(\text{元})$$

（2）超额投资成本形成的功能贬值的估算。超额投资成本是指被评估资产与当前新资产相比，因结构、材料和设计上的差别而导致的贬值。它是由于科学技术进步引起先投资的资产价格高于后投资的资产价格。这个超额投资部分不会被社会所承认，从而形成贬值。

超额投资成本形成的功能贬值是由于被评估资产的超额投资引起的。超额投资是复原重置成本比更新重置成本多支出的部分。其计算公式为：

$$\text{功能性贬值} = \text{复原重置成本} - \text{更新重置成本}$$

【例 2-15】 某待评估资产为一栋楼层高为 4 米的住宅，其复原重置成本为 1 600 元/建筑平方米，而在评估基准日建造具有相同效用的楼层高为 3 米的住宅，更新重置成本为 1 500 元/建筑平方米，求待评估资产单位建筑面积的功能性贬值。

$$功能性贬值 = 1\ 600 - 1\ 500 = 100(元/建筑平方米)$$

(四) 经济性贬值的评估方法

影响经济性贬值的因素很多，通常只能从经济性贬值所造成的结果来考察。经济性贬值造成的结果有两个：一是使运营成本上升或收益减少；二是导致开工率不足，使生产能力下降，甚至闲置。因此，确定经济性贬值的方法有两种。

1. 间接计算法

(1) 计算经济性贬值率：

$$经济性贬值率 = 1 - \left(\frac{资产预计可被利用的生产能力}{资产原设计生产能力}\right)^x \times 100\%$$

式中：x——功能价值指数，实践中多采用经验数据，数值一般为 0.6～0.7。

(2) 计算经济性贬值：

$$经济性贬值 = 重置成本 \times 经济性贬值率$$

【例 2-16】 某被估生产线设计生产能力为年产 40 000 台产品。因为市场需求结构变化，该生产线年产量估计要减少 12 000 台左右，规模经济效益指数取值 0.60。经评估该工厂的重置成本为 30 万元，求该生产线的经济性贬值。

(1) 计算经济性贬值率：

$$经济性贬值率 = \left[1 - \left(\frac{28\ 000}{40\ 000}\right)^{0.6}\right] \times 100\% = (1 - 0.807\ 3) \times 100\% = 19.27\%$$

(2) 计算经济性贬值：

$$经济性贬值 = 30 \times 19.27\% = 5.78(万元)$$

2. 直接计算法

$$经济性贬值 = 资产年收益损失 \times (1 - 所得税税率) \times (P/A, r, n)$$

【例 2-17】 某被估生产线的设计生产能力是 20 000 台产品，因为市场结构的变化，每年销量减少 8 000 台产品，每台产品利润 200 元，该生产线尚可继续使用 3 年，企业所在行业投资回报率为 10%，所得税税率为 25%，求该生产线的经济性贬值。

$$经济性贬值 = 8\ 000 \times 200 \times (1 - 25\%) \times (P/A, 10\%, 3) = 2\ 984\ 400(元)$$

五、成本法的优缺点

(一) 成本法的优点

成本法的优点包括以下几个方面：

(1) 比较充分地考虑了资产的实体性贬值、功能性贬值和经济性贬值等因素，评估结果公平合理。

(2) 有利于单项资产和特定用途资产的评估。

(3) 在不易计算资产未来收益或难以取得市场参照物的条件下可广泛应用，特别是适用于对没有预期收益的社会公益设施的评估。

（4）有利于企业资产保值。

（二）成本法的缺点

成本法的缺点包括以下几个方面：

（1）采用成本法进行评估涉及的有关参数较多，如前所述，包括价格变动指数、规模经济效益指数、成新率等，工作量较大，计算过程复杂，而且以历史资料为依据确定目前价值，必须充分分析这种假设的可行性。

（2）经济性贬值不易准确估算。

相关思考 2-3

成本法的应用案例

2022 年 5 月拟对某企业的一条生产线进行评估，根据资料得知该生产线历史总成本为 600 万元，设计生产能力为年产 3 000 件产品，有关数据如下：

（1）通过细节分析，如重置该生产线，需人工费 15 万元，材料费 25 万元，零部件费 20 万元，机器设备购置费 700 万元，间接费用 20 万元，措施费 9 万元。

（2）该生产线于 10 年前购置，预计还可使用 15 年，自动化程度较低，与普通使用的同类设备相比，多使用 10 名工人，每人每月工资为 4 500 元，所得税税率为 25%，折现率为 10%。由于市场供大于求，预计该生产线每年产量要减少 650 件，规模经济效益指数取值 0.60，评估该生产线的价值。（残值忽略不计）

（1）计算重置成本：

$$重置成本 = 15 + 25 + 20 + 700 + 20 + 9 = 789(万元)$$

（2）计算实体性贬值：

$$实体性贬值 = 789 \times \frac{10}{10 + 15} = 315.6(万元)$$

（3）计算功能性贬值：

$$运营性功能贬值 = 10 \times 0.45 \times 12 \times (1 - 25\%) \times (P/A, 10\%, 15) = 308.04(万元)$$

（4）计算经济性贬值：

$$经济性贬值 = 789 \times \left[1 - \left(\frac{2\ 350}{3\ 000}\right)^{0.6}\right] = 107.53(万元)$$

（5）计算该生产线评估值：

$$该生产线评估值 = 789 - 315.6 - 308.04 - 107.53 = 57.83(万元)$$

第三节　收　益　法

一、收益法的理论依据——资金时间价值

（一）资金时间价值的概念

资金的时间价值是指资金经历一定时间的投资和再投资所增加的价值，也称货币的时间价值。

(二) 资金时间价值的计算

在资产评估过程中，为便于分析、比较、评估，必须把不同时点的时间价值折算成相同时点的时间价值。

1. 终值

终值是指一定数额的资金经过若干年后的本金和利息总和。终值有单利终值和复利终值两种形式。在评估中，一般使用复利形式。其计算公式为：

$$F = P \times (1+r)^n = P \times (F/P, r, n)$$

式中：F——复利终值；P——本金；r——折现率；n——计息期数；$(F/P, r, n)$——复利终值系数。

【例 2-18】 某企业存入银行 1 000 万元，若利息率为 3%，存期 5 年，计算复利终值。

$$F = 1\,000 \times (1+3\%)^5 = 1\,159.27(\text{万元})$$

或 $$F = 1\,000 \times (F/P, 3\%, 5) = 1\,000 \times 1.159 = 1\,159(\text{万元})$$

2. 现值

现值是未来一定数额的资金按适当的折现率折合成现在的价值。其计算公式为：

$$P = \frac{F}{(1+r)^n} = F \times (P/F, r, n)$$

式中：$(P/F, r, n)$——复利现值系数。

【例 2-19】 某企业有一张年利息率为 6%的债券，3 年后可兑换 5 955 元，计算该债券的面值。

$$P = \frac{5\,955}{(1+6\%)^3} = 5\,000(\text{元})$$

或 $$P = 5\,955 \times (P/F, 6\%, 3) = 5\,955 \times 0.840 = 5\,002.2(\text{元})$$

3. 年金

年金是指在一定时间内，定期收入或定期支付相等数额的款项。

(1) 年金终值。年金终值是一定时期内每期期末等额收付款项的复利终值之和。其计算公式为：

$$F = A \times \left[\frac{(1+r)^n - 1}{r}\right] = A \times (F/A, r, n)$$

式中：$(F/A, r, n)$——年金终值系数。

【例 2-20】 假设现在银行存款利率为 8%，如果每年年末存入银行 1 000 元，则 4 年以后将得到的本利和是多少？

$$F = 1\,000 \times \left[\frac{(1+8\%)^4 - 1}{8\%}\right] = 4\,506.13(\text{元})$$

或 $$F = 1\,000 \times (F/A, 8\%, 4) = 1\,000 \times 4.506 = 4\,506(\text{元})$$

(2) 年金现值。年金现值是指为在每期期末取得相等金额的款项，现在需要投入的金额。其计算公式为：

$$P = A \times \left[\frac{(1+r)^n - 1}{r(1+r)^n}\right] = A \times (P/A, r, n)$$

式中：$(P/A, r, n)$——年金现值系数。

【例 2-21】 某人在未来 3 年中，每年年末向银行存入 1 000 元，假设银行存款年利率为 10%，则相当于现在一次性存入银行多少钱？

$$P = 1\,000 \times \left[\frac{(1+10\%)^3 - 1}{10\% \times (1+10\%)^3}\right] = 2\,486.85(\text{元})$$

或 $$P = 1\,000 \times (P/A, 10\%, 3) = 1\,000 \times 2.487 = 2\,487(\text{元})$$

4. 递延年金

递延年金是指在最初若干期没有收付款项的情况下，后面若干期有等额的系列收付款项的年金。

(1) 递延年金终值。递延年金终值的大小与递延期无关，因此计算方法与年金终值相同。

【例 2-22】 小王投资一处房产，前 5 年不支付，第 6 年起到第 15 年止每年年末支付 180 000 元。假设银行利率为 10%，投资金额终值是多少？

$$F = 180\,000 \times (F/A, 10\%, 10) = 180\,000 \times 15.937 = 2\,868\,660(\text{元})$$

(2) 递延年金现值。假定最初有 m 期没有收付款项，后面 n 期每年有等额的系列收付款项，则此递延年金的现值即为后 n 期年金贴现至 m 期第一期期初的现值。递延年金的现值计算有以下三种方法。

第一种方法，将递延年金看成 n 期普通年金，先求出 m 期普通年金终值，再按复利现值折算到第一期期初。其计算公式为：

$$P = A \times (F/A, r, n) \times (P/F, r, m+n)$$

第二种方法，将递延年金看成 n 期普通年金，先求出 m 期普通年金现值，再按复利现值折算到第一期期初。其计算公式为：

$$P = A \times (P/A, r, n) \times (P/F, r, m)$$

第三种方法，先计算 $m+n$ 期年金现值，再减去没有付款的前 m 期年金现值。其计算公式为：

$$P = A \times (P/A, r, m+n) - A \times (P/A, r, m)$$

【例 2-23】 某公司借入一笔款项，假设银行贷款年利率为 10%。银行规定，前 10 年不用还本付息，从第 11 年起至第 20 年止每年年末偿还本息 50 000 元。计算这笔款项的现值应该是多少？

$$P = 50\,000 \times (F/A, 10\%, 10) \times (P/F, 10\%, 20) = 50\,000 \times 15.937 \times 0.149 = 118\,730.65(\text{元})$$

或 $$P = 50\,000 \times (P/A, 10\%, 10) \times (P/F, 10\%, 10) = 50\,000 \times 6.145 \times 0.386 = 118\,598.5(\text{元})$$

或 $$P = 50\,000 \times (P/A, 10\%, 20) - 50\,000 \times (P/A, 10\%, 10)$$
$$= 50\,000 \times 8.514 - 50\,000 \times 6.145 = 1\,184\,50(\text{元})$$

5. 永续年金

永续年金是指无限期支付的年金。

永续年金没有终止的时间，因此不存在终值。

永续年金现值的计算公式为：

$$P = \frac{A}{r}$$

【例 2-24】 某公司拟建立一项永久性奖学金，每年计划颁发 100 000 元奖金，年利率为 10%，计算现在应存入银行多少钱？

$$P = \frac{100\ 000}{10\%} = 1\ 000\ 000(\text{元})$$

二、收益法的含义

收益法是指通过估测被评估资产未来预期收益的现值，来判断资产价值的各种评估方法的总称。用数学式表达为：

$$P = \sum_{i=1}^{n} \frac{R_i}{(1+r)^i}$$

式中：P——评估对象的评估价值；R_i——评估对象第 i 年的净收益额；r——折现率；n——评估对象的收益年限。

收益法是根据将利求本的思路，采用资本化和折现的途径及方法来判断和估算资产价值。该思路认为，任何一个理智的投资者在购置或投资资产时，所愿意支付的货币数额不会高于所购置或投资的资产在未来能给其带来的收益额。收益法利用投资回报和收益折现等技术手段，把评估对象的预期产出能力和获利能力作为评估标的来估测评估对象的价值。根据评估对象的预期收益来评估其价值，容易被资产业务各方所接受。所以，从理论上讲，收益法是资产评估中较为科学合理的评估方法之一。

三、收益法的基本前提

收益法涉及评估对象的预期收益额、折现率和取得预期收益的持续时间三个基本要素。因此，能否清晰地把握上述三要素就成为能否运用收益法的基本前提。从这个意义上来讲，应用收益法必须具备的前提条件如下。

(1) 被评估资产的未来预期收益可以预测并可以用货币来衡量。合理地估测被评估对象的预期收益要求被评估资产与其经营收益之间存在着较为稳定的联系。同时，影响资产预期收益的主要因素(包括主观因素和客观因素)可以较为明确地确定，使得评估人员可以据此分析和测算出被评估资产的预期收益。

(2) 资产拥有者获得预期收益所承担的风险也可以预测，并可以用货币来衡量。被评估对象所具有的行业风险、地区风险及企业风险能够比较和测算，这是确定折现率或资本化率的基本条件之一。评估对象所处的行业不同、地区不同和企业差别都会不同程度地体现在资产拥有者的获利风险上。对于投资者来说，风险大的投资，要求的回报率较高；投资风险小，要求的回报率也可以相应降低。

(3) 被评估资产预期获利年限可以预测。评估对象获利期限的长短，即评估对象的寿命，也是影响其价值和评估值的重要因素之一。

四、收益法的基本程序

采用收益法进行评估，其基本程序如下。

（1）收集并验证与评估对象未来预期收益有关的数据资料，包括经营前景、财务状况、市场形势以及经营风险等。

（2）分析测算被评估对象的未来预期收益。

（3）分析测算折现率或资本化率。

（4）分析测算被评估对象预期收益持续的时间。

（5）用折现率或资本化率将评估对象的未来预期收益折算成现值。

（6）分析确定评估结果。

五、收益法的基本要素

运用收益法进行评估涉及许多经济技术参数，其中最主要的参数有三个。它们是收益额、折现率和收益期限。

（一）收益额

收益额是资产在正常情况下所能得到的归其产权主体的所得额。资产评估中的收益额有两个明显的特点：①收益额是资产未来预期的收益额，而不是资产的历史收益额或现实收益额；②资产评估中的收益额通常是资产的客观收益，而不一定是资产的实际收益。

收益额一般需要通过预测分析而获得。对收益额的准确确定，主要应把握以下两点。

（1）预期收益的确定要准确对被评估资产经营的内外部环境和状况进行分析，要了解被评估资产最近几年的财务状况和经营成果，分析、预测被评估资产未来的经营状况和市场状况，还要分析国家产业政策及经济形势的发展趋势。分析国家产业政策的目的在于掌握以下情况：评估资产主体是否属于国家重点支持行业，如果不是，它与重点行业有何关系；国家产业政策的实施对被评估资产有何影响。分析国家经济发展趋势的目的，在于判断被评估资产经营环境的优劣，掌握经营环境对被评估资产收益的影响程度。

（2）收益额可以选择利润总额、税后利润和现金流量等多种指标。选择哪一种指标作为收益额，应该根据所评估资产的类型、特点以及评估目的来决定，重要的是准确反映资产收益，并与折现率或资本化率的口径保持一致。由于收益法是通过将资产未来某个时点的收益折算为现值并以其作为资产评估值，用净现金流量表示预期收益更能体现资金的时间价值。正因为如此，在资产评估中一般采用净现金流量作为预期收益额。

（二）折现率

确定折现率，首先应该明确折现的内涵。折现作为一个时间优先的概念，认为将来的收益或利益低于现在的同样收益或利益，并且随着收益时间向将来推迟的程度而有序地降低价值。同时，折现作为一个算术过程，是把一个特定比率应用于预期的收益，从而得出当前的价值。

从本质上讲，折现率是一种期望投资报酬率，是投资者在投资风险一定的情况下，对投资所期望的回报率。折现率就其构成而言，它是由无风险报酬率和风险报酬率组成的。无风险报酬率亦称安全利率，是指没有投资限制和障碍的，任何投资者都可以投资并能够获得的投资报酬率。在具体实践中，无风险报酬率可以参照同期国库券利率或银行利率。风险报酬率是对风险投资的一种补偿，在数量上是指超过无风险报酬率之上的那部分投资回报率。在资产评估中，因资产的行业分布、种类、市场条件等的不同，其折现率亦不相同。折现率在选择时还要注意与所选收益额的计算口径保持一致。

资本化率与折现率在本质上是相同的。习惯上人们把将未来有限期预期收益折算成现值的比率称作折现率，而把将未来永续性预期收益折算成现值的比率称作资本化率。至于折现率与资本化率在量上是否相等，主要取决于同一资产在未来长短不同的时期所面临的风险是否相同。

（三）收益期限

收益期限是指资产具有获利能力持续的时间，通常以年为时间单位。它由评估人员根据被评估资产自身效能、相关条件，以及有关法律、法规、契约、合同等加以确定。

六、收益法的具体应用

收益法的具体应用，实际上就是对评估对象未来预期收益进行折现的过程。针对评估对象未来预期收益期限的情况，可分为有限期和无限期的评估方法。为了便于学习收益法中的具体方法，先对这些具体方法中所用的字符含义作统一的定义：P——评估对象的评估价值；R_i——评估对象第 i 年的净收益额；P_n——评估对象第 n 年的价格；r——折现率或资本化率；n——评估对象的收益年限；A——年金。

（一）纯收益不变

(1) 在收益永续的条件下，其计算公式为：

$$P=\frac{A}{r}$$

其成立条件是：①纯收益每年不变；②资本化率固定且大于零；③收益年期无限。

【例 2-25】 假设某企业持续经营，现拟转让，因而进行评估。资产评估师经过测算后认为该企业已进入稳定经营阶段，其未来的税后利润稳定在 1 000 万元，假设其折现率为 8%。试用收益法评估该企业的价值。

$$评估值=\frac{1\,000}{8\%}=12\,500(万元)$$

(2) 在收益年期有限条件下，其计算公式为：

$$P=A\times\left[\frac{(1+r)^n-1}{r(1+r)^n}\right]=A\times(P/A,\ r,\ n)$$

其成立条件是：①纯收益每年不变；②资本化率固定且大于零；③收益年期有限为 n。

【例 2-26】 假设某企业只能持续经营 3 年，现拟转让，因而进行评估。资产评估师经过测算后认为该企业已进入稳定经营阶段，其未来的税后利润稳定在 1 000 万元，假设其资本化率为 8%。试用收益法评估该企业的价值。

$$P=1\,000\times(P/A,\ 8\%,\ 3)=2\,577(万元)$$

(3) 在收益年期有限，资本化率等于零的条件下，其计算公式为：

$$P=A\times n$$

其成立条件是：①纯收益每年不变；②资本化率为零；③收益年期有限为 n。

（二）纯收益在若干年后保持不变

(1) 无限年期收益。其计算公式为：

$$P=\sum_{i=1}^{t}\frac{R_i}{(1+r)^i}+\frac{A}{r(1+r)^t}$$

其成立条件是：①纯收益在 t 年（含第 t 年）以前有变化；②纯收益在 t 年（不含第 t 年）以后保持不变；③收益年期无限；④r 大于零。

【例 2-27】 假设某企业持续经营，但未来 3 年收益处于不稳定状态。现拟转让，因而进行评估。经专家预测，未来第 1 年收益为 800 万元，未来第 2 年收益为 900 万元，未来第 3 年收益为 1 000 万元，从第 4 年起，收益稳定在 1 100 万元。假设其资本化率为 8%。试用收益法评估该企业的价值。

$$评估值=\frac{800}{1+8\%}+\frac{900}{(1+8\%)^2}+\frac{1000}{(1+8\%)^3}+\frac{1\ 100}{8\%\times(1+8\%)^3}=13\ 220.84(万元)$$

（2）有限年期收益。其计算公式为：

$$P=\sum_{i=1}^{t}\frac{R_i}{(1+r)^i}+\frac{A\times(P/A,\ r,\ n-t)}{(1+r)^t}$$

其成立条件是：①纯收益在 t 年（含第 t 年）以前有变化；②纯收益在 t 年（不含第 t 年）以后保持不变；③收益年期有限为 n；④r 大于零。

【例 2-28】 假设某企业持续经营 50 年，但未来 3 年收益处于不稳定状态。现拟转让，因而进行评估。经专家预测，未来第 1 年收益为 800 万元，未来第 2 年收益为 900 万元，未来第 3 年收益为 1 000 万元，从第 4 年起，收益稳定在 1 100 万元。假设其资本化率为 8%。试用收益法评估该企业的价值。

$$评估值=\frac{800}{1+8\%}+\frac{900}{(1+8\%)^2}+\frac{1\ 000}{(1+8\%)^3}+\frac{1\ 100\times(P/A,\ 8\%,\ 47)}{(1+8\%)^3}=12\ 928.20(万元)$$

（三）纯收益按等差级数变化

（1）在纯收益按等差级数递增，收益年期无限的条件下，其计算公式为：

$$P=\frac{A}{r}+\frac{B}{r^2}$$

其成立条件是：①纯收益按等差级数递增；②纯收益逐年递增额为 B；③收益年期无限；④r 大于零。

【例 2-29】 假设某企业持续经营，经专家预测，该企业评估年度收益为 1 000 万元，以后每年递增 100 万元，假设其资本化率为 8%。试用收益法评估该企业的价值。

$$评估值=\frac{1\ 000}{8\%}+\frac{100}{8\%^2}=28\ 125(万元)$$

（2）在纯收益按等差级数递增，收益年期有限的条件下，其计算公式为：

$$P=\frac{A}{r}+\frac{B}{r}\times(P/A,\ r,\ n)-\frac{A+n\times B}{r}\times(P/F,\ r,\ n)$$

其成立条件是：①纯收益按等差级数递增；②纯收益逐年递增额为 B；③收益年期有限为 n；④r 大于零。

【例 2-30】 假设某企业持续经营 50 年，经专家预测，该企业评估年度收益为 1 000 万元，以后每年递增 100 万元，假设其资本化率为 8%。试用收益法评估该企业的价值。

$$评估值=\frac{1\ 000}{8\%}+\frac{100}{8\%}\times(P/A,\ 8\%,\ 50)-\frac{1\ 000+50\times100}{8\%\times(1+8\%)^{50}}=26\ 216.25(万元)$$

(3) 在纯收益按等差级数递减，收益年期无限的条件下，其计算公式为：

$$P = \frac{A}{r} - \frac{B}{r^2}$$

其成立条件是：①纯收益按等差级数递减；②纯收益逐年递减额为 B；③收益年期无限；④r 大于零；⑤收益递减到零为止。

(4) 在纯收益按等差级数递减，收益年期有限的条件下，其计算公式为：

$$P = \frac{A}{r} - \frac{B}{r} \times (P/A, r, n) - \frac{A - n \times B}{r} \times (P/F, r, n)$$

其成立条件是：①纯收益按等差级数递减；②纯收益逐年递减额为 B；③收益年期有限为 n；④r 大于零。

【例 2-31】 某收益性资产，经专业评估人员预测，评估基准日后第 1 年预期收益为 100 万元，以后每年递减 10 万元，假设折现率为 5%，求该资产的评估价值。

$$100 - (n-1) \times 10 > 0 \Rightarrow n \text{ 最大为 } 10 \text{ 年}$$

$$P = \frac{100}{5\%} - \frac{10}{5\%} \times (P/A, 5\%, 10) = 455.60(\text{万元})$$

相关思考 2-4

如果上题中已知收益性资产的收益年限为 8 年或 12 年，应该如何计算？

要解决纯收益按等差级数递减的价值评估问题，不论题目中是否给出了受益年限，一定首先从评估的角度自行计算收益年限，然后将自行计算的收益年限与题目已知的收益年限比较，检查题目给出的收益年限是否超过了真正的收益年限，取较小的收益年限。

以上题为例，从评估的角度计算出的收益年限是 10 年，如果题目已知收益年限为 8 年，在计算时应该取 8 年；如果题目已知收益年限为 12 年，在计算时应该取 10 年。

(四) 纯收益按等比级数变化

(1) 在纯收益按等比级数递增，收益年期无限的条件下，其计算公式为：

$$P = \frac{A}{r - s}$$

其成立条件是：①纯收益按等比级数递增；②纯收益逐年递增比率为 s；③收益年期无限；④$r>0$；⑤$r>s>0$。

【例 2-32】 假设某企业持续经营，经专家预测，评估年度收益为 1 000 万元，纯收益按等比 2%的速度递增，假设其资本化率为 8%。试用收益法评估该企业的价值。

$$\text{评估值} = \frac{1\,000}{8\% - 2\%} = 16\,666.67(\text{万元})$$

(2) 在纯收益按等比级数递增，收益年期有限的条件下，其计算公式为：

$$P = \frac{A}{r - s}\left[1 - \left(\frac{1+s}{1+r}\right)^n\right]$$

其成立条件是：①纯收益按等比级数递增；②纯收益逐年递增比率为 s；③收益年期有限为 n；④r 大于零；⑤$r>s>0$。

【例 2-33】 假设某企业持续经营 50 年，经专家预测，评估年度收益为 1 000 万元，纯收益按等比 2% 的速度递增，假设其资本化率为 8%。试用收益法评估该企业的价值。

$$评估值 = \frac{1\,000}{8\% - 2\%} \times \left[1 - \left(\frac{1+2\%}{1+8\%}\right)^{50}\right] = 15\,710.20(万元)$$

（3）在纯收益按等比级数递减，收益年期无限的条件下，其计算公式为：

$$P = \frac{A}{r+s}$$

其成立条件是：①纯收益按等比级数递减；②纯收益逐年递减比率为 s；③收益年期无限；④r 大于零；⑤$r>s>0$。

【例 2-34】 假设某企业持续经营，经专家预测，评估年度收益为 1 000 万元，纯收益按等比 2% 的速度递减，假设其资本化率为 8%。试用收益法评估该企业的价值。

$$评估值 = \frac{1\,000}{8\% + 2\%} = 10\,000(万元)$$

（4）在纯收益按等比级数递减，收益年期有限的条件下，其计算公式为：

$$P = \frac{A}{r+s}\left[1 - \left(\frac{1-s}{1+r}\right)^{n}\right]$$

其成立条件是：①纯收益按等比级数递减；②纯收益逐年递减比率为 s；③收益年期有限为 n；④$r>0$；⑤$0<s\leqslant 1$。

【例 2-35】 假设某企业持续经营 50 年，经专家预测，评估年度收益为 1 000 万元，纯收益按等比 2% 的速度递减，假设其资本化率为 8%。试用收益法评估该企业的价值。

$$评估值 = \frac{1\,000}{8\% + 2\%} \times \left[1 - \left(\frac{1-2\%}{1+8\%}\right)^{50}\right] = 9\,922.35(万元)$$

（五）已知未来若干年后的资产价格

已知未来若干年后资产价格的条件下，其计算公式为：

$$P = A \times (P/A, r, n) + P_n \times (P/F, r, n)$$

其成立条件是：①纯收益在第 n 年（含 n 年）前保持不变；②预知第 n 年的价格为 P_n；③$r>0$。

【例 2-36】 假设某企业持续经营 3 年后终止，经专家预测，该企业评估年度收益为 1 000 万元，终止时预计残值为 500 万元，假设其折现率为 8%。试用收益法评估该企业的价值。

$$评估值 = 1\,000 \times (P/A, 8\%, 3) + 500 \times (P/F, 8\%, 3) = 2\,974(万元)$$

七、收益法的优缺点

（一）收益法的优点

收益法的优点包括以下几个方面。

（1）采用收益法评估资产比较充分地考虑了资产的未来收益和资金的时间价值，能真实和较准确地反映资产的资本化价值。

（2）采用收益法评估资产价值只要准确地掌握收益额、折现率和收益年限三项指标，计算过程较为简单，结果准确，而且能够与投资决策相结合，应用此法评估的资产价值结果，易为买卖双方所接受。

(3) 比较全面地反映了企业资产的使用收益，符合国际惯例。

(二) 收益法的缺点

收益法的缺点包括以下几个方面。

(1) 预期收益额预测难度较大，易受较强的主观判断和未来不可预见因素的影响。

(2) 不具有综合获利能力、没有连续性收益的资产不能采用收益法进行评估，因此收益法在资产评估中的适用范围较小，一般适用于企业整体资产和可预测未来收益的单项资产评估。

2-2 资产评估执业准则——资产评估方法

第四节 资产评估方法的比较和选择

资产评估中的市场法、收益法和成本法，以及由以上三条基本评估思路衍生出来的其他评估方法共同构成了资产评估方法体系的基本部分和主要部分，通常也被称作传统的资产评估方法。近年来，随着评估市场的不断细化，评估对象的日益复杂，实物期权法，EVA 评估法(Economic Value Added)等也在评估实践中得以重视和应用。不论是传统的评估方法，还是新型的价值分析工具，它们之间既有差异也有联系。资产评估的专业性质决定了构成资产评估方法体系的各种评估方法之间存在着内在联系，而各种评估方法的独立存在又说明它们各有特点。正确认识资产评估方法之间的内在联系以及各自的特点，对于恰当地选择评估方法、确保资产评估的质量和准确地评估资产的价值具有重要意义。

一、资产评估方法之间的关系

(一) 资产评估方法之间的联系

评估方法是实现评估目的的手段。对于特定经济行为，在相同的市场条件下，对处在相同状态下的同一资产进行评估，其评估值应该是客观的。这个客观的评估值不会因评估人员所选用的评估方法的不同而出现截然不同的结果。可以认为，正是评估的基本目的决定了评估方法间的内在联系。而这种内在联系为评估人员运用多种评估方法评估同一条件下的同一资产，并作相互验证提供了理论根据。但需要指出的是，运用不同的评估方法评估同一资产，必须保证评估目的、评估前提、被评估对象状态的一致以及运用不同评估方法所选择的经济技术参数合理。

由于资产评估工作基本目标的一致性，在同一资产的评估中可以采用多种方法，如果使用这些方法的前提条件同时具备，包括市场的有效性，而且资产评估师也具备相应的专业判断能力，那么，多种方法所得出的结果应该趋同。如果采用多种方法得出的结果出现较大差异，可能的原因有：①某些方法的应用前提不具备；②分析过程有缺陷；③结构分析有问题；④某些支撑评估结果的信息依据出现失真；⑤资产评估师的职业判断有误。建议资产评估师为不同评估方法建立逻辑分析框图，通过对比分析，有利于问题的发现。资产评估师在发现问题的基础上，除了对评估方法作出取舍外，还应该分析问题产生的原因，并据此研究解决问题的对策，以便最后确定评估价值。

(二) 资产评估方法之间的区别

各种评估方法独立存在本身就说明了各种评估方法之间存在差异。各种评估方法都是从不同的角度去表现资产的价值。不论是通过与市场参照物比较获得评估对象的价值,还是根据评估对象预期收益折现获得其评估价值,抑或是按照资产的再取得途径寻求评估对象的价值,都是对评估对象在一定条件下的价值的描述,它们之间是有内在联系并可相互替代的。但是,每一种评估方法都有其自成一体的运用过程,都要求具备相应的信息基础,评估结论也都是从某一角度反映资产的价值,因此各种评估方法又是有区别的。

1. 适用的前提条件不同

(1) 市场法适用的前提条件:①需要一个公开活跃的市场。②公开市场上要有可比的资产及其交易活动。

(2) 成本法适用的前提条件:①被评估资产处于继续使用状态或被假定处于继续使用状态。被评估资产的预期收益能够支持其重置及其投入价值。②应当具备可利用的历史资料。③被评估资产的实体性、内部结构及功能与假设的重置全新资产具有相同性或可比性。④形成资产价值的耗费是必需的,而且应体现社会或行业平均水平。⑤被评估资产必须是可再生的,或可以复制的。

(3) 收益法适用的前提条件:①被评估资产的未来预期收益可以预测并可以用货币来衡量。②资产拥有者获得预期收益所承担的风险也可以预测,并可以用货币来衡量。③被评估资产预期获利年限可以预测。

2. 市场法与成本法的比较

成本法也是一个比较方法,是把评估对象与评估基准日较新的资产进行比较的过程。而市场法则更侧重价格分析,因此对市场法的运用十分强调市场化程度。我们运用成本法对资产进行评估时,只需要寻找一个新的类似项目作为参照物,但是运用市场法时,我们必须有更多的市场数据。这两种方法的主要区别表现在以下几个方面。

(1) 成本法是以重置成本作为资产评估的计价基础,即按现行市场价格确定重新购买该项资产的价值。市场法是以市场价格作为资产评估的计价依据,即按市场上该项资产的交易价格确定。前者从买者角度,以某项资产的耗费来确定评估值;后者则从卖者角度,即市场上的销售价格来确定评估值。

(2) 市场法中的现行市价是指资产交易过程中采用的价格;重置成本不仅包括该项资产的自身购建价格,还包括运杂费、安装调试费等。

(3) 市场法的运用与原始成本没有直接联系,成本法中某些计算要利用被评估资产的原始成本和资料。

(4) 成本法是按全新资产的购建成本扣除被评估资产的各项损耗(或贬值)后确定评估值;市场法按参照物价格及对被评估资产与参照物的各项差异进行调整来确定评估值。两种方法有着不同的思路和操作程序。

(5) 成本法的适用范围最为广泛,对于一切以资产重置或补偿为目的的资产业务都可以采用成本法进行评估;而市场法只适用于以市场价值为基础的资产评估业务,对于没有公开市场价格的资产以及交易价格资料不易公开的大多数无形资产都不能采用市场法进行评估。

3. 成本法与收益法的比较

成本法与收益法的区别在于:前者是历史过程,后者是预期过程。

成本法比较强调和侧重对资产过去使用状况的分析。尽管成本法中的重置成本是现时价格,尚可使用年限是源于对资产现状的判断,但是成本法中的其他因素却是基于对历史的分析，运用成本法评估资产价值主要是依据对评估对象的历史判断和记录。

收益法的评估要素完全是基于对未来的分析。评估对象的已使用年限和使用程度不是收益法评估资产价值的基础，收益法主要考虑的是评估对象未来能给其控制者带来的预期收益。预期收益的测定是收益法的基础。通常情况下，资产的预期收益越大，资产的价值也就越大。

4. 市场法与收益法的比较

将市场法和收益法结合起来使用评估资产的价值，在市场经济发达国家的资产评估实践中应用得是相当普遍的。把收益法和市场法结合起来使用能够使资产评估的结果更多地反映客观实际，更具有准确性。

市场法需要从一个发育成熟、公平活跃的资产市场中寻找到若干数量的参照物交易实例，收集到参照物资产的交易信息资料和资产实例特征、功能用途、地理位置等方面的信息资料，其评估过程能够直接反映资产的市场状态。

收益法中的有关参数如预期收益、折现率以及预期年限在运用收益法评估资产价值时必须明确，否则收益法就不能使用。对于这样的问题，在市场发达的地方，可以尝试采取以下方式加以解决：在发达完善的市场条件下，寻找参照物并通过选择参照物，进一步计量其收益、折现率及预期获得年限，然后将这些参照物数据有比较地运用到评估对象上，最终确定出资产的价值。

二、资产评估方法的选择

资产评估方法的多样性为评估人员提供了适当选择评估途径的可能。选择合适的资产评估方法有利于合理准确地确定资产的评估价值。在选择资产评估方法时主要应考虑以下因素。

(1) 资产评估方法作为获得特定价值尺度的技术规程必须与资产评估价值类型相适应。资产评估价值类型与评估方法是两个不同层次的概念。前者说明评估什么，是对评估价值质的规定，具有排他性和对评估方法的约束性；后者说明如何评估，是确定评估价值量的规定，具有多样性和替代性，且服务于评估价值类型。价值类型的准确性、评估方法的科学性及两者是否匹配是资产评估价值科学有效的保证。

(2) 资产评估方法必须与评估对象相适应，即单项资产、整体资产、有形资产、无形资产等不同的评估对象要用不同的评估方法，评估人员应该寻求最简单、最能客观地反映资产价值的方法对资产进行估价。

资产评估对象的状态不同，所采用的评估方法也不同。从评估对象看，如果评估对象能满足评估方法的诸要素，则成本法、收益法和市场法均可使用。当资产评估的价值类型为市场价值时，可以按照市场法、收益法和成本法的顺序进行评估。

(3) 评估方法的选择受数据和信息资料是否可以收集制约。各种方法的运用都要根据一系列数据、资料进行分析、处理和转换，资产评估过程实际上就是收集资料的过程。从评估对象来分析资产评估方法的适用问题，就是在评估中要根据已有的资料和经过努力可获得相关数据资料的能力寻求相应的评估方法，有哪种参数比较容易获得，就可采用相应的评估方法评估资产的价值。在评估方法中，西方国家评估机构更多地采用市场法，但在我国受市场发育不完善的限制，市场法的应用远远落后于成熟市场经济国家的水平。

(4) 选择评估方法还要考虑评估途径。由于对评估结果需要进行相互验证，同一价值类型可能适用几种方法。在选择评估方法时，一方面要从评估工作效率出发选择简便易行的方法；另一方面也要根据评估人员的经验和特长选择相应的方法。

一般应在评估开始前确定方法，也可以分别采取几种方法进行评估，还应当对各种方法得出的各种评估价值结论进行分析，比较各种结果的科学性。例如，对于交易活跃的市场，在容易找到与评估对象相同或相似参照物的情况下，可以采用市场法评估资产的价值；对于大多数不具备综合获利能力并且又很难取得参照物的专用机器设备，通常采用成本法进行评估；对于股票而言，尽管影响股票价格的因素很多，但最重要的还是股票的预期收益，也就是股票发行公司的盈利能力，通过分析股票发行公司的未来发展潜力和获利能力，预测出股票投资的未来收益，选择适当的折现率，确定股票的评估价值。

当采用两种或两种以上方法评估一项资产得出不同结论时，一般不能把评估结果进行简单地平均或加权平均，而应根据评估价值类型及评估结果对市场的适用性进行判断，选择最终评估结论。

综上所述，各种评估方法作为实现评估目的的手段，在本质上是没有区别的。资产评估存在的客观经济条件既然决定了资产评估的存在，自然也就为各种评估方法的运用提供了各种必备条件。与此同时，根据上述分析我们也应当看到，资产评估方法都具有各自适用的条件和一定的局限性，为了弥补某一种方法在评估实践中的局限性，可以在保证实现评估目的、遵循评估的前提假设和确保各种有关评估参数可取性的基础上，考虑将资产评估的各种方法配合使用，以便获得更加充分和准确的评估结论。

思政育人

人生价值几何？

通过资产评估基本方法的学习，我们已经了解到基于不同评估目的评估的资产价值也不尽相同。请同学们思考是否可以用资产评估的基本方法评估自身对于社会、父母的价值？结合三种基本方法的评估要素，思考可以从哪些方面提升自己的人生价值？

本章重要概念

市场法　成本法　收益法　重置成本　实体性贬值　功能性贬值　经济性贬值　价格指数

本 章 练 习

一、单项选择题

1. 市场法运用的理论基础是（　　）。

A. 预期收益原则　B. 替代原则　C. 供求原则　D. 贡献原则

2. 关于收益法评估资产的下列说法中，不正确的是（　　）。

A. 投资风险越高，收益现值越高　B. 资本化率越高，收益现值越低

C. 预期收益期限越长，收益现值越高　　D. 预计的通货膨胀率越高，收益现值越低

3. 运用市场法时选择三个及三个以上参照物的目的是(　　)。

A. 使参照物具有可比性　　B. 便于计算

C. 排除参照物个别交易的偶然性　　D. 避免张冠李戴

4. 市盈率倍数法主要适用于(　　)的评估。

A. 不动产　　B. 无形资产　　C. 机器设备　　D. 企业价值

5. 运用市场法时，要求参照物与被评估资产尽可能可比。可比性要求评估居住用房地产的价值时，应当选择(　　)作为参照物。

A. 居住用房地产　　B. 商业用房地产

C. 工业用房地产　　D. 通用性房地产

6. 拟评估某政府办公楼的价值，通常应当选择(　　)。

A. 市场法　　B. 成本法

C. 收益法　　D. 各种方法都可使用

7. 折现率的实质是(　　)。

A. 收益率　　B. 银行存款利率

C. 期望投资收益率　　D. 个别投资收益率

2-3 第二章练习题答案

8. 构成资产重置成本的耗费应当是资产的(　　)。

A. 实际成本　　B. 社会平均成本　　C. 个别成本　　D. 加权平均成本

9. 某市商品房的成本市价率为150%。某开发商取得土地后第一期的开发成本为3 000元/平方米，此后，由于建筑材料和建筑人工价格上涨，预计第二期的开发成本会提高600元/平方米，则该商品房第二期售价为(　　)元/平方米。

2-4 第二章PPT

A. 5 400　　B. 3 600　　C. 4 100　　D. 3 800

10. 某资产的市场交易价格为5万元，经评估师分析，认为其比正常市场价格偏低4%，则正常市场价格应为(　　)万元。

A. 5.30　　B. 5.21　　C. 4.80　　D. 5.20

二、多项选择题

1. 收益法涉及的基本要素包括(　　)。

A. 被评估资产的实际收益　　B. 被评估资产的预期收益

C. 折现率或资本化率　　D. 被评估资产的总使用年限

E. 被评估资产的预期获利年限

2. 成本法涉及的基本要素包括(　　)。

A. 资产的重置成本　　B. 资产的有形损耗

C. 资产的功能性贬值　　D. 资产的经济性贬值

E. 资产的获利年限

3. 应用市场法进行资产评估时必须具备的前提条件有(　　)。

A. 需要有一个公开活跃的市场　　B. 市场上要有可比的资产及其交易活动

C. 资产的预期收益是可以估测的　　D. 参照物与被评估资产的功能相同

E. 市场上必须有与被评估资产相同或相类似的全新资产

4. 以下情形中，有可能导致经济性贬值的有(　　)。

A. 政策限制使资产的使用期限缩短　　B. 市场萎缩使资产的销售价格下降

C. 政府对该资产所使用的燃料实施加价收费　　D. 资产出现实体性磨损

E. 新技术的出现

5. 重置成本的估测方法有(　　)。

A. 重置核算法　　B. 价格指数法

C. 市价比较法　　D. 收益折现法

E. 功能价值法

三、判断题

1. 资产在全新状态下，其重置成本和历史成本是相等的。(　　)

2. 运用价格指数法，既可以计算复原重置成本，也可以计算更新重置成本。(　　)

3. 评估政府办公楼的价值，应用市场法最合适。(　　)

4. 资产评估中的收益额通常是资产的客观收益，而不一定是资产的实际收益。(　　)

四、简答题

1. 什么是复原重置成本？什么是更新重置成本？两者的关系是怎样的？

2. 市场法、成本法和收益法适用的前提条件分别是什么？

五、业务题

1. 某收益性资产预计未来5年的收益额分别是：10万元、14万元、15万元、13万元和12万元，从第6年开始，以后各年收益均是12万元，确定资本化率为12%。计算该资产在持续经营下的评估值。

2. 某被评估资产的生产能力为60万件/年，参照物的生产能力为80万件/年，重置成本为50万元，规模经济效益指数$x=0.7$，请采用规模经济效益指数法评估其重置成本。

3. 一项待评估资产于2022年12月31日进行评估，与评估对象完全相同的参照物3个月前的成交价为10万元，调查得知该类资产2022年10～12月的环比价格变动指数分别为8%、10%和5%。计算该评估对象的价值。

六、案例题

被评估对象为甲企业于2019年12月31日购入的一台设备，该设备生产能力为年产产品100万件，设计使用年限为10年，当时的设备价格为120万元，甲企业在购入该设备后一直未将该设备安装使用，并使设备保持在全新状态，评估基准日为2022年12月31日。评估人员经调查获知，目前该种设备已经改型，与改型后的设备相比，被评估设备在设计生产能力相同的条件下，需要增加操作工人2人，在达到设计生产能力的条件下每年增加设备运转能耗费4万元。同时，由于该设备生产的产品市场需求下降，要使产品不积压，每年只能生产80万件。经调查，根据有关规定，该种设备自投入使用之日起，10年必须报废。该类设备的规模经济效益指数为0.8，评估基准日之前5年内，该设备的价格指数每年递增4%。行业内操作工人的平均人工费用为每人每月1 200元(含工资、保险费、福利费)，行业适用折现率为10%。企业正常纳税，所得税税率为25%。求该设备于评估基准日的评估值。

第三章　机器设备评估

内容提要

本章主要讲解了机器设备的含义、分类、特点；机器设备评估的特点和程序；成本法、市场法和收益法在机器设备评估中的应用。

重点难点

本章重点为成本法在机器设备评估中的应用；难点为机器设备在成本法评估中重置成本、实体性贬值、功能性贬值和经济性贬值的估算。

学习目标

通过本章的学习，学生应掌握成本法在机器设备评估中的应用；熟悉市场法和收益法在机器设备评估中的应用；了解机器设备的含义、分类以及机器设备评估的特点和程序。

知识框架

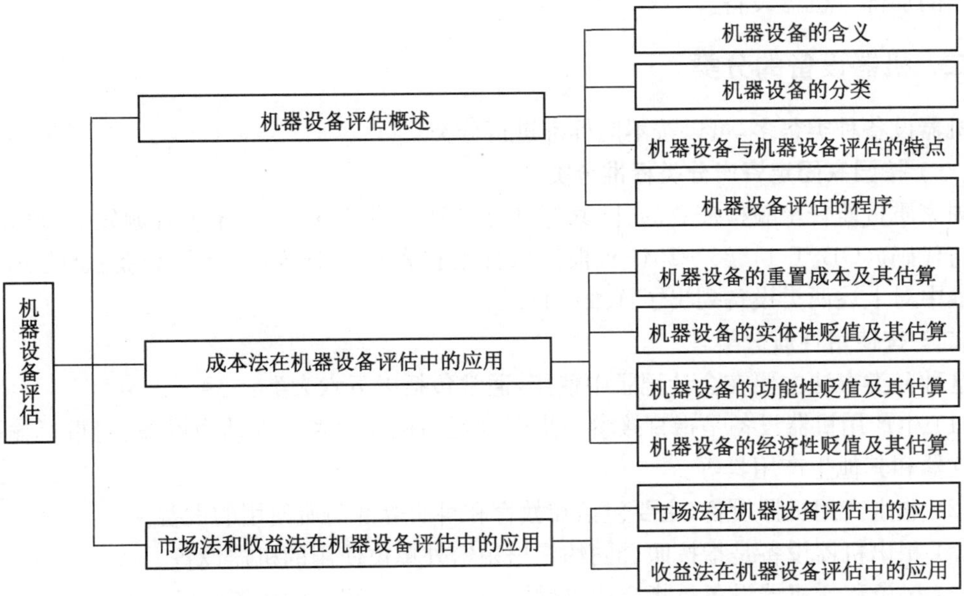

3-1 第三章章节导读

引入案例　　　　机器设备的评估方法

某资产评估事务所接受委托，需要对A、B、C三项机器设备进行评估：

A机器设备：一辆桑塔纳轿车。

B机器设备：一台自制专用机床。

C机器设备：一条租赁的生产线。

资产评估师在对三项机器设备评估时应该采用相同的评估方法吗？如果是采用不同的方法，应该分别采用哪种评估方法呢？

第一节　机器设备评估概述

一、机器设备的含义

自然科学领域所指的机器设备，是指将机械能或非机械能转换成便于人们利用的机械能，以及将机械能转换为某种非机械能，或利用机械能来做一定工作的装备或器具。

在资产评估中，作为评估对象的机器设备是广义的概念，是指所有代替人类体力劳动的人造物。因此，除了严格意义上的机器设备，还包括人们根据声、光、电子技术制造的电器设备、电子设备、仪器仪表等。作为评估对象，评估中所指的机器设备，包括单台设备以及为了实现特定的功能由若干独立单台设备组成的设备组合，如生产线、车间等。在企业资产评估中，通常把纳入固定资产管理范围的机器设备作为机器设备评估对象，指的仅是构成企业固定资产的那部分机器设备。

二、机器设备的分类

机器设备种类很多，可以按不同标准进行分类。

（一）按国家固定资产分类标准分类

国家质量监督检验检疫总局、国家标准化管理委员会在2011年1月颁发了《固定资产分类与代码》(GB/T 14885—2010)，根据该标准机器设备分为：①通用设备；②专用设备。该标准中对上述两类设备列出了详细的目录。

（二）按使用性质分类

这种分类方法主要在会计记录中使用，通常包括以下六大类：

(1) 生产用机器设备是指直接参与生产过程的机器设备。如动力设备、起重运输设备、测试仪器和其他生产用具等。

(2) 非生产用机器设备，主要包括在教育和科研等部门所使用的设备。

(3) 租出机器设备是指按照合同约定出租给外单位使用的机器设备。

(4) 融资租赁机器设备是指企业以融资租赁的方式租入的机器设备。

(5) 未使用机器设备是指尚未投入使用的新设备和正在改造、尚未验收投产的设备等。

(6) 不需用机器设备是指不适合本单位使用，并已报请上级部门等待处理的机器设备。

（三）按机器设备的组合程度分类

机器设备在使用中通常被按照不同功用进行分配组合，以完成某种生产工艺活动。按其组合方式和程度,可分为:①单台设备(独立设备);②机组,如柴油发电机组等;③成套设备(包括生产线),由若干不同设备按生产工艺过程,依次排序联结,形成一个完整或主要生产过程的机器体系,如合成氨成套设备、胶合板生产线等。

(四) 按机器设备的来源分类

机器设备按来源划分,通常可分为自制设备和外购设备两种,外购设备中又有国内购置和国外引进设备之分。

(五) 按机器设备的价值大小分类

(1) A类设备。一般为每台价值大于50 000元的机器设备。

(2) B类设备。一般为每台价值在5 000～50 000元的机器设备。

(3) C类设备。一般为每台价值5 000元以下的机器设备。

机器设备还有许多分类方式,在此不一一列举。但值得注意的是,上述分类并不是独立的,各种分类之间可以有不同程度的关联。如外购设备可能是通用设备,也可能是专用设备,还可能是进口通用设备或进口专用设备;成套设备中可能部分是外购,部分是自制的。在资产评估中,评估人员应该根据评估的目的、评估的要求和评估对象的特点,选择不同的分类方法,灵活进行分类处理。如按使用性质分类,有利于根据机器设备的实际用途确定需要考虑的评估价值因素;按机器设备的价值大小分类,如A、B、C分类法,可根据委托方对评估的时间要求,对A、B、C三类设备投入不同的精力进行评估,有利于提高评估效率和保证评估质量。不论在资产评估中采用什么分类标准,最后都要按评估结果汇总的要求进行统计。在评估时既可按生产车间进行清查评估,也可按通用设备、专用设备等分类清查评估,还可按自制设备、外购设备、国内设备和进口设备分类清查评估等,完成这些工作后再进行分类汇总。

延伸阅读3-1

《固定资产分类与代码》(GB/T 14885—2010)

《固定资产分类与代码》(GB/T 14885—2010)由中华人民共和国财政部提出,由中国标准化研究院、中华人民共和国财政部行政政法司、中华人民共和国财政部教科文司起草,由中华人民共和国国家质量监督检验检疫总局、中国国家标准化管理委员会于2011年1月10日发布,并于2011年5月1日起执行。

本标准按照GB/T 1.1—2009给出的规则进行起草,代替了GB/T 14885—1994。本标准与GB/T 14885—1994相比主要变化如下:

(1) 门类由10个调整为6个。

(2) 增加门类代码到固定资产代码中。

(3) 原代码中中类和小类的代码长度由1位改为2位。

(4) 对固定资产类目根据实际情况进行增删改。

本标准规定了固定资产的分类、代码及计量单位,适用于固定资产管理、清查、登记、统计等工作。

三、机器设备与机器设备评估的特点

(一) 机器设备的特点

机器设备有以下几个特点。

(1) 机器设备属于固定资产,单位价值大,使用年限长。机器设备是一种劳动手段,属于固定资产,单位价值大,在企业资产价值中占的比重较大。机器设备在企业生产经营中长期发挥作用，反复地进入生产过程，实体状态和功能都在发生变化。

（2）机器设备属于动产，流动性差。机器设备虽属于动产类资产，但相对于流动资产来说，其流动性较差，尤其是某些大型的、专用的、高精尖的设备，在评估时较难获得公开的市场价值。

（3）机器设备属于有形资产，价值补偿和实物补偿不同时。机器设备的价值补偿是通过分期提取折旧抵减收益来实现的，而其实物补偿则是在机器设备寿命终结更换新设备或通过对原有设备改造、翻新一次性完成的。在评估中不能单纯依据设备价值的转移程度来确定成新率，还应该注意机器设备的维修情况、使用情况以及保养情况。机器设备在使用过程中会产生有形贬值和无形贬值，这都会使机器设备的价值量降低。同时，通过技术改造会提高机器设备的性能，实现内涵式扩大再生产，则资产会产生增值。

（4）机器设备的工程技术性强、专业门类多、分布广。机器设备种类繁多，情况复杂，分布在各行各业，而且工程技术性很强。因此，在评估时，不能仅仅靠评估人员的观察，还要借助于一定的工具或手段对机器设备进行技术检测，以正确确定其寿命及贬值程度，保证评估结果更准确。

（二）机器设备评估的特点

机器设备评估有以下几个特点。

（1）以单台或单件设备为评估对象，单台设备很难用收益法评估。由于机器设备数量多、单价高、规格复杂、情况各异，所以机器设备评估以单台、单件为对象，以保证评估的真实性和准确性，因此无形中就增加了评估的工作量。机器设备通常不具有单台收益能力，单台设备很难单独生产出完整的产品，通常单台设备很难满足收益法所要求的基本条件，所以不宜采用收益法评估。

（2）影响评估价值的某些因素难以确定。影响评估价值的某些因素——尚可使用年限、成新率以及市场价值等都较难确定。机器设备的价值是逐渐转移到新产品价值中去的，具有更新周期长的特点。在使用过程中同时存在有形和无形两种形式的磨损，因此，应对各相关因素详加考虑，正确确定机器设备的使用寿命、技术寿命和经济寿命，以反映机器设备的实际损耗，保证评估结果准确可靠。另外，某些大型、专用、高精尖等设备的公开交易不多，在价值评估时较难获得公开的市场价值。

由于机器设备分布在各行各业，情况千差万别，而机器设备的技术性又很强，因此，往往需要通过技术检测的手段来确定机器设备的损耗程度。

（3）需采用多种估价标准，选用几种不同方法进行评估。对机器设备进行评估，不同的评估目的，需采用不同的估价标准。例如，保险与索赔、拆迁补偿以及在整体资产评估中分期评估各类资产的评估价值，就要采用重置成本标准；又如，机器设备转让或抵押，主要采用变现价值标准等。机器设备品种繁多、规格型号各异，各类设备单项价值、使用时间、性能等差别较大，因此，在评估时不可能采用单一的评估方法，而要针对不同的机器设备，选用不同的方法进行评估。即使是同一设备，必要时也可选用几种不同方法进行评估，以验证评估结果的准确性。

（4）不同机器设备的价值构成要素不同，价值受多种因素的影响。机器设备的价值包括设备本身的制造成本或变现价值，有时还需加上设备运杂费、安装调试费及进口设备的关税、增值税等，有的还包括技术性或无形资产的价值因素。机器设备的价值在很大程度上还要受到所依存资源的有限性、所生产产品的市场寿命、所依附的土地和房屋及构筑物的使用期限、国家相关的法律法规、环境保护和能源政策等若干因素的影响。

(5) 注意与土地、房屋建筑物、无形资产的不可分割性。若机器设备与土地、房屋建筑物以及构筑物有不可分割的联系，在评估时必须要明确区分，以防止漏评和重评。一般而言，机器设备具有多种功能，有相当的技术含量，而这些技术通常又表现为专利、专有技术等无形资产，也就是说，无形资产的价值常常包括在机器设备价值之中，因此，在评估机器设备的价值时，要考虑是否存在无形资产的问题，这样评估结果才会更准确。

机器设备和机器设备评估的上述特点，给评估工作提出了较高的要求，即要在机器设备存在的实物状态和参照账面原值的基础上，充分考虑机器设备的技术特点、价值特点及影响因素，合理地评估机器设备的价值。

四、机器设备评估的程序

在资产评估中，机器设备是重点的评估对象，而且机器设备本身也很复杂。因此，应该分步骤、分阶段评估机器设备。

(一) 评估准备阶段

在签订资产评估协议以后，具体实施资产评估工作之前，应该做好评估的准备工作。

(1) 指导委托方做好准备工作。评估人员应指导委托方根据评估操作的要求填写被评估机器设备明细表，对被评估机器设备进行自查和盘盈、盘亏事项的调整，进行机器设备产权及有关经济技术资料的准备等。

(2) 广泛收集相关数据资料并进行整理。应收集的数据资料主要包括：①设备的产权资料，即证明设备的权属资料，如购置发票、合同、报关单等；②设备使用情况的资料，如设备的生产厂家、规格、型号、购置时间、利用率、产品产量、大修及技术改造情况等；③设备实际存在数量的资料，通过清查盘点及审核固定资产明细账和设备卡片，核实设备实际存在数量；④价格资料，如设备原值、折旧、净值、现行市价、可比参照物的价格以及有关价格的文件和价格指数等。

(3) 明确评估重点和清查重点，制定评估方案，落实评估人员，设计评估路线。

(二) 现场工作阶段

现场工作阶段是机器设备评估的重点，主要是对机器设备进行清查、核实和技术鉴定，以判断其成新率以及其损耗情况等。工作内容主要包括以下几方面。

(1) 逐件清查、核实被评估的机器设备。这是机器设备评估现场工作阶段的首要工作，根据被评估单位的设备管理情况，以及被评估机器设备的数量多少和价值高低，可以采用全面清查、重点清查和抽样清查三种方法核实设备，以确保评估对象真实、可靠。

(2) 对被评估的机器设备进行分类。为了突出重点，提高工作效率，有必要对设备进行分类，一般的分类方法有两种：一种分类方法是按设备的重要性划分，如 ABC 分类法，这种方法把单位价值大、生产上关键的重要设备归为 A 类，把单位价值小且数量较多的设备归为 C 类，把介于 A 类与 C 类之间的设备归为 B 类。在评估中，应根据需要对三类设备采用不同的评估方法。另一种分类方法是按设备的性质划分，如分为通用设备和专用设备。这样可以有效地收集数据资料，合理地分配评估人员。

(3) 对被评估的机器设备进行鉴定。对被评估的机器设备进行鉴定是现场工作阶段的重点，包括对设备的技术状况鉴定、使用情况鉴定、质量鉴定以及磨损程度鉴定等。对设备技术状况的鉴定，主要是对设备满足生产工艺的程度、生产精度和废品率以及各种消耗和污染情况的鉴定，判断设备是否有技术性贬值和功能性落后存在；对设备使用情况的鉴定，主要了解设备是在用状态还是闲置状态、使用时的设备运行参数、故障率、零配件保证率、设备闲置的原因和维护情况等；对设备质量的鉴定，主要了解设备的制造质量、设备所处环境条件对设备质量的影响、设备现时的完整性、外观和内部结构情况等；对设备磨损程度的鉴定，主要了解和掌握设备的物质性损耗，如锈蚀、精度下降、疲劳操作、材料老化等。

（三）评定估算阶段

评定估算阶段的主要工作如下：根据评估目的、评估价值类型的要求以及评估时的各种条件，选择适宜的评估方法；评估人员查问有关的可行性分析报告、设计报告、概预算报告、竣工报告、技术改造报告、重大设备运行和检验记录等，与设备管理人员和操作人员进行沟通，充分了解设备的历史和现状，广泛地收集资料；评估人员查询有关法律、法规，如设备进口环节的税收政策、环境保护法律法规、运输工作的报废标准等，以便在设备评估中考虑法律、法规对评估价值的影响；对产权受到某种限制的设备，如已抵押或作为担保物的设备，根据实际情况确定评估价值，无法确定评估价值的应在资产评估报告书中进行披露，对已提足折旧，但仍然使用的设备，应该按照正常情况进行评估计价；在整体评估中，评估人员还应与其他专业评估人员交流，及时处理设备与房屋建筑物、无形资产和存货等之间的界限问题，防止重评和漏评；选择合适的参数以确定评估结果，如有必要应适当地调整评估结果，使其与评估目的和用途相适应。

（四）撰写评估报告和报出阶段

在评定估算过程结束后，应该整理评估工作底稿，并对评估结果进行分析评价，及时撰写评估说明及评估报告书。评估报告完成以后，要有必要的三级审核，包括复核人的审核、项目负责人的审核和评估机构负责人的审核。在审核无误、确认评估报告无重大纰漏后，再将评估报告送达委托方及有关部门。

3-2 资产评估执业准则——机器设备

第二节　成本法在机器设备评估中的应用

成本法在机器设备评估中是使用较多的方法，无论是对单项的机器设备评估，还是在企业价值评估中需要对各种资产进行分类评估。成本法对比较新的或专用机器设备的评估非常适用。对新的机器设备而言，设备的陈旧性贬值通常是很小的，这就会大大减少因陈旧性贬值的误差对评估结果的影响。对那些不经常在市场上交易或者本身不会产生收益的专用机器设备，成本法提供了一条可以估算出它们价值的途径。用成本法评估机器设备通常要对具体设备分类鉴定、明确具体包括哪些资产、不包括哪些资产，对评估价值中包含的内容分项估算以及区分各种不同性质的陈旧性贬值，这样能根据不同评估目的和评估的价值类型合理确定评估价值，同时使报告使用人能正确使用评估结果。成本法的主要缺点是设备实体性贬值的估算对评估人员的主观估测依赖性较大，很难充分估测出设备的经济性贬值，以及评估工作要求十分详尽而需要耗用大量的人力及时间。

按照成本法的思路评估机器设备的基本计算公式为：

$$\text{机器设备的评估值} = \text{重置成本} - \text{实体性贬值} - \text{功能性贬值} - \text{经济性贬值}$$

上式中的“重置成本”“实体性贬值”“功能性贬值”和“经济性贬值”被称作成本法运用中的四要素，下面将依次介绍如何对机器设备的各要素进行评估。

一、机器设备的重置成本及其估算

(一) 机器设备重置成本的构成

机器设备的重置成本一般包括重新购置或建造与评估对象功效相同的全新设备所需的一切必要的、合理的直接成本、间接成本和因资金占用所发生的资金成本、合理利润、相关税费等。

设备的直接成本一般包括:设备本体的重置成本,设备的运杂费、安装费、基础费及其他合理成本;间接成本一般包括管理费、设计费、工程监理费、保险费等。直接成本与每一台设备直接对应,间接成本和资金成本有时不能对应到每一台设备上,它们是为整个项目发生的,在计算每一台设备的重置成本时一般按比例摊入。

机器设备重置成本构成要素的具体内容与设备类型、安装方式等因素有关。例如,对于不需要安装的单台设备,其重置成本一般只包括购买设备的费用以及运杂费等;对于已安装在用的单台设备,它的重置成本除了购买设备的费用以及运杂费,还包括设备的安装费、基础费等;对于工厂、车间等整体资产,其重置成本还包括将单项资产组合成整体资产所发生的调试费、工厂设计费、管理费等;对于进口设备和车辆等特殊设备,根据国家的有关规定,在购买设备时还需要支付设备价以外的税金或费用,例如,进口设备的从属费用、车辆购置附加税等,这些费用也包括在设备的重置成本当中。

机器设备重置成本构成要素也与评估目的、评估假设前提有关,机器设备在原地继续使用和移地使用时,其重置成本构成要素是不同的:原地继续使用时,机器设备的重置成本一般包括设备运杂费、安装费、基础费等;移地使用时,重置成本一般不包括上述费用。

构成重置成本的费用必须是为购置或建造被评估的机器设备所发生的,包括直接费用和间接费用。但是一些非必然的费用不应包括在内,如根据客户特殊的工期要求因加班而发生的加班费,而这种工期要求并不是工程所必需的。这样的费用就不应当包括在设备重置成本当中。机器设备评估准则要求资产评估师应当根据评估对象的具体情况、评估目的等条件分析并合理确定重置成本的构成要素。

有些设备本身购买价格之外的费用往往占其成本很大的比重,重置成本构成要素是否全面直接影响评估结果的合理性。因此,对于具体的评估项目评估人员首先要做的就是根据评估目的对重置成本的价值成本进行分析,我们称作重置成本分析。这是评估过程中非常重要的环节。

(二) 机器设备重置成本的估算

1. 重置核算法

重置核算法是分别估算机器设备各构成项目的成本,然后相加得到重置成本的方法。由于机器设备取得方式(外购或自制)不同,单台设备或成套设备不同,其估算方法也不相同。

1) 运用重置核算法对外购设备的重置成本进行估算

(1) 外购单台不需安装的国内设备重置成本。

$$\text{重置成本} = \text{全新设备评估基准日公开市场成交价格} + \text{运杂费}$$

或

$$\text{重置成本} = \text{全新设备评估基准日公开市场成交价格} \times (1 + \text{运杂费率})$$

(2) 外购单台需安装的国内设备重置成本。

$$\text{重置成本} = \text{全新设备评估基准日公开市场成交价格} + \text{运杂费} + \text{安装调试费}$$

或　　重置成本＝全新设备评估基准日公开市场成交价格×(1＋运杂费率＋安装调试费率)

(3) 外购单台不需安装的进口设备重置成本。

重置成本＝(FOB价格＋国外运输保险费＋国外运杂费)×评估基准日外汇汇率
＋关税＋增值税＋银行及其他手续费＋国内运杂费

或　　重置成本＝CIF价格×评估基准日外汇汇率＋关税＋增值税
＋银行及其他手续费＋国内运杂费

式中：FOB价格——离岸价，指装运港船上交货价格；CIF价格——到岸价，指离岸价加国外运输保险费和国外运杂费。

(4) 外购单台需安装的进口设备重置成本。

重置成本＝单台未安装进口设备重置成本＋安装调试费＋人员培训费＋其他费用

(5) 外购成套需安装的设备重置成本。

重置成本＝单台未安装进口设备重置成本总和＋单台未安装国产设备重置成本总和
＋工具重置成本＋安装工程费＋工程监理费＋软件重置成本
＋设计费＋贷款利息

(6) 车辆重置成本。

国内购置车辆重置成本＝车辆价格＋购置附加费＋证照费及其他费用
进口车辆重置成本＝车辆价格(CIF)＋关税＋消费税＋增值税＋购置附加费
＋证照费及其他费用

式中：　关税＝车辆价格(CIF)×进口税率
消费税＝[车辆价格(CIF)＋关税]÷(1－消费税税率)×消费税税税率
进口增值税＝[车辆价格(CIF)＋关税＋消费税]×增值税税率
车辆购置附加税＝[车辆价格(CIF)＋关税＋消费税＋增值税]×购置附加税税率

在对上述情形的重置成本进行估算时，一方面应注意其构成项目，不得多计或漏计；另一方面应采取有效方法，计算其数额。根据重置成本的构成项目，分别估算其市场价格和其他费用(如运杂费、安装费、基础费及进口设备从属费用等)。

延伸阅读 3-2

获取市场价格资料

市场价格资料的取得，可以采取直接向制造商或销售商询价的方式进行，也可以参照商家的价格目录、正式出版的价格资料、广告、计算机网络上公开的价格信息等。

通过各种渠道获得的市场价格信息，要进行分析后方可使用。评估人员一般应考虑下列因素：

(1) 市场价格的多样性。同样的机器设备，制造商与销售商、不同的销售商之间的售价可能是不同的。根据替代性原则，在同等条件下，评估人员应该选择可能获得的最低价格。

(2) 报价与成交价的差异。设备的报价和成交价往往存在一定的差异，特别是一些特殊的、大型的机器设备，市场资料很难获得，市场透明度较差，生产厂家的报价和实际成交价往往存在较大的差异。评估人员应特别慎重地对待这种报价。剔除报价水分的方法，就是向近期购买该厂同类产品的其他客户了解实际成交价。

(3) 折扣因素。设备销售商对购买者在一些特定的情况下有时会给予一定的折扣，如对大批量的购买者。评估人员应注意这种折扣因素对重置成本的影响。

(4) 市场价格的时间性与地域性。评估人员使用的价格资料及市场信息一定要反映评估基准日时的价格水平,一些过时的价格资料可能会对评估结果的准确性产生重大影响。另外,同类型的机器设备,不同地区,售价可能是不同的。设备的重置成本应该使用评估对象所在地的市场售价。

(5) 替代产品与评估对象品质、性能的差别。对一些老旧机器设备,制造厂家可能已经停产多年,往往无法查到现行市场价格。对这一类机器设备,我们可以使用其替代产品的现行市场价格作为其更新重置成本。但使用这种方法,评估人员应注意了解新老产品是否存在性能上、技术上、材料上的差异。如有,应考虑它们对价格的影响。

(6) 同类型设备的品质差别。有些同类型的机器设备,由于制造厂家不同,设备的制造品质也存在差别,其售价也是不同的。

【例 3-1】 某设备为进口设备,离岸价格为 100 万美元。国外运杂费率为离岸价格的 5%,国外运输保险费率为离岸价格与国外运杂费之和的 0.4%,关税税率为 16%,增值税税率为 13%,银行手续费率为 0.4%,外贸代理费率为 1%,评估基准日美元与人民币的兑换比率为 1 美元=6.80 元人民币。运杂费率为 1.25%、设备安装费率为 1.5%、设备基础费率为 3%。由于该设备安装周期较短,故不必考虑利息因素。试评估该设备的重置成本。

设备到岸的人民币价格 = 100 × (1 + 5%) × (1 + 0.4%) × 6.80 = 716.86(万元)

设备到岸价、关税和增值税之和 = 716.86 × (1 + 16%) × (1 + 13%) = 939.66(万元)

银行手续费 = 100 × 6.80 × 0.4% = 2.72(万元)

外贸代理费 = 716.86 × 1% = 7.17(万元)

设备运杂费、安装费和基础费之和 = 716.86 × (1.25% + 1.5% + 3%) = 41.22(万元)

重置成本 = 939.66 + 2.72 + 7.17 + 41.22 = 990.77(万元)

相关思考 3-1

如果上题中需要考虑资金成本因素,应如何评估其重置成本?

[例 3-1]修改条件为:设备的到岸价、关税、增值税、银行手续费、外贸代理费等为一次性投入,投入时间为 1 年,国内运杂费、设备安装费和设备基础费为均匀投入,资金使用成本为年利率 8%。

(1) 初始一次性投入资金的使用成本=(939.66+2.72+7.17)×8%×1=75.96(万元)

(2) 均匀投入资金的使用成本=41.22×8%×1×0.5=1.65(万元)

(3) 重置成本=939.66+2.72+7.17+41.22+75.96+1.65=1 068.38(万元)

2) 运用重置核算法对自制设备的重置成本进行估算

(1) 自制标准通用设备重置成本。其重置成本应参考专业生产厂家的标准设备价格,在充分考虑自制设备和标准设备质量差别的前提下,运用替代原则合理确定。

(2) 自制非标准设备重置成本。非标准设备是指设备中不定型、不成系列并需先进行单体设备设计再进行单台或小批量制造的设备。非标准设备的估算方法很多,在此仅介绍综合估价法。

综合估价法是根据设备的主材费用和主要外购件费用与设备的完全制造成本存在一定的比例关系,一般通过确定设备的主材费用和主要外购件费用,计算出设备的完全制造成本,并考虑企业利润、税金和设计费用来确定非标准设备的重置成本。其计算公式为:

$$\text{重置成本} = \left(\frac{C_1}{K_m} + C_2\right) \times (1 + K_p) \times (1 + K_t) \times \left(1 + \frac{K_d}{n}\right)$$

式中：C_1——主材净耗费；K_m——成本主材费率；C_2——主要外购件费；K_p——成本利润率；K_t——综合税率；K_d——非标准设备设计费率；n——非标准设备的产量。

主材净耗费 C_1。主要材料是根据设备的具体构造、物理组成以及在设备中所占的重量和价值比例大的一种或几种材料。主材净耗费 C_1 是由工艺设备专业人员提出或按图纸分别计算出各种主材的净消耗量（如重量、面积、体积或个数等），然后根据各种主要材料的利用率求出各种材料的总消耗量，并按照评估基准日每一种主要材料的市场价格（不含税价）计算主要材料费用。其计算公式为：

$$C_1 = \sum\left[\frac{\text{某主材净消耗量}}{\text{该主材利用率}} \times \frac{\text{含税市场价格}}{1+\text{增值税税率}}\right]$$

主要外购件费 C_2。主要外购件如果价值比重很小，可以综合在成本主材费率 K_m 中考虑，而不再单列为主要外购件。外购件的价格按不含税市场价格计算。其计算公式为：

$$C_2 = \sum\left[\text{某主要外购件数量} \times \frac{\text{含税市场价格}}{1+\text{增值税税率}}\right]$$

综合税率 K_t。其包括增值税税率（K_{t1}）、城市维护建设税税率（K_{t2}）和教育附加费率（K_{t3}）。其计算公式为：

$$K_t = K_{t1} \times (1 + K_{t2} + K_{t3})$$

【例 3-2】 某非标准自制设备，构建日期为 2015 年 2 月，评估基准日为 2022 年 2 月。根据设计图纸，该设备主材为钢材，其净消耗量为 27 吨，评估基准日不含税的市场价格为 3 600 元/吨。另外，所需的主要外购件（如风机、电加热器、废气处理装置）含税价格为 93 600 元，设计产量为 2 台。该类设备的主材利用率为 90%，成本主材费率为 54%，成本利润率为 15%，综合税率为 18.7%，设计费率为 12%。请用综合估价法估测该设备的重置成本。

$$C_1 = \frac{27}{90\%} \times 3\ 600 = 108\ 000(\text{元})$$

$$C_2 = \frac{93\ 600}{1+17\%} = 80\ 000(\text{元})$$

$$\text{重置成本} = \left(\frac{108\ 000}{54\%} + 80\ 000\right) \times (1+15\%) \times (1+18.7\%) \times \left(1+\frac{12\%}{2}\right) = 405\ 146.84(\text{元})$$

2. 价格指数法

价格指数法是以设备的历史成本为基础，根据同类设备的价格上涨指数来确定机器设备的重置成本的方法。对于二手设备，历史成本是最初使用者的账面原值，而非当前设备使用者的购置成本。

价格指数法的具体计算公式可以参见第二章市场法中的价格指数法部分所介绍的内容。

【例 3-3】 某设备构建日期为 2014 年，账面原值为 10 万元，评估基准日为 2022 年。2014 年和 2022 年的定基价格指数分别为 109.6% 和 143.2%，2015—2022 年环比价格指数分别为 19.7%、9.5%、6.3%、1.6%、−1.9%、−3.0% 和 −3.0%。请分别按两种价格指数计算该设备的重置成本。

按定基价格指数计算该设备的重置成本：

$$\text{设备的重置成本} = 10 \times \frac{143.2\%}{109.6\%} = 13.07(\text{万元})$$

按环比价格指数计算该设备的重置成本：

$$设备的重置成本 = 10\times(1+19.7\%)\times(1+9.5\%)\times(1+6.3\%)\times(1+1.6\%) \times(1-1.9\%)\times(1-3\%)\times(1-3\%) = 13.07(万元)$$

在机器设备评估中，对于一些难以获得市场价格的机器设备，经常采用价格指数法。在使用时，评估人员应注意以下问题。

(1) 选取的物价指数应与评估对象相配比，一般采用某一类产品的分类物价指数，不可采用综合物价指数。

(2) 应注意审查历史成本的真实性。因为在设备的使用过程中，其账面价值可能进行了调整，当前的账面价值已不能反映真实的历史成本。

(3) 企业账面的设备历史成本一般还包括运杂费、安装费、基础费以及其他费用。上述费用的物价变化指数与设备价格变化指数往往是不同的，应分别计算。特别是对运杂费、安装费、基础费所占比例很大的锅炉、锻压机械等设备。

(4) 物价指数法只能用于确定设备的复原重置成本，不能用于确定更新重置成本。在使用时应注意考虑设备的功能性贬值。特别是对于已经使用了很长时间的设备，由于技术进步的原因，复原重置成本和更新重置成本的差异会较大。

(5) 单台设备的价格变动与这类产品的分类物价指数之间可能存在一定的差异。因此，被评估设备的样本数量会影响评估值的准确度。

(6) 对于进口设备，应使用设备出口国的分类物价指数。

3. 功能价值类比法

功能价值类比法是指根据设备的生产能力的变化与其重置成本的变化呈某种线性关系或指数关系，估测评估对象重置成本的技术方法。人们习惯把线性关系条件下的功能价值类比法称作生产能力比例法，而把非线性关系条件下的功能价值类比法称作规模经济效益指数法。

功能价值类比法的相关内容还可以参见第 2 章市场法中的功能价值类比法部分所介绍的内容。

延伸阅读 3-3

规模经济效益指数法

规模经济效益指数法最早是在 1947 年由美国的 Willims 提出。起初，Willims 研究了六种设备的指数，得出这六种设备的指数分布在 0.48～0.87，平均值为 0.6。因此，这种方法在国外，早期也被称作 0.6 分割法。

这种方法并非适用于所有机器设备，对于某些特定的加工设备可能是比较合适，如化工设备、石油设备等。但用它来评估如车床、汽车之类的设备则不太合适。

通过对不同类型设备的大量统计数据进行分析，并计算规模经济效益指数 X，可以发现：

(1) 有些设备的生产能力与设备价格的对应关系非常明确，X 值的离散性很小，对这一类设备用这种方法计算重置成本是比较准确的。

(2) 有些设备 X 的取值有一定的区间性，如：某种锅炉，生产能力在 5～20 蒸发吨/小时，X 为 0.6；在 20～50 蒸发吨/小时，X 为 0.65；在 50～75 蒸发吨/小时，X 为 0.72。

(3) 有些设备生产与设备价格的对应关系不明确，X 的离散性很大。对于这一类设备，不可以用规模经济效益指数法计算其重置成本。

评估人员使用这种方法时，X 的取值必须有充分的依据，如果没有可以直接利用的规模经济效益指数，评估人员可以通过该类设备价格资料分析测算。

二、机器设备的实体性贬值及其估算

（一）机器设备实体性贬值的内容

设备在使用过程中，由于零部件受到摩擦、冲击、震动或交变载荷的作用，使得零件或部件产生磨损、疲劳等破坏，其结果是零部件的几何尺寸发生变化，精度降低，疲劳寿命缩短。设备在闲置过程中，由于受自然界中的有害气体、雨水、射线、高温、低温等的侵蚀，也会出现腐蚀、老化、生锈、变质等现象。上述磨损称作有形磨损，前者称作第一种有形磨损，后者称作第二种有形磨损。由此引起的贬值称作实体性贬值，或物理性贬值。设备的实体性贬值从设备制造完毕后就开始发生，即使设备没有投入使用，在闲置和存放过程中也会产生损耗，这种损耗与闲置存放的时间、存放的环境、条件有关。设备在使用过程中产生的损耗与其工作负荷、工作条件、维修保养状况有关。

设备实体性贬值的程度可以用设备的价值损失与重置成本之比来反映，称作实体性贬值率。全新设备的实体性贬值率为零，完全报废设备的实体性贬值率为100%。资产评估师根据设备的状态来判断贬值程度。

（二）机器设备实体性贬值的估算

1. 观察法

设备的磨损一般会引发一些症状，例如震动和噪声增大、温度升高、精度下降、生产能力下降、能耗增高、故障率升高等。观察法就是资产评估师通过现场观察，查阅机器设备的历史资料，向操作人员询问设备的使用情况、使用精度、故障率、磨损情况、维修保养情况、工作负荷等，对所获得的信息进行分析、归纳、综合，依据经验判断设备的磨损程度及贬值率。有时也会使用一些简单的测量手段作为判断贬值的参考。

观察法是资产评估师通过观察，凭借视觉、听觉、触觉，或借助少量的检测工具对设备进行检查，根据经验对鉴定对象的状态、损耗程度作出判断。在不具备测试条件的情况下，这是最常使用的方法。美国评估协会使用的实体性贬值率参考表如表 3-1 所示。

表 3-1　　美国评估协会使用的实体性贬值率参考表

设备状态		贬值率
全新	全新，刚刚安装，尚未使用，资产状态极佳	0～5%
很好	很新，只轻微使用过，无需更换任何部件或进行任何修理	6%～15%
良好	半新资产，但经过维修或更新，处于极佳状态	16%～35%
一般	旧资产，需要进行某些修理或更换一些零部件，如轴承之类	36%～60%
尚可使用	处于可运行状况的旧资产，需要大量维修或更换零部件，如电机等	61%～80%
不良	需要进行大修理的旧资产，如更换运动机件或主要结构件	81%～90%
报废	除了基本材料的废品回收价值外，没有希望以其他方式出售	91%～100%

2. 使用年限法

使用年限法是从使用寿命的角度来估算贬值，这种方法假设机器设备有一定的使用寿命，在使用过程中，设备的价值随着设备使用寿命的消耗而同比例损耗。因此，设备的实体性贬值率也可以用已使用寿命与总使用寿命之比来表示。若不考虑设备的残值，其计算公式为：

$$\text{实体性贬值率} = \frac{\text{设备的已使用年限}}{\text{设备的已使用年限} + \text{设备的尚可使用年限}} \times 100\%$$
$$= \frac{\text{设备的已使用年限}}{\text{设备的总使用年限}} \times 100\%$$

公式中涉及三个基本参数：设备的总使用年限、设备的尚可使用年限和设备的已使用年限。正确理解和确定这三个参数是运用使用年限法估测设备的实体性贬值率的关键。

(1) 设备的总使用年限也称设备的使用寿命或役龄。一般来说，机器设备的使用寿命可分为物理寿命、技术寿命和经济寿命。设备的物理寿命是指机器设备从开始使用起，到由于有形磨损的原因造成不能够继续正常工作而予以报废为止所经历的时间，其大小取决于机器设备本身的制造质量、使用状况、保养和正常维修情况。设备的技术寿命是指机器设备从开始使用，到由于新技术的出现使其丧失使用价值而被淘汰为止所经历的时间，其大小在很大程度上取决于社会技术进步及更新的速度和周期。设备的经济寿命是指机器设备从开始使用，到因继续使用会造成经济上不合算而停止使用所经历的时间。所谓经济上不合算是指使用该设备不能够获得纯收益。设备的经济寿命与其本身的物理性能、技术进步速度、设备的使用情况、维护状况，以及外部经济环境的变化等都有直接的联系。在计算实体性贬值率时，应使用机器设备的物理寿命。

(2) 机器设备的已使用年限是指机器设备从开始使用到评估基准日所经历的时间。这项指标比较容易确定，因为每个企业机器设备的购入、使用情况都有较为完整的记录。当然，记录的名义使用年限往往与实际损耗有一定的差异，这就要求将名义已使用年限调整为实际已使用年限，其计算公式为：

$$\text{实际已使用年限} = \text{名义已使用年限} \times \text{设备利用率}$$

设备利用率指的是设备实际利用时间与额定工作时间之比，它是反映设备使用程度的指标，需要通过综合判断获得。

(3) 机器设备的尚可使用年限也可称作机器设备的剩余使用寿命，它是根据机器设备的有形损耗和可预见的各项无形损耗因素，预计机器设备继续使用的年限。机器设备的尚可使用年限是通过技术检测和专业技术鉴定来确定的。事实上，在实际评估中难以对每一台机器设备进行技术检测和专业技术鉴定，故一般采用替代法计算，即尚可使用年限等于总使用年限减去实际已使用年限，但必须注意的是上述替代法有一定的局限性，它只适用于较新的机器设备的估算，对于使用时间过长或超期仍服役的老设备，应根据设备的实际状态和评估人员的专业经验，直接估算其尚可使用年限。对于国家明文规定限期淘汰、禁止超期使用的设备，不论设备的现时技术状态如何，其尚可使用年限不能超过国家规定禁止使用的日期。对于经过大修理、技术更新改造或追加投资的机器设备，应考虑计算其加权投资年限来确定其实体性贬值率。其计算公式可近似表示为：

$$实体性贬值率 = \frac{加权投资年限}{加权投资年限 + 尚可使用年限} \times 100\%$$

式中：

$$加权投资年限 = \sum(已投资年限 \times 权重)$$

$$= \sum\left(已投资年限 \times \frac{原始投资的重置成本}{\sum 重置成本}\right)$$

【例 3-4】 被评估设备购建于 2013 年，原始价值为 80 万元。2017 年和 2020 年分别进行过两次更新改造，主要添置一些自动化控制装置，投资额分别为 4 万元和 5 万元。2022 年对该资产进行评估，假设从 2013—2022 年每年的价格上升率为 5%，该设备的尚可使用年限经检测和鉴定为 5 年，求取该设备的实体性贬值率。

第一步，计算更新成本。

$$2013\ 年投资的更新成本 = 80 \times (1+5\%)^9 = 124.11(万元)$$

$$2017\ 年投资的更新成本 = 4 \times (1+5\%)^5 = 5.11(万元)$$

$$2020\ 年投资的更新成本 = 5 \times (1+5\%)^2 = 5.51(万元)$$

第二步，计算加权投资年限。

$$2013\ 年投资的价值权重 = \frac{124.11}{124.11+5.11+5.51} = 92.12\%$$

$$2017\ 年投资的价值权重 = \frac{5.11}{124.11+5.11+5.51} = 3.79\%$$

$$2020\ 年投资的价值权重 = \frac{5.51}{124.11+5.11+5.51} = 4.09\%$$

$$加权投资年限 = 9 \times 92.12\% + 5 \times 3.79\% + 2 \times 4.09\% = 8.56(年)$$

第三步，计算实体性贬值率。

$$实体性贬值率 = \frac{8.56}{8.56+5} \times 100\% = 63.13\%$$

3. 修复费用法

修复费用法是假设设备所发生的实体性损耗是可以补偿的，则设备的实体性贬值就应该等于补偿实体性损耗所发生的费用。所用的补偿手段一般是通过修理或更换损坏部分。例如，某机床的电机损坏，如果这台机床不存在其他贬值，则更换电机的费用即为机床的实体性贬值。

使用修复费用法，评估人员要注意区分可补偿性损耗和不可补偿性损耗。可补偿性损耗是指可以用经济上可行的方法修复的损耗，即修复这些损耗在经济上是合理的，而不是指在技术方面是否可以修复。有些损耗尽管在技术上可以修复，但在经济上是不划算的，这种损耗则为不可修复性损耗。不可修复性损耗不能用修复费用法计算贬值，一般可使用观察法或使用年限法计算。对于大多数情况，设备的可修复性损耗和不可修复性损耗是并存的，评估人员应分别计算它们的贬值。

三、机器设备的功能性贬值及其估算

机器设备的功能性贬值是科学技术的发展导致被评估的机器设备与新机器相比功能相对落后引起的贬值;或者是新技术、新材料、新工艺的运用导致的被评估机器设备的贬值。机器设备的功能性贬值可以通过超额投资成本和超额运营成本估算。

(一) 超额投资成本形成的功能性贬值的估算

超额投资成本主要是指由于新技术、新材料、新工艺的不断出现,使相同功能的新设备的制造成本比过去降低,它主要反映为更新重置成本低于复原重置成本。超额投资成本造成的功能性贬值即为复原重置成本与更新重置成本之差。在评估中,如果使用的是复原重置成本,则应该考虑是否存在超额投资成本引起的功能性贬值;如果使用的是更新重置成本,这种贬值因素则已经考虑在内了。

(二) 超额运营成本形成的功能性贬值的估算

超额运营成本是由于新技术的发展,使新设备的运营费用低于老设备。超额运营成本引起的功能性贬值也就是设备未来超额运营成本的折现值。

分析研究机器设备的超额运营成本,应考虑新设备与老设备相比的下列因素:生产效率是否提高,维修保养费用是否降低,材料消耗是否降低,能源消耗是否降低,操作工人数量是否降低等。

计算超额运营成本形成的功能性贬值的步骤如下:

(1) 分析比较被评估机器设备的超额运营成本因素。

(2) 确定被评估设备的剩余使用寿命,计算每年的超额运营成本。

(3) 计算净超额运营成本。

(4) 确定折现率,计算超额运营成本的折现值。

【例 3-5】 计算某电焊机超额运营成本形成的功能性贬值。

(1) 分析比较被评估机器设备的超额运营成本因素。经分析比较,被评估的电焊机与新型电焊机相比,引起超额运营成本的因素主要为老产品的能耗比新产品高。通过统计分析,按每天工作 8 小时,每年 300 个工作日计算,每台老电焊机比新电焊机多耗电 6 000 度。

(2) 确定被评估设备的剩余使用寿命,计算每年的超额运营成本。根据设备的现状,评估人员预计该电焊机尚可使用 10 年,如每度电按 0.5 元计算,则:

$$\text{每年的超额运营成本} = 6\,000 \times 0.5 = 3\,000(\text{元})$$

(3) 计算净超额运营成本。所得税按 25%计算,则:

$$\text{年净超额运营成本} = 3\,000 \times (1 - 25\%) = 2\,250(\text{元})$$

(4) 确定折现率,计算年净超额运营成本的折现值。折现率为 10%,10 年的年金现值系数为 6.145,则:

$$\text{年净超额运营成本的折现值} = 2\,250 \times (P/A,\ 10\%,\ 10) = 2\,250 \times 6.145 = 13\,826.25(\text{元})$$

该电焊机由于超额运营成本形成的功能性贬值为 13 826.25 元。

四、机器设备的经济性贬值及其估算

机器设备的经济性贬值是由于外部因素引起的贬值。这些因素包括:市场竞争加剧、产品需求减少，导致设备开工不足，生产能力相对过剩；原材料、能源等提价，造成生产成本提高，而生产的产品售价没有相应提高；国家有关能源、环境保护等法律、法规使产品生产成本提高或者使设备强制报废，缩短了设备的正常使用寿命等。机器设备的经济性贬值主要可以通过以下方式估算。

（一）使用寿命缩短

引起机器设备使用寿命缩短的外部因素，主要是国家有关能源、环境保护等方面的法律、法规。近年来，由于环境污染问题日益严重，国家对机器的环保要求越来越高，对落后的、高能耗的机电产品施行弹制淘汰制度，缩短了设备的正常使用寿命。

【例 3-6】 某汽车已使用 10 年，按目前的技术状态还可以正常使用 10 年。汽车重置成本是 20 万元。但由于环保、能源的要求，国家新出台的汽车报废政策规定该类汽车的最长年限为 15 年，该汽车 5 年后必须强制报废。计算该汽车的经济性贬值。

（1）不考虑经济性贬值时。

$$实体性贬值率 = \frac{10}{10+10} \times 100\% = 50\%$$

（2）考虑环保、能源等政策时。

$$综合贬值率 = \frac{10}{10+5} \times 100\% = 66.67\%$$

（3）计算经济性贬值率。

$$环保因素导致的经济性贬值率 = 66.67\% - 50\% = 16.67\%$$

（4）计算经济性贬值。

$$环保因素导致的经济性贬值 = 20 \times 16.67\% = 3.33(万元)$$

（二）运营费用提高

引起机器设备运营成本增加的外部因素包括能源成本增加等。其中，国家对超过排放标准排污的企业要征收高额的排污费；设备能耗超过限额的，按超限额浪费的能源量加价收费。这些都将导致高污染、高能耗设备运营费用的提高，进而引起经济性贬值。

【例 3-7】 某台车式电阻炉，还可使用 5 年，政府规定的可比单耗指标为 650 千瓦小时/吨，该电阻炉的实际可比单耗为 730 千瓦小时/吨。全年产量 1 500 吨。正常用电单价是 1.2 元/千瓦小时，但是政府规定超限额 10%～20%（含 20%）的加价 2 倍，所得税税率 25%，折现率为 10%，试计算因政府对超限额耗能加价收费而导致的经济性贬值。

（1）计算超限额百分比。

$$超限额百分比 = \frac{730-650}{650} \times 100\% = 12.31\%$$

根据政府规定超限额 10%～20%（含 20%）的加价 2 倍。

（2）计算每年因政府对超限额耗能加价收费而增加的运营成本。

$$年超额运营成本 = 1.2 \times (730-650) \times 1\,500 \times 2 = 288\,000(元)$$

（3）计算因政府对超限额耗能加价收费而导致的经济性贬值。

$$经济性贬值 = 288\,000 \times (1-25\%) \times (P/A,\ 10\%,\ 5) = 818\,856(元)$$

相关思考 3-2

上题中的计算方法与超额运营成本所引起的功能性贬值的计算方法一致，是不是也可将这部分贬值理解为功能性贬值？

机器设备所发生的贬值到底是属于功能性贬值还是经济性贬值，不是根据计算方法来进行划分的，而是根据导致贬值发生的原因进行划分的。功能性贬值是技术的进步所导致的，而经济性贬值是外部原因导致的。上题中，运营成本的增加是政府规定的超限额耗能加价收费而导致的，所以属于经济性贬值。

(三) 生产能力降低

当个别或一组机器设备因外部因素影响出现开工不足，使设备的实际生产能力显著低于其额定或设计生产能力时，它的价值也就低于能充分利用时的价值。造成这种情况的原因很多，例如，整个行业的额定生产能力过剩，开工不足会造成整个行业特有的低效率；企业管理不善，产品落后，市场上激烈的竞争等，使企业的生产能力不能充分利用等。这种差别可以用经济性贬值率来表示，其计算公式为：

$$\text{经济性贬值率} = \left[1-\left(\frac{\text{实际生产能力}}{\text{设计生产能力}}\right)^{x}\right]\times 100\%$$

式中：x——规模经济效益指数。

$$\text{经济性贬值额} = \text{重置成本} \times \text{经济性贬值率}$$

【例 3-8】 某产品生产线，根据购建时的市场需求，设计生产能力为年产 1 000 万件，建成后由于市场发生不可逆转的变化，每年需要产量只有 400 万件，60%的生产能力闲置。该生产线的重置成本为 160 万元，规模经济效益指数为 0.8，如不考虑实体性磨损。计算该生产线的经济性贬值。

$$\text{经济性贬值} = 160 \times \left[1-\left(\frac{400}{1\ 000}\right)^{0.8}\right]\times 100\% = 83.13(\text{万元})$$

(四) 收益减少

由于企业外部的原因，虽然设备生产负荷并未降低，但出现原材料涨价带来的生产成本提高得不到补偿或是为了竞争必须将产品降价销售等情况时，可能使设备创造的收益减少、使用价值降低，进而引起经济性贬值。

如果设备由于外界因素变化，造成的收益减少额能够直接测算出来的话，可直接按设备持续使用期间每年的收益损失额折现累加得到设备的经济性贬值额。其计算公式为：

$$\text{经济性贬值} = \text{设备年收益损失额} \times (1-\text{所得税税率}) \times (P/A,\ r,\ n)$$

【例 3-9】 某家电生产厂家面临市场疲软状况，如果不降低彩电生产量，就必须降价销售，假定原产品售价为 2 000 元/台，年生产量为 10 万台，要使 10 万台产品都能卖掉，产品售价必须降至 1 900 元/台，每台产品损失毛利 100 元，经估测该彩电生产线还可继续使用 5 年，企业所得税税率为 25%，企业所在行业投资报酬率为 10%，计算该生产线的经济性贬值额。

$$\begin{aligned}\text{经济性贬值} &= 100 \times 10 \times (1-25\%) \times (P/A,\ 10\%,\ 5)\\ &= 2\ 843.25(\text{万元})\end{aligned}$$

第三节 市场法和收益法在机器设备评估中的应用

一、市场法在机器设备评估中的应用

市场法是通过分析评估基准日近期与被评估设备相似的或可比的参照物的价格来确定被评估设备的价格。如果参照物与被评估设备并不完全相同，需要根据被评估设备与参照物之间的差异对价值的影响作出调整。

如果被评估机器设备有成熟的交易市场，用市场法评估单台设备的价值是较为简捷和有效的方法，这种方法直接着眼于交易行为，交易价格中综合考虑了设备各种性质的贬值。有成熟的市场、存在着独立的交易和有可靠的信息资料，是运用市场法的前提条件。如果市场很有限，同类设备交易很少，或即使有很多同类设备的交易，但无法了解这些交易的详情，就很难使用市场法。由于大多数机器设备都存在着这种障碍，市场法在设备评估中的实际运用受到了限制。符合运用市场法评估条件的是那些已经存在着交易市场的机器设备，主要是部分通用设备，如普通机床、建筑机械、汽车、微型计算机等。

（一）运用市场法评估机器设备的基本步骤

1. 收集有关机器设备的交易资料

市场法的首要工作就是在掌握被评估设备基本情况的基础上，进行市场调查，收集与被评估对象相同或类似的机器设备交易实例资料。所收集的资料一般包括设备的交易价格、交易日期、交易目的、交易方式、机器设备的类型、功能、规格型号、已使用年限、设备的实际状态等。对所收集的资料还应进行查实，确保资料的真实性和可靠性。

2. 选择可供比较的交易实例作为参照物

对所收集的资料进行分析整理后，按可比性原则，选择所需的参照物。市场法评估的准确程度首先取决于参照物的选择。参照物的选择一般应在两个以上，因此，评估人员应对机器设备交易的市场行情及案例做仔细的调查与收集，并从收集的案例中，选择与被评估资产有可比性的机器设备作参照物。

可比性，是指选择的参照物与被评估资产在价值方面的对照性，而这一对照性决定于影响机器设备价值的主要因素。参照物的选择应注意两个方面：一是交易情况的可比性；二是设备本身各项技术参数的可比性。可比性因素具体包括：①设备的规格型号；②设备的生产厂家；③设备的制造质量；④设备的附件、配件情况；⑤设备的实际使用年限；⑥设备的实际技术状况；⑦设备的出售目的和出售方式；⑧设备的成交数量和成交时间；⑨设备交易时的市场状况；⑩设备的存放和使用地点。

3. 量化和调整被评估设备和参照物之间的差异

在比较参照物与被评估设备时，有些因素基本上是相同的，这些相同因素对机器设备价值的影响也基本上是相同的，对之可以不作考虑。因此，比较的对象是被评估设备与参照物的不同因素。根据确定的对比因素，评估者排除基本相同的因素之后，对不同因素之间的作用程度进行评估。被评估机器设备与参照物的差异程度确定之后，应对被评估机器设备的价值逐项进行调整。

（1）量化和调整交易日期的差异。在选择参照物时应尽可能选择离评估基准日较近的交易实例，可免去交易时间因素差异的调整。若交易日期的价格与评估基准日设备交易价格发生变化，可利用同类设备的价格变动指数进行调整。

(2) 量化和调整交易情况的差异。机器设备的交易价格会受到供求状况、交易数量、付款方式等交易情况的影响。一般来说，在销售设备时，如果有多个投资者竞相购买，其价格必然要提高；反之，价格就会降低。而只销售一台设备与同时销售多台设备相比，价格也会不一样。另外，一次性付款和分期付款销售的价格也不相同。因此，应对上述因素进行分析，对由于上述因素引起的价格偏高或偏低情况进行量化和修正。

(3) 量化和调整品牌、质量等方面的差异。同一类型的设备由于生产厂家和品牌的不同，产品质量和销售价格也有差别。在评估时应对生产厂家、品牌、质量等对交易价格的影响量化，并对这些因素进行调整，剔除其对交易价格的影响。

(4) 量化和调整结构、性能等方面的差异。机器设备规格型号及结构上的差异会集中在设备之间功能和性能的差异上。运用功能价值法和超额运营成本折现等方法可以将被评估机器设备与参照物在结构、规格型号、性能等方面的差异量化和调整。

(5) 量化和调整新旧程度方面的差异。评估时，被评估机器设备与参照物在新旧程度上往往不一致，评估人员应对被评估设备与参照物的使用年限、技术状态等情况进行分析，估测其成新率。

4. 汇总各因素差异的量化值，确定被评估机器设备的评估值

对上述各差异因素量化调整后，得出初步评估结果，然后采用算术平均法或加权平均法，并结合定性分析确定最终的评估结果。

(二) 运用市场法评估机器设备的具体方法

运用市场法评估机器设备是通过对市场参照物进行价值调整完成的，常用的调整方法有三种：直接匹配法、因素调整法和成本比率调整法。

(1) 直接匹配法。直接匹配法是根据与被评估对象基本相同的市场参照物，通过直接比较来确定被评估对象的价值。例如评估一辆汽车时，如果二手汽车交易市场能够发现与评估对象基本相同的汽车，它们的制造商、型号、年代、附件都相同，只有行驶里程和实体状态方面有些差异，在这种情况下，资产评估师一般直接将评估对象与市场上正在销售的同样的汽车作比较，确定评估对象的价值。直接比较法相对比较简单，但是它对市场的反映最为客观，能最精确地反映设备的市场价值。如果被评估对象与参照物差异较大，则无法使用这种方法。

(2) 因素调整法。因素调整法是通过比较分析相似的市场参照物与被评估设备的可比因素差异，并对这些因素逐项作出调整，由此确定被评估设备的价值。这种方法是在无法获得基本相同的市场参照物的情况下，以相似的参照物作为分析调整的基础。例如，当评估一台由 A 厂制造的车床时，资产评估师发现在市场上没有 A 公司生产的相似的车床，但是有 B 公司和 C 公司生产的相似的车床。这种方法与直接比较法相比更主观，在对比较因素进行分析的基础上，需要作出更多的调整。

为了减少调整时因主观因素产生的误差，所选择的参照物应尽可能与评估对象相似。从时间上来讲，参照物的交易时间应尽可能接近评估基准日；在地域上，尽可能与评估对象在同一地区。另外，评估对象与参照物应具有较强的可比性，实体状态方面比较接近。

（3）成本比率调整法。成本比率调整法是通过对大量市场交易数据的统计分析，掌握相似的市场参照物的交易价格与全新设备售价的比率关系，用此比率作为确定被评估机器设备价值的依据。比如，资产评估师在评估A公司生产的直径为6米的双柱立式车床，但是市场上没有相同的或相似的参照物，只有其他厂家生产的直径为8米和12米的立式车床。统计数据表明，与评估对象使用年限相同的设备的售价都是重置成本的55%～60%，那么可以认为，评估对象的售价也应该是其重置成本的55%～60%。

二、收益法在机器设备评估中的应用

利用收益法评估机器设备是通过预测设备的获利能力，对未来资产带来的净利润或净现金流按一定的折现率折为现值，作为被评估机器设备的价值。

使用这种方法的前提条件：一是要能够确定被评估机器设备的获利能力，如净利润或净现金流量；二是能够确定资产合理的折现率。大部分单项机器设备，一般不具有独立获利能力。因此，单项设备通常不采用收益法评估。对于生产线、成套化工设备以及可以独立作业的车辆等设备，特别是租赁的设备可以使用收益法评估。

在继续使用的前提下，采用成本法和市场法对机器设备评估时，往往不能测定经济性贬值的全部影响，因为采用成本法和市场法评估时，都是把机器设备作为企业整体的一个部分来看待，以单台单件的机器设备作为评估的具体对象，而收益法却是把机器设备作为一个具有获利能力的整体来看待，是以盈利能力为基础的，反映的是经济有效地运用所有资产的结果。

思政育人

为什么有了GPS还要建设北斗？

全球共有四个全球导航系统建成或在建，除了北斗，还有美国GPS、俄罗斯格洛纳斯和欧盟伽利略。GPS上世纪就开始提供全球服务，在我国也有庞大应用规模，但我国依然努力建设了自己的北斗系统。

北斗三号工程卫星总设计师谢军表示，卫星导航系统是一个国家重要的空间基础设施，甚至是基础设施中的支撑和基础。如果用国外关键技术，采购国外核心产品，一旦被断货，系统就无法长期稳定运行下去。

北斗卫星三代系统共计55颗卫星，目前已经覆盖全球，可实现全球联络。搭配搭载了北斗卫星通信系统的手机，甚至可以在全球任何地方发送信息求救，沙漠、雪山甚至是南极洲，都不在话下。并且北斗系统和其他卫星系统相比，有更多的高轨卫星，抗遮挡能力更强，在低纬度地区能够更明显地体现出其性能优势。

相比之下，美国的GPS就要逊色一些了。它没有短报文功能，也不支持语音通话，只有定位和导航功能，不能像我国“北斗”系统一样在全世界任何地方都发送求救信号。GPS系统只有28颗卫星，还做不到覆盖全球。并且它的校准器是晶体振荡器，远没有我国新研发出来的原子钟精度高。

资料来源：https://baijiahao.baidu.com/s?id=1670254619993051472&wfr=spider&for=pc.

本章重要概念

机器设备　重置成本　综合估价法　实体性贬值　加权投资年限　功能性贬值　经济性贬值

本 章 练 习

一、单项选择题

1. 对单台机器设备的评估几乎不会采用的评估方法是(　　)。

A. 收益法　　B. 成本法　　C. 市场法　　D. 使用年限法

2. 机器设备的评估大部分采用(　　)。

A. 重置法　　B. 成本法　　C. 收益法　　D. 市场法

3. 机器设备的重置成本中不包括(　　)。

A. 购置成本　　B. 运杂费　　C. 税金　　D. 维修费

3-3 第三章练习题答案

3-4 第三章PPT

4. 机器设备的重置成本中的直接费用包括(　　)。

A. 各种管理费用　　B. 安装调试费

C. 勘察设计费　　D. 投资方向调节税

5. 进口设备的到岸价是指(　　)。

A. 设备的离岸价＋国外运杂费

B. 设备的离岸价＋途中保险费

C. 设备的离岸价＋进口关税

D. 设备的离岸价＋国外运保费＋国外运杂费

6. 运用价格指数法估算设备的重置成本,只考虑了(　　)因素。

A. 时间　　B. 地域

C. 功能　　D. 技术

7. 运用价格指数法测算进口设备的重置成本时,采用的价格指数是设备出口国的(　　)。

A. 生产资料综合价格指数　　B. 同类资产价格指数

C. 零售商品价格指数　　D. 零售商品综合价格指数

8. 以下方法中,不是直接用于设备实体性贬值测算的方法是(　　)。

A. 使用年限法　　B. 观察法

C. 修复费用法　　D. 统计分析法

9. 机器设备的经济寿命是指机器设备(　　)。

A. 从评估基准日起到机器设备不能正常工作所经历的时间

B. 从评估基准日起到继续使用在经济上不合算为止所经历的时间

C. 从机器设备开始使用起到机器设备不能正常工作所经历的时间

D. 从机器设备开始使用起到继续使用在经济上不合算为止所经历的时间

10. 对已经技术改造后的设备进行评估,应根据技术改造的程度适当(　　)。

A. 增加其实际已使用年限　　B. 减少其实际已使用年限

C. 增加其名义已使用年限　　D. 减少其名义已使用年限

二、多项选择题

1. 下列对机器设备分类标准的表述中，正确的有（　　）。

A. 机器设备可以按机器设备的组合程度分类

B. 机器设备可以按机器设备的来源分类

C. 机器设备可以按使用性质分类

D. 机器设备可以按国家固定资产分类标准分类

E. 机器设备有很多分类方式，其分类标准不是唯一的

2. 对于需要安装的单台机器设备，其重置成本包括（　　）。

A. 设备买价　　B. 运杂费

C. 安装费　　D. 基础费

E. 税金

3. 通常采用的估算机器设备重置成本的方法有（　　）。

A. 使用年限法　　B. 重置核算法

C. 预决算调整法　　D. 价格指数法

E. 规模经济效益指数法

4. 影响机器设备经济寿命的因素有（　　）。

A. 设备的物理性能　　B. 设备的使用情况

C. 设备的配套状况　　D. 设备的技术进步速度

E. 外部经济环境变化

5. 下列属于经济性贬值的有（　　）。

A. 由于技术进步，使设备的市价降低了 3 万元

B. 由于原材料的紧俏，造成某车间半数设备闲置

C. 由于市场疲软，某厂被迫由一日三班改为一日两班，造成设备开工不足

D. 由于新技术的采用，使同类设备的使用寿命延长

E. 由于国家有关能源、环境保护等法律、法规，使设备强制报废

三、判断题

1. 已提完折旧的设备的实体性贬值率为 100%。（　　）

2. 设备的技术寿命与技术更新速度有关。（　　）

3. 当设备出现废品率上升时，评估时需要考虑其经济性贬值。（　　）

4. 安装周期很短的通用设备，其重置成本一般包括：设备买价、运输费用、利息费用和安装费用。（　　）

5. 设备的加权投资年限是设备已使用年限×重置成本。（　　）

四、简答题

1. 简述机器设备重置成本的构成。

2. 什么是设备的物理寿命、技术寿命和经济寿命？

五、业务题

1. 某蒸汽对流烘干室为非标准自制设备，购建日期为 2010 年 12 月，评估基准日为 2017 年 8 月。根据设计图纸，该设备主材为钢材，主材的净消耗量为 36 吨，评估基准日钢材不含税的市场价为 3 300 元/吨。另外，所需主要外购件不含税费用为 50 000 元。主材利用率为 90%，成本主材费率为 60%，成本利润率为 15%，综合税率为 18.7%，设计费率为 16%，产量为 1 台。试计算该蒸汽对流烘干室的重置成本。

2. 某公司2017年从国外进口一条汽车配件生产线，现行进口合同中的离岸价为220万美元，进口设备境外运杂费率按FOB价格的5%计算，境外保险费按FOB价格和境外运杂费的0.4%计算。2022年11月3日对该生产线进行评估，评估基准日美元兑人民币的汇率为6.10，该类设备的进口关税税率为10%，增值税税率为13%，银行手续费约占FOB价格的0.5%，国内运杂费率为1%，安装费率为0.6%，基础费率为1.7%，该汽车配件生产线从订货到安装投入使用需要2年的时间，第1年投入资金的比例为35%，第2年投入资金的比例为65%，2年中每年的投入资金是均匀的，2年期的银行贷款利率为6.15%，计算该进口汽车配件生产线的重置成本。

3. 被评估设备购建于2012年，原始价值为300 000元，2017年和2019年进行了两次技术改造，主要是增添了一些新的装置，投资额分别为50 000元和80 000元，2022年年底对该资产进行了评估。假设2012—2022年设备每年的价格上涨率为5%，该设备仍可使用5年，计算该设备的实体性贬值率。

六、案例题

评估某灯泡厂一条普通灯泡生产线的重置完全成本。该生产线的账面原值100万元，其中封口机、排气机与装头机均为外购设备，共计60万元，传送带与机构爪为自制，共计30万元，运输、安装调试费用为10万元。

经市场调研，发现目前市面上已出现了用料节省，结构更为合理的换代产品。而且自制的传送带与机构爪也有改进的必要，技术攻关小组认为改进后的设备将大大节省能源与用料，且占地小。运输、安装调试费用随主体设备的换代也会发生相应的变化。下面将分别就生产线中的外购设备、自制设备及运输、安装调试费用列示如下：

(1) 外购机器设备情况：经市场调查，得知封口机、排气机、装头机的现行市价分别为30万元、37万元和33万元。成套购买均优惠10%，验货后立即付款优惠5%，购货后延期1个月付款加价3%，并标明价格尚可面议。通过销售统计，一般厂家的价格折让为4%。根据以上资料，我们评估时应选择：成套购买，正常的付款条件，正常的价格折扣。

(2) 自制机器设备情况：评估人员与企业技术人员和财会人员进行了座谈，听取了专业人员的介绍，查看了有关账表，得知自制设备账面原值30万元的构成为：钢材占40%，铸铁占20%，人工费占30%，制造费用占10%；按现行技术条件更新自制设备，钢材和铸铁均可节约20%，人工及制造费用可节省10%。从企业财务资料获悉，自制设备建造以来，钢材价格上涨80%，铸铁价格上涨50%，工时成本也提高了100%，制造费用按工时分摊的额度上涨40%。

(3) 运杂费、安装调试费用情况：由于三件主要设备的结构变化，吨位减轻，经与技术人员和财务人员座谈，得知设备吨位减轻与运价上调相抵后运杂费上升20%，基础、基桩等耗用水泥和钢材分别减少30%，用工减少50%，钢材价格上涨指数同上，水泥价格上涨10%，人工费上涨100%，管理费上涨40%。分析原成本核算资料，得知各项费用占运杂费、安装调试费的总成本的比重如下：运杂费占10%，钢材占40%，水泥占20%，人工占20%，管理费占10%。

第四章 房地产评估

内容提要

本章主要讲解房地产的概念、特点;房地产价格的种类和影响因素;收益法、市场法和成本法以及假设开发法、基准地价修正法和路线价法在房地产评估中的应用;在建工程的评估等。

重点难点

本章重点为市场法、成本法和收益法在房地产评估中的适用范围、基本思路以及具体应用;本章难点为这三种基本评估方法涉及参数的确定。

学习目标

通过本章的学习,学生应掌握市场法、成本法和收益法在房地产评估中的适用范围、基本思路及具体应用;熟悉假设开发法、基准地价修正法和路线价法在房地产评估中的应用;了解关于房地产和房地产价格的相关知识。

知识框架

4-1 第四章章节导读

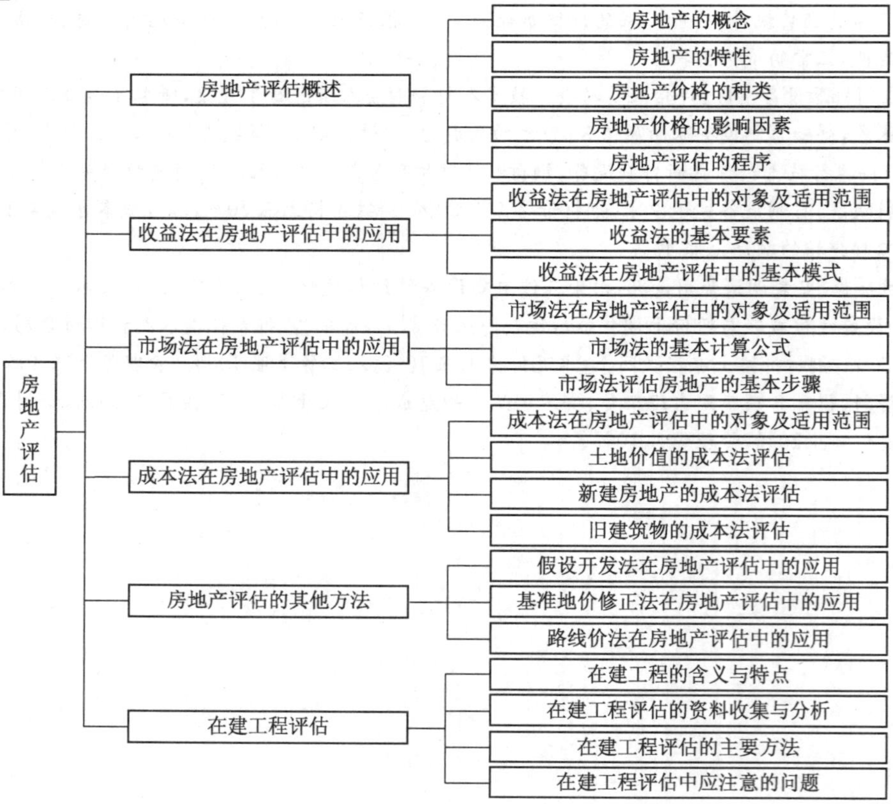

引入案例 2022年青岛第四批集中供地挂牌40宗涉宅用地，总起价约138亿元

2022年11月24日，青岛市自然资源和规划局发布地块出让公告，本次拟集中供应40宗涉宅地块，总建面约248.4万平方米，起始总价约137.99亿元，土地拍卖时间将于12月19日、20日两天进行。

据悉，本次地块分别位于西海岸20宗，城阳区12宗，李沧区3宗，崂山区2宗，即墨区2宗，市北区1宗；供地区域集中在城阳和西海岸。即墨区2宗涉宅用地为人才用地，出让总规划建筑面积10.45万平方米，总起始价2.02亿元。

本次土拍规则较上次并没有发生较大变化，设定起拍楼面价和最高楼面地价、溢价率控制在15%、竞品质+摇号、严查竞买资格及保证金来源、违规严惩等政策仍严格执行。

值得注意的是，本次出让地块设置最高限价，当最高竞买报价达到或超过最高限价时，网上土地竞价中止，转到线下竞高品质商品住宅（包括绿色建筑、智慧化基础设施配置、装配式建筑）建设和摇号环节。

此外，今年青岛已完成三批次集中供地，合计出让地块71宗，成交总金额约299亿元。

思考：人才用地和普通住宅用地的评估价值是否有差异？

资料来源：https://www.163.com/dy/article/HN1EATPJ0514R9NP.html.

第一节 房地产评估概述

一、房地产的概念

房地产通常是指房屋建筑物（含相关建筑物和附着物）和承载房屋建筑物的土地的合称，法律上称为“不动产”。具体来说，房地产有三种存在形态，即单纯的土地、单纯的建筑物、土地与建筑物合成一体的房地产，它是实物、权益和区位三者的结合。

（一）实物

实物是房地产中看得见、摸得着的部分。例如，建筑物的结构、设备、装修、外观，土地的形状、平整程度、基础设施完备程度等。实物又可进一步分为有形的实体、该实体的质量以及组合完成的功能三个方面。

（二）权益

权益是房地产中无形的、不可触摸的部分，包括权利、利益和收益。例如，所有权、使用权、租赁权、抵押权、典权、地役权、空间利用权、相邻关系等。

（三）区位

区位是指某宗房地产与其他房地产或事物在空间方位和距离上的关系，除了其地理坐标位置，还包括它与重要场所（如市中心、机场、港口、车站、政府机关、同行业等）的距离、从其他地方到达该宗房地产的可及性、从该宗房地产去往其他地方的便捷性以及该宗房地产的周围环境、景观等。其中，最简单和最常见的是用距离来衡量区位的好坏。距离包括空间直线距离、交通路线距离和交通时间距离。现在，人们越来越重视交通时间距离而不是空间直线距离。

二、房地产的特性

与其他类型资产相比较，房地产一般具有如下特性。

（一）位置固定性

房地产属于不动产，它的空间位置是固定的。构成某一房地产的土地的位置显然不可移动。移动建筑物，特别是长距离移动，通常也是不可能的。因此，房地产不可能通过移动位置调节一个地区的房地产的供求。位置固定性使得区位环境因素在房地产评估中变得格外重要。

（二）供求区域性

由于土地位置的固定性，房地产还具有区域性的特点。一个城市房地产的供给过剩并不能解决另一个城市供给不足的问题。例如，海南省大量空置的房地产并不能解决北京市房地产供给不足的问题。房地产供求关系的地区差异又造成了区域之间房地产价格的差异性。

（三）使用长期性

由于土地可以永续利用，建筑物也是耐用品，使用年限可达数十年甚至长达上百年，使用期间即使房屋变旧或受损，也可以通过不断的翻修，延长其使用期。

（四）投资大量性

房地产的生产和经营管理要经过一系列过程：取得土地使用权、土地开发和再开发、建筑设计和施工、房地产销售等，在这些过程中要投入大量的资金。例如，大城市的地价和房屋的建筑成本都相当高，无论开发者还是消费者，一般都难以依靠自身的资金进行房地产投资开发，因此，金融业的支持和介入，是发展房地产业必不可少的条件。

（五）保值与增值性

一般物品在使用过程中，由于老化、变旧、损耗、毁坏等，其价值会逐渐减少。与此相反，在正常的市场条件下，从长期来看，土地的价值呈上升走势。由于土地资源的有限性和固定性，制约了对房地产不断膨胀的需求，特别是对良好地段物业的需求，导致价格上涨。同时，对土地的改良和城市基础设施的不断完善，使土地原有的区位条件改善，也会导致土地增值。

（六）投资风险性

房地产使用的长期性和保值增值性使之成为投资回报率较高的行业，同时房地产投资风险也比较大。房地产投资的风险主要来自以下三个方面：

（1）房地产无法移动，建成后又不易改变用途，如果市场销售不对路，容易造成长期的空置、积压。

（2）房地产的生产周期较长，从取得土地到房屋建成销售，通常需要3～5年的时间，在此期间影响房地产发展的各种因素发生变化，都会对房地产的投资效果产生影响。

（3）自然灾害、战争、社会动荡等，都会对房地产投资产生无法预见的影响。

（七）难以变现性

由于房地产位置的固定性、用途不易改变等，房地产不像股票和外汇那样，可以迅速变现，其变现性较差。

房地产市场受国家和地区政策的影响较大。城市规划、土地利用规划、土地用途管制、住房政策、房地产信贷政策、房地产税收政策等都会对房地产的价格产生直接或间接的影响。

三、房地产价格的种类

为了正确进行房地产评估，评估人员必须弄清房地产价格的种类和每一种价格的确切含义。

(一) 根据权益的不同可分为所有权价格、使用权价格和其他权利价格

房地产发生交易行为时，所针对的权益有所有权、使用权、抵押权、租赁权、典权等。所针对的房地产权益不同，其价格就不同，如房地产使用权价格、房地产抵押权价格、房地产租赁权价格等。一般情况下，房地产所有权价格高于房地产使用权价格。抵押权价格是为房地产抵押而评估的房地产价格，由于考虑到抵押贷款清偿的安全性，抵押权价格一般低于市场交易价格。租赁权价格是承租方为取得房地产租赁权而向出租方支付的价格。

延伸阅读 4-1

土地使用权

在我国，城市土地的所有权属于国家，农村和城市郊区的土地，除了由法律规定属于国家所有的土地，属于农民集体所有。宅基地和自留地、自留山属于农民集体所有。在符合规划的前提下，村庄、集镇、建制镇中的农民集体所有的建设用地使用权可以依法流转。

在我国，实行国有土地有偿使用制度。国有土地所有权与使用权相分离，国有土地所有权不进入地产市场流转，国有土地使用权可以转让。因此，地价一般是国有土地使用权的价格。土地使用权价格可因土地使用年限的长短区分为各种年期的使用权价格，国有土地出让的最高年限由国务院确定。

国有土地使用权出让是指国家以土地所有者的身份将国有土地使用权在一定年限内让与土地使用者，并由土地使用者向国家支付土地使用权出让金的行为。国有土地使用权出让可以采取协议、招标、拍卖和挂牌方式。国有土地使用权出让的最高年限按下列用途确定：①居住用地 70 年；②工业用地 50 年；③教育、科技、文化、卫生、体育用地 50 年；④商业、旅游、娱乐用地 40 年；⑤综合或者其他用地 50 年。

土地使用权转让是指土地使用者将土地使用权再转移的行为，包括出售、交换和赠与。凡未按土地使用权出让合同规定的期限和条件投资开发、利用土地的，土地使用权不得转让。土地使用权转让时，土地使用权出让合同和登记文件中所载明的权利、义务随之转移。

土地使用权出租是指土地使用者作为出租人将土地使用权随同地上建筑物、其他附着物租赁给承租人使用，由承租人向出租人支付租金的行为。未按土地使用权出让合同规定的期限和条件投资开发、利用土地的，土地使用权不得出租。

土地使用权抵押时，其地上建筑物、其他附着物随之抵押。地上建筑物、其他附着物抵押时，其使用范围内的土地使用权随之抵押。

土地使用权出让合同约定的使用年限届满，住宅建设用地使用权期间届满的，自动续期；非住宅建设用地使用者需要继续使用土地的，应当最迟于年限届满前 1 年申请续期，除根据社会公共利益需要收回该幅土地的，应当予以批准。经批准准予续期的，应当重新签订土地使用权出让合同，依照规定支付土地使用权出让金。土地使用权出让合同约定的使用年限届满，土地使用者未申请续期或者虽申请续期但依照法律规定未获批准的，土地使用权由国家无偿收回。

(二) 按价格形成方式可分为市场交易价格和评估价格

市场交易价格是房地产在市场交易中实际成交的价格。在正常的市场条件下，买卖双方均能迅速地获得交易信息，买方能自由地在市场上选择其需要，卖方亦能自由地出售其房地产，买卖双方均以自身利益为前提，在彼此自愿的条件下，以某一价格完成房地产交易。由于交易的具体环境不同，市场交易价格经常波动。市场交易价格通常可以作为交易双方收支价款、缴纳契税和管理费的依据。

评估价格是对市场交易价格的模拟。由于评估人员的经验、对房地产价格影响因素理解的不同，同一宗房地产可能得出不同的评估价格，评估结果也可能不同，但在正常的情况下，不论运用何种方法，评估结果都不应有太大的差距。房地产评估价格根据使用目的及其作用可分为基准地价、标定地价、房屋重置价格、交易底价、课税价格等几种。其中基准地价、标定地价、房屋重置价格由政府制定，且由政府定期公布。交易底价则不一定由政府制定，而由交易有关方面制定。房屋重置价格是指在重置时的建筑技术、工艺水平、建筑材料价格、工资水平及运输费用等条件下，重新建造与原有房屋相仿的结构、式样、设备和装修的新房屋时所需的费用。课税价格是指政府为课征有关房地产税而由评估人员评估的作为课税基础的价格。

（三）按房地产的实物形态可划分为土地价格、建筑物价格和房地产价格

土地价格主要包括基准地价、标定地价和土地交易价格等。基准地价是按照城市土地级别或均质地域分别评估的商业、住宅、工业等各类用地和综合土地级别的土地使用权的平均价格。基准地价评估以城市为单位进行。标定地价是市、县政府根据需要评估的，正常地产市场中具体宗地在一定使用年期内的价格。标定地价可以以基准地价为依据，根据土地使用年限、地块大小、土地形状、容积率、微观区位等条件，通过系数修正进行评估得到，也可以通过市场交易资料，直接进行评估得到。

单纯的土地及附有建筑物的房地产中的土地的价格都是土地价格。但是同一块土地，其开发条件不同，会有不同的价格，如拟作为国家建设用地而未进行征地补偿的农地，购地者需办理土地征收手续，支付征地补偿费；即使已征为国家所有，尚需看其开发情况是否达到“三通一平”“五通一平”或“七通一平”等。在其他条件相同的情况下，在城区内附有待拆迁建筑物的土地，与城区内的空地价格亦相差很大。

建筑物价格是指纯建筑物部分的价格，不包含其占用的土地的价格。

房地产价格是指建筑物连同其占用的土地的价格。

（四）按房地产价格的表示单位可划分为总价格、单位价格和楼面地价

房地产总价格是指一宗房地产的整体价格。

房地产单位价格有三种情况：对土地而言，是指单位土地面积的土地价格；对建筑物而言，是指单位建筑面积的建筑物价格；对房地产而言，是指单位建筑面积的房地产价格。房地产的单位价格能反映房地产价格水平的高低，而房地产总价格则一般不能说明房地产价格水平的高低。

楼面地价又称单位建筑面积地价，是指平均到每单位建筑面积上的土地价格。

$$楼面地价=\frac{土地总价格}{建筑总面积}$$

因为，

$$容积率=\frac{建筑总面积}{土地总面积}$$

所以，

$$楼面地价=\frac{土地单价}{容积率}$$

相关思考 4-1

楼面地价和土地单价哪个更能反映土地价格水平？

例如，有面积均为 1 000 平方米的甲、乙两宗土地，土地单价均为 800 元/平方米。甲的容积为 2.5，可以建设 3 000 平方米的建筑物，每平方米建筑物售价为 1 200 元；乙的容积率为 2，可以建设 2 000 平方米的建筑物，每平方米建筑物售价为 1 250 元。甲、乙的楼面地价分别为 320 元/建筑平方米、400 元/建筑平方米，甲的每平方米建筑物价格 1 200 元中有 320 元是地价，乙的每平方米建筑物价格 1 250 元中有 400 元是地价。现实生活中，楼面地价往往比土地单价更能反映土地价格水平的高低。

（五）其他价格类型

公告地价是指政府定期公布的土地价格，在有些国家和地区，一般作为征收土地增值税和征收土地进行补偿的依据。

申报价格是指房地产权利人向政府申报的房地产交易成交价格。《城市房地产管理法》第三十四条规定："国家实行房地产成交价格申报制度。房地产权利人转让房地产，应当向县级以上地方人民政府规定的部门如实申报成交价，不得瞒报或者作不实的申报。"

四、房地产价格的影响因素

影响房地产价格的因素众多而复杂。由于这些因素本身具有动态性，它们对房地产价格的影响也是动态的。随着时间不同、地区不同、房地产用途不同，这些因素的影响作用也各不相同。比如，本来是影响较小的因素，可能会成为主导因素；相反，主导因素也会成为次要因素。它们对房地产价格的影响程度有的可以量化，有的则难以量化，只能凭借评估师的经验加以判断。影响房地产价格的因素通常可划分为一般因素、区域因素和个别因素，下面分别予以阐述。

（一）一般因素

一般因素是指影响一定区域范围内所有房地产价格的一般的、普遍的、共同的因素，这些因素通常会对较广泛地区范围内的各宗房地产的价格产生全局性的影响。这类因素主要包括经济因素、社会因素、行政因素和心理因素等。

1. 经济因素

（1）经济发展因素。国民经济增长速度、国民生产总值、居民收入水平、物价指数等经济因素都会对房地产价格的形成产生影响。比如，在国民经济增长快、国民生产总值大、居民收入水平高、资金充裕的地区，国民生产总值用于投资、消费的部分加大，用于生产性、投资性或消费性等方面的房地产支出增加，从而促进房地产业的繁荣，带动房地产价格上涨。有关研究表明，房地产业的发展周期与国民经济发展周期总体趋势基本一致。因此，房地产价格总水平与地区经济发展状况呈正相关关系。

（2）财政金融因素。存款利率、贷款利率、物价上升指数、税率、贷款比例和土地资本化率等财政金融因素对房地产价格的形成有着密切的关系。比如，利率和税率的变化，将会影响房地产的供给和需求，从而对房地产价格产生影响。土地资本化率与地价的关系非常明显，在地租一定的情况下，土地资本化率越高，地价越低；反之，土地资本化率越低，地价越高。

（3）产业结构因素。产业结构在这里主要是指第一产业、第二产业及第三产业在国民经济及国民生产总值中的比例关系，以及房地产业在其中所占的比重。一般来说，第三产业所占的比重增大，房地产的价格就会相应上升。

2. 社会因素

（1）人口因素。房地产需求的主体是人，因此人口的数量和素质直接决定了对房地产的需求程度，从而对房地产价格有着很大的影响。具体来说，人口因素对房地产价格的影响表现为人口数量、人口密度和人口素质三个方面。

人口数量与房地产价格的关系是正相关的。人口总量增长，对房地产的需求就会增大，房地产价格一般也就会上升；反之，房地产价格则会下降。

人口密度是人口数量的相对指标。人口密度高的地区，一般房地产的供给相对缺乏，供不应求，因此该地区的房地产价格水平趋高。同时，人口密度高，有可能刺激商业、服务业等产业的发展，从而会提高房地产价格。但是，在人口密度过高的地区，生活环境的舒适程度会受到影响，因此也有可能会降低房地产价格。

社会文明、人口平均文化程度、居民的修养也能间接地影响房地产价格。居民素质较高的地区，居住环境维护得较好，房地产价格水平一般趋高；居民素质较低的地区，人员组成复杂，秩序欠佳，房地产价格则会低落，尤其是居住用地的房地产价格会降低。

（2）家庭规模因素。家庭规模是指社会或某一地区家庭平均人口数。即使一个地区人口总数不变，家庭人口数的变化也将会影响居住面积的变化。比如，随着家庭人口平均数的下降，即家庭小型化，对总的住宅套数的需求将增加，因此对房地产的需求会增加，房地产的价格也就会上涨。

（3）房地产投机因素。房地产投机是市场经济下的一种明显的社会现象，是投资者期望并利用房地产价格的变动获得超常利润的行为。这种现象主要体现在以下三个方面：①当房地产价格不断上涨时，预测房地产价格还将进一步上涨的房地产投机商会纷纷抢购，哄抬价格，造成一种虚假需求，这将促使房地产价格进一步上涨。②当房地产价格不断下跌时，预测房地产价格将进一步下跌的房地产投机商纷纷抛售，在市场上造成一种虚假的供过于求的现象，引起房地产价格进一步下跌。③当房地产价格跌落时，预测将来房地产价格会上涨的房地产投机商收购房地产，造成房地产需求增加，从而抑制房地产价格的进一步下跌；或当房地产价格上涨时，囤积房地产的投机商抛出房地产，增加房地产供给，从而也能平抑房地产价格。

（4）教育科研水平和治安因素。如果一个地区的教育水准和科研水平高，则意味着受教育的方便程度提高，科学技术转化为生产力的可能性增大，从而房地产价格水平也会上升。一个地区若经常发生偷盗、抢劫等犯罪案件，则意味着该地区居民的生命财产缺乏保障，因此会造成房地产价格低落。

（5）社会福利因素。社会福利的状态会影响社会文化生活水平，从而间接地影响房地产价格水平。

3. 行政因素

行政因素通过对社会、经济等行为加以规范来影响房地产价格。其主要是指影响房地产价格的制度、政策、法规、行政措施等因素。

（1）土地使用制度与住房制度、地价政策。土地使用制度科学合理，可以调动土地利用者或投资者的积极性，促进土地资源合理配置、带动土地增值，导致地价上涨。根据对国民经济或地区经济宏观调控的需要、政府可能会推行高地价政策，引导地价上涨；也可能会实行低地价政策，抑制地价上涨。

(2) 城市规划、土地利用规划、城市发展战略。这些因素不仅决定了一个城市的性质、发展方向和发展规模，还决定了城市用地结构、城市景观轮廓线、地块用途、利用程度等。土地被规划为住宅区、商业区、工业区、农业区等不同区域，对房地产价格影响极大。

(3) 税收制度、投资倾斜、优惠政策。房地产税收可以调节房地产投资者的积极性，抑制不正当的房地产投机，理顺房地产收益分配关系，稳定房地产市场。在进行房地产评估时，需考虑不同税种对房地产市场中供需双方的不同影响。国家宏观经济政策向某地区倾斜，会诱发该地区房地产价格上涨。对某一地区在税收、管理等方面的优惠政策，会吸引投资、增加收益，促进房地产价格上涨。

(4) 行政隶属关系变更。一个地区的行政隶属关系发生变更，也会影响其房地产价格水平。行政隶属关系变更包括级别升格和管辖权变更。例如，将非建制镇升格为建制镇，将建制镇升格为市，或将经济落后地区的土地划归经济发达地区管理，都会促进房地产价格水平上涨。

(5) 交通管制。交通管制包括禁止通行、实行单行道及限制通行时间等规定。一般而言，由于交通管制，使该地区道路的通达性及便捷度受到影响，从而降低房地产价格。但在住宅区内禁止货车通行，则可以减少噪声，保持清净和行人安全，会提高房地产价格。

4. 心理因素

心理因素对房地产价格的影响是很微妙的，也是一个不可忽视的因素，主要表现为购买或出售心态、对居住环境的认同度、欣赏趣味、时尚风气、接近名家住宅心理、讲究门牌号码、讲究风水、价值观的变化等。

(二) 区域因素

区域因素是指某一特定区域内的自然条件与社会、经济、行政、技术等因素相结合所产生的区域特性，对该区域内的各块土地的价格水平产生影响的因素。这类因素可细分为商服繁华因素、道路通达因素、交通便捷因素、城市设施状况因素和环境状况因素等。

(1) 商服繁华因素。这是指所在地区的商业、服务业繁华状况及各级商业、服务业中心的位置关系。如果商服繁华度较高，该地区的房地产价格水平也会较高。

(2) 道路通达因素。这是指所在地区道路系统的通畅程度，道路的级别(主干道、次干道、支路)越高，该地区的房地产价格水平也较高。

(3) 交通便捷因素。这是指交通的便捷程度，包括公共交通系统的完善程度和公共交通的便利程度。其便捷度越高，房地产价格水平也较高。

(4) 城市设施状况因素。城市设施可以分为以下三类：①基础设施。其主要包括供水、排水、供电、供气、供热和通讯等设施。②生活设施。其主要包括学校、医院、农贸市场、银行、储蓄所、邮局等设施。③文体娱乐设施。其主要包括电影院、图书馆、博物馆、俱乐部、文化馆等设施。

以上三类设施可以用基础设施完善度、生活设施完备度、文体娱乐设施完备度等指标来衡量，这些指标一般都会对房地产价格形成正相关影响。

(5) 环境状况因素。若一个地区绿地较多、公园充足、环境优美，则该地区的房地产价格水平较高；若噪声污染、大气污染、水污染较严重，则房地产价格水平较低。

（三）个别因素

个别因素分为土地个别因素和建筑物个别因素。

1. 土地个别因素

土地个别因素也叫宗地因素，是宗地自身的条件和特征对该地块价格产生影响的因素。

（1）区位因素。区位也叫宗地位置，是影响地价的一个非常重要的因素。区位有自然地理区位与经济地理区位之别。土地的自然地理区位是固定不变的，但是，其经济地理区位却会随着交通建设和市政设施的变化而变化。当区位由劣变优时，地价会上升；相反，则地价会下跌。

（2）面积因素、宽度因素、深度因素。一般来说，宗地面积必须适宜，规模过大或过小都会影响土地效用的充分发挥，从而降低单位地价。宗地临街宽度过窄，会影响土地使用，影响土地收益，从而降低地价。宗地临街深度过浅、过深，都不适合土地最佳利用，从而影响地价水平。

（3）形状因素。土地形状有长方形、正方形、三角形、菱形、梯形等。形状不规则的土地，不便于利用，地价则会相应降低。一般认为宗地形状以矩形为佳，特殊情况，在街道的交叉口、三角形等不规则土地的地价也可能畸高。

（4）地力因素、地质因素、地势因素、地形因素。地力又称土地肥沃程度或土地肥力，这个因素只与农业用地的价格有关，土地肥沃，地价就高；相反，地价则低。地质条件决定着土地的承载力，直接关系到建筑物的造价和建筑结构设计。地质条件对于高层建筑和工业用地的地价影响尤其大。地质条件与地价呈正比关系，即地质条件越优地价越高。地势因素是指该土地与相邻土地的高低关系，特别是与邻近道路的高低关系，一般来说，地势高的宗地比地势低的宗地地价高。地形是指地面的起伏形状，一般来说，土地平坦，地价较高；反之，土地高低不平，地价较低。

（5）容积率因素。容积率因素也是影响土地价格的主要因素之一。容积率越大，地价越高；反之，容积率越小，地价越低。容积率与地价一般不呈线性关系。

（6）用途因素。土地的用途对地价影响相当大，同样一块土地，规划为不同用途，则地价不相同。一般来说，对于同一宗土地而言，商业用地、居住用地、工业用地的地价是递减的。

（7）土地使用年期因素。在年地租不变的前提下，土地使用年期越长，地价越高。

2. 建筑物的个别因素

在影响房地产价格的个别因素中，影响土地价格的个别因素和影响建筑物价格的个别因素并不完全相同，以下阐述影响建筑物价格的个别因素。

（1）面积、结构、材料等。建筑物的建筑面积、居住面积、高度等不同，则建筑物的重建成本也不相同。建筑物的结构及使用的建筑材料的质量也对建筑物的重建成本有影响，从而影响其价格。如果建筑物的面积或高度与基地及周围环境不相协调，该建筑物的价值会大大降低。

（2）设计、设备等是否良好。建筑物的形状、设计风格、建筑装潢应与建筑物的使用目的相适应，建筑物设计、设备是否与其功能相适应，对建筑物价格有很大的影响。

（3）施工质量。建筑物的施工质量不仅影响建筑物的投入成本，更重要的是影响建筑物的耐用年限和使用的安全性、方便性和舒适性。因此，施工质量是否优良，对建筑物的价格亦有很大影响。

(4) 法律限制。有关建筑物方面的具体法律限制，主要是城市规划及建筑法规。例如，建筑物高度限制、消防管制、环境保护等，评估时应考虑这些法律限制对建筑物价值已经产生和可能产生的影响。

(5) 建筑物是否与周围环境相协调。建筑物应当与其周围环境相协调，否则就不是最有效使用状态。建筑物不能充分发挥使用效用，其价值自然会降低。

五、房地产评估的程序

房地产评估一般应依照以下程序进行：明确评估基本事项、签订评估合同、制定工作计划，实地勘察与收集资料、测算被估房地产的价值、综合分析确定评估结果和撰写评估报告。

(一) 明确评估基本事项

在进行房地产评估时，必须了解评估对象的基本情况，这是拟订房地产评估方案、选择评估方法的前提。评估基本事项包括以下内容：

(1) 明确评估目的。不同的评估目的，其所评估的价值的内涵也不完全相同。例如，土地使用权出让评估、房地产转让价值评估、房地产租赁价值评估、房地产抵押评估、房地产保险评估、房地产课税评估、征地和房屋拆迁补偿评估等。因此，在受理评估业务时，通常由委托方提出评估目的，并将评估目的明确地写在评估报告上。

(2) 了解评估对象。即对被评估房地产的实体和权益状态进行了解。对房地产的实体了解包括：土地面积、土地形状、临路状态、土地开发程度、地质、地形及水文状况；建筑物的类型、结构、面积、层数、朝向、平面布置、工程质量、新旧程度、装修和室内外的设施等。对房地产的权益状态了解包括：土地权利性质、权属，土地使用权的年限，建筑物的权属，评估对象设定的其他权利状况等。

(3) 确定评估基准日。所谓确定评估基准日，就是确定待估对象的评估时点，通常以年、月、日表示。由于房地产的价格经常处于变化之中，而且房地产价格随其价格影响因素的变化而变动，因此，必须事先确定所评估的是某一具体时点的价值。

(二) 签订评估合同

在明确评估基本事项的基础上，双方便可签订评估合同，用法律的形式保护各自的权益。评估合同是委托方和受理方就评估过程中双方的权利和义务达成的协议，包括对评估对象、评估目的、评估时点、评估收费、双方责任、评估报告等事宜的约定。评估日期一般也要写入评估项目委托合同当中，一旦确定，评估人员必须按期保质完成评估工作。评估合同的内容中要明确规定双方的权益和应尽的义务，以及对违反合同的处理办法。一旦合同签订后，任何一方未经对方同意不得随意更改合同内容，如有未尽事宜，双方需通过协商解决。

(三) 制订工作计划

制订工作计划，就是对评估工作日程、人员组织等作出安排。在对被评估对象有了基本了解之后，就可以对资料的收集、分析和价值的测算等工作程序和组织作出科学的安排。工作计划的合理制定，有助于提高工作效率和评估质量。

4-2 资产评估执业准则——不动产

（四）实地勘察与收集资料

虽然在受理评估业务时，评估师已通过对方提供的资料大体了解了评估对象的基本状况，但此时评估师仍需亲临现场进行勘察。因为评估需要的资料和数据十分广泛，委托方提供的资料有限，并不能完全满足评估工作的需要。实地勘察是房地产评估工作的一项重要步骤。房地产市场是地域性很强的市场，房地产交易都是个别交易，因此非经实地勘察难以对房地产进行评估。实地勘察就是评估人员亲临房地产所在地，对被估房地产进行实地调查，以充分了解房地产的特性和所处区域环境。实地勘察要做记录，形成工作底稿。

（五）测算被估房地产的价值

在调查研究和资料分析的基础上，便可根据选定的评估方法，进行价值测算。评估的基本方法有：成本法、市场法和收益法。由这三种基本评估方法所派生的其他评估方法，如假设开发法、路线价法、长期趋势法等，也是目前常用的评估方法。由于被评估房地产的性质差异和资料取得的难易程度不同，并非每一种评估方法都适用于各类具体条件下的房地产。为求得一个公平合理的价值，一般以一种评估方法为主，同时以另一种或几种评估方法为辅，以求互相对照和检验修正。

（六）综合分析确定评估结果

同一宗房地产运用不同评估方法评估出来的价值往往不一致，需要进行综合分析。综合分析是对所选用的评估方法、资料及评估程序的各阶段，作客观的分析和检查。此时应特别注意以下几点：所选用的资料是否适当；评估原则的运用是否适当；对资料分析是否准确，特别是对影响因素权重的赋值是否恰当。

（七）撰写评估报告

评估报告是评估过程和评估成果的综合反映，通过评估报告，不仅可以得到房地产评估的最后结果，还能了解整个评估过程的技术思路、评估方法和评估依据。

第二节　收益法在房地产评估中的应用

一、收益法在房地产评估中的对象及适用范围

收益法是被广泛地运用于收益性房地产价值评估的方法，在房地产评估中收益法又称资本化法或收益还原法。收益法是将房地产的年纯收益按一定的还原率资本化，即在一定的折现率下计算出的未来纯收益的现值总和，作为房地产的评估价值。

运用收益法评估房地产价值，只要待估对象具有连续的、可预测的纯收益，则评估对象可以是单纯的土地，也可以是地上的纯建筑物，也可以是房地合一的房地产。

收益法适用于有收益的房地产价值评估，如商场、写字楼、旅馆、公寓等，对于政府机关、学校、公园等公用、公益性房地产的价值评估大多不适用。

二、收益法的基本要素

（一）净收益

1. 净收益的含义

净收益是指归属于房地产的除去各种费用后的收益，一般以年为单位。在确定净收益

时，必须注意房地产的实际净收益和客观净收益的区别。实际净收益是指在现状下被估房地产实际取得的净收益，实际净收益由于受到多种因素的影响，通常不能直接用于评估。例如，当前收益权利人在法律上、行政上享有某种特权或受到特殊的限制，致使房地产的收益偏高或偏低，而这些权利或限制又不能随同转让；当前房地产并未处于最佳利用状态，收益偏低；收益权利人经营不善，导致亏损，净收益为零甚至为负值；土地处于待开发状态，无当前收益，同时还必须支付有关税费，净收益为负值。由于评估的结果是用来作为正常市场交易的参考，必须对存在上述偏差的实际净收益进行修正，剔除其中特殊的、偶然的因素，得到在正常的市场条件下房地产用于法律上允许的最佳利用方向上的净收益值，其中还应包含对未来收益和风险的合理预期，我们把这个收益称为客观净收益，只有客观净收益才能作为评估的依据。

净收益由总收益扣除总费用求得。

2. 客观总收益

总收益是指以收益为目的的房地产和与之有关的各种设施、劳动力及经营管理者要素结合产生的收益，也就是被评估房地产在1年内所能得到的所有收益。求取总收益时，是以客观收益即正常收益为基础，而不能以实际收益计算。

在计算以客观收益为基础的总收益时，房地产所产生的正常收益必须是其处于最佳利用状态下的结果。最佳利用状态是指该房地产处于最佳利用方向和最佳利用程度。在现实经济中，应为正常使用下的正常收益。

运用收益法评估房地产时，有租约限制的，租约期内的租金宜采用租约所确定的租金，租约期外的租金应当采用正常客观的租金，并在评估报告中恰当披露租约情况。

3. 客观总费用

总费用是指取得该收益所必需的各项支出，如维修费、管理费等。总费用也就是为创造总收益所必须投入的正常支出。总费用也应该是客观费用。

总费用所应包含的项目，随被估房地产的状态不同而有所区别。用来求取房地产净收益的房地产总费用通常包括：管理费、维修费、保险费、税金等，而折旧费、债务及利息支付、与经营无关的特殊成本等，一般不作为费用扣除。

(二) 资本化率

资本化率又称还原利率，它是决定评估价值最关键的因素。这是因为，评估价值对资本化率最为敏感。资本化率的每个微小变动，都会使评估价值发生显著改变。由于确定资本化率是一项复杂的、精度要求高的工作，所以运用收益法的评估人员必须具有较高的评估水平和丰富的经验。

1. 资本化率的实质

收益性房地产的购买实际上是一种投资行为。资本化率在一定程度上反映了投资收益率。因此，资本化率的大小与投资风险的大小呈正相关的关系。投资风险越大，期望利润率越高；投资风险越小，期望利润率越低。收益性房地产的交易之所以能够达成，是因为投资于房地产的回报率与投资于其他具有同等风险的项目的回报率相当。一般来说，银行存款的风险很小，因而存款利息率较低，资本化率几乎都要比银行存款利率高。对投资行为来说，几乎所有的投资都存在着不同程度的风险。资本化率越高，意味着投资风险越大，在净收益不变的情况下，房地产价值越低。处于不同用途、不同区位、不同交易时间的房地产，投资风险也各不相同，因此，资本化率也各不相同。

2. 求取资本化率的方法

（1）净收益与售价比率法。评估人员收集市场上近期交易的与被评估房地产相同或相近似的房地产的净收益、价格等资料，反算出它们各自的资本化率。这种方法运用的基础是房地产商品的替代性。选取的交易案例均来自市场，能直接地反映出市场供求状况，因此，反算出来的资本化率基本上能够反映投资于该房地产的利润率。此时求得的各资本化率是用实际收益与房地产价格之比求出来的，可以通过选取多个案例的资本化率取平均值的办法来消除各种偶然因素的影响。具体可以根据实际情况，采取简单算术平均值或加权算术平均值。这种方法要求房地产市场发育比较充分、交易案例比较多。评估人员必须拥有充裕的资料，并尽可能采用与被评估房地产情况接近的资料作为参照。

（2）资本资产定价模型。根据该模型，资本化率等于无风险利率加风险报酬率，计算公式为：

$$r = r_f + \beta(r_m - r_f)$$

式中：r——折现率；r_f——无风险利率；β——投资于被评估房地产的不可分散风险（即系统性风险）系数；r_m——社会投资平均报酬率或市场利率。

无风险利率一般选用同一时期的1年期国债年利率或中国人民银行公布的1年期定期存款利率。β根据评估对象所在地区的经济趋势、评估对象的用途等确定。β大于1，说明该投资的风险高于社会投资的平均风险（即系统性风险），β等于或小于1，说明该投资的风险等于或小于社会投资的平均风险。仅从用途角度而言，商业零售用房、写字楼、住宅、工业用房的投资风险依次降低，β值也依次下降。β值通常可以通过统计数据估算出来。

3. 资本化率的种类

（1）综合资本化率。综合资本化率是将土地和附着于其上的建筑物看作一个整体评估所采用的资本化率。这时评估的是房地产整体的价值，采用的净收益也是房地合一的净收益。

（2）建筑物资本化率。建筑物资本化率用于评估建筑物的自身价值。这时采用的净收益是建筑物自身所产生的净收益，把房地产整体收益中的土地净收益排除在外。

（3）土地资本化率。土地资本化率用于求取土地自身的价值。这时采用的净收益是土地自身的净收益，把房地产整体收益中的建筑物净收益排除在外。

综合资本化率、建筑物资本化率和土地资本化率的关系，可用公式表示为：

$$r = \frac{r_l \times L + r_b \times B}{L + B}$$

或

$$r_l = \frac{r \times (L + B) - r_b \times B}{L}$$

或

$$r_b = \frac{r \times (L + B) - r_l \times B}{B}$$

式中：r——综合资本化率；r_l——土地资本化率；r_b——建筑物资本化率；L——土地价值；B——建筑物价值。

三、收益法在房地产评估中的基本模式

运用收益法，只要待估对象具有连续的、可预测的净收益，就可以评估其价值。其可以评估单独的土地价值，也可以评估单独的地上建筑物价值，还可以评估房地合在一起的房地产价值。下面在假设年收益不变，收益年期为永续的条件下，给出收益法在房地产评估中针对不同评估对象的基本模式。

（一）评估房地合在一起的房地产价值

$$房地产价值=\frac{房地产净收益}{综合资本化率}$$

式中：房地产净收益＝房地产总收益－房地产总费用

房地产总费用＝管理费＋维修费＋保险费＋税金

（二）单独评估土地的价值

（1）由土地收益评估土地价值，一般适用于空地出租的情况。

$$土地价值=\frac{土地净收益}{土地资本化率}$$

式中：土地净收益＝土地总收益－土地总费用

土地总费用＝管理费＋维护费＋税金

（2）由房地产收益评估土地价值。

$$土地价值=房地产价值-建筑物现值$$

式中：建筑物现值＝建筑物重置价－年贬值额×已使用年数

$$年贬值额=\frac{建筑物重置价-残值}{耐用年限}=\frac{建筑物重置价\times(1-残值率)}{耐用年限}$$

$$土地价值=\frac{房地产净收益-建筑物净收益}{土地资本化率}$$

式中：建筑物净收益＝建筑物现值×建筑物资本化率

房地产价值和房地产净收益的求法与前面相同。

（三）单独评估建筑物的价值

（1）建筑物价值＝房地产价值－土地价值

（2）$建筑物价值=\frac{房地产净收益-土地净收益}{建筑物资本化率}$

【例 4-1】 某房地产开发公司于 2016 年 3 月以有偿出让方式取得一块土地 50 年使用权，并于 2018 年 3 月在此地块上建成一座砖混结构的写字楼，当时造价为每平方米 2 000 元，经济耐用年限为 55 年，残值率为 2%。目前，该类建筑重置价格为每平方米 2 500 元。该建筑物占地面积 500 平方米，建筑面积为 900 平方米，现用于出租，每月平均实收租金为 3 万元。另据调查，当地同类写字楼出租租金一般为每月每建筑平方米 50 元，空置率为 10%，每年需要支付的管理费为年租金的 3.5%，维修费为建筑重置价格的 1.5%，土地使用税及房产税合计为每建筑平方米 20 元，保险费为重置价的 0.2%，土地资本化率为 7%，建筑物资本化率为 8%。假设土地使用权出让年限届满，土地使用权及地上建筑物由国家无偿收回。根据以上资料评估该宗土地 2022 年 3 月的土地使用权价值。

（1）选定评估方法：该宗房地产有经济收益，适宜采用收益法。

（2）计算总收益：总收益应该为客观收益，而不是实际收益。

$$年总收益 = 50 \times 12 \times 900 \times (1 - 10\%) = 486\ 000(元)$$

（3）计算总费用：

① 年管理费＝486 000×3.5%＝17 010（元）

② 年维修费＝2 500×900×1.5%＝33 750（元）

③ 年税金＝20×900＝18 000（元）

④ 年保险费＝2500×900×0.2%＝4 500（元）

年总费用＝①＋②＋③＋④＝17 010＋33 750＋18 000＋4 500＝73 260（元）

（4）计算房地产净收益：

$$年房地产净收益 = 年总收益 - 年总费用 = 486\ 000 - 73\ 260 = 412\ 740(元)$$

（5）计算房屋净收益。

① 计算年贬值额。年贬值额本来是应该根据房屋的耐用年限而确定，但是，在本例中，土地使用年限小于房屋耐用年限，根据《城市房地产管理法》第二十二条规定，土地使用权出让年限届满，土地使用权由国家无偿收回。这样，房屋的重置价必须在可使用期限内全部收回。因此，房地产使用者可使用的年限为50－2＝48年，并且不计算残值。本例中，房地产使用权年期届满，地上建筑物一并由政府无偿收回。

$$年贬值额 = 建筑物重置价 \div 使用年限 = (2\ 500 \times 900) \div 48 = 46\ 875(元)$$

② 计算房屋现值。

$$\begin{aligned}房屋现值 = 房屋重置价 - 年贬值额 \times 已使用年数 &= 2\ 500 \times 900 - 46\ 875 \times 4 \\ &= 2\ 062\ 500(元)\end{aligned}$$

③ 计算房屋净收益（房屋收益年期为44年）。

$$房屋净收益 = 2\ 062\ 500 \div (P/A,\ 8\%,\ 44) = 170\ 778(元)$$

（6）计算土地年净收益。

$$\begin{aligned}土地年净收益 = 年房地产净收益 - 房屋年净收益 &= 412\ 740 - 170\ 778 \\ &= 241\ 962(元)\end{aligned}$$

（7）计算土地使用权价值。

$$土地使用权在2022年3月的剩余使用年期 = 50 - 6 = 44(年)$$

$$土地价值 = 241\ 962 \times (P/A,\ 7\%,\ 44) = 3\ 280\ 499(元)$$

$$单价 = 3\ 280\ 499 \div 500 = 6\ 561(元/平方米)$$

第三节 市场法在房地产评估中的应用

一、市场法在房地产评估中的对象及适用范围

市场法是指在评估房地产价值时，用条件相类似的已成交（包括买卖、租赁等）的房地产与待评估房地产相比较，以此推出待评估房地产评估价值的方法。

市场法是房地产评估方法中最常用的基本方法之一，又称买卖实例比较法、交易实例比

较法、市场比较法、市场资料比较法、现行市价法等。市场法的理论依据是经济学中的替代原理。若经济主体是以追求经济效益最大化为目的,即以一定费用获取最大利润或以最小成本获取同等利润,那么,在选择房地产时,对效用相同的房地产,必定选择价格最低的;对价格相同的房地产,必定选择效用最大的,这种经济主体的选择行为,导致了效用相同的房地产之间产生替代作用。即在一个完全竞争的市场上,两个以上具有替代关系的房地产通过相互竞争,最终会使它们的价格趋于一致。依此原理,就可以用与待评估房地产类似的已成交房地产的价格为参照,求得待评估房地产的价值。

市场法在房地产评估中的对象一般为房地合在一起的房地产。

房地产评估中市场法比收益法适用范围要广,只要有适合的类似房地产交易实例即可应用,不仅适用于以收益为目的的土地和房地产,也适用于以非收益为目的的土地和房地产,如住宅、写字楼等房地产,荒地、交通用地等。

在同一地区或同一供求范围内的类似地区中,与被评估房地产相类似的房地产交易越多,市场法应用就越有效。因此,它适用于能收集到大量房地产市场交易资料的发育完善的房地产市场。而在房地产市场不发达或交易规模狭小,不能收集到一定数量的交易案例和相关资料的情况下,市场法应用就受到限制,甚至难以采用。例如,下列情况市场法往往难以适用:

(1) 没有发生房地产交易或在房地产交易发生较少的地区。

(2) 某些类型很少见的房地产或交易实例很少的房地产,如古建筑等。

(3) 很难成为交易对象的房地产,如教堂、寺庙等。

(4) 风景名胜区土地。

(5) 图书馆、体育馆、学校用地等。

二、市场法的基本计算公式

市场法就是通过与近期交易的类似房地产进行比较,并对一系列因素进行修正,而得到被估房地产在评估基准日的市场状况下的价格水平,这些因素主要有交易情况因素、交易日期因素以及房地产状况因素三类。通过交易情况因素修正,将可比交易实例修正为正常交易情况下的价格;通过交易日期因素修正,将可比交易实例价格修正为评估基准日下的价格;通过房地产状况因素修正,将可比交易实例价格修正为被评估对象房地产状况下的价格。房地产状况修正可以分为区位状况修正、权益状况修正和实物状况修正。这些因素还可以进一步细分为若干因素修正。其中,交易情况、交易日期和房地产状况这三个因素的影响力较大,情况特殊,可以拿出来单独进行修正。

市场法的基本计算公式为:

$$P = P' \times A \times B \times C$$

式中:P——被评估房地产的评估价值;P'——可比交易实例价值;A——交易情况修正系数;B——交易日期修正系数;C——房地产状况修正系数。

在实际评估工作中,其计算公式为:

$$P = P' \times A \times B \times C = P' \times \frac{100}{(\quad)} \times \frac{(\quad)}{100} \times \frac{100}{(\quad)}$$

式中字符含义同前，具体内容为：

$$A=\frac{100}{(\quad)}=\frac{\text{正常交易情况指数}}{\text{可比实例交易情况指数}}$$

$$B=\frac{(\quad)}{100}=\frac{\text{评估基准日价格指数}}{\text{可比实例交易日价格指数}}$$

$$C=\frac{100}{(\quad)}=\frac{\text{评估对象房地产状况指数}}{\text{可比实例房地产状况指数}}$$

在上列各式中，交易情况修正系数 A 中的分子 100 表示以正常交易情况下的价格为基准，而确定可比实例交易情况的价格修正参数；交易日期修正系数 B 中的分母 100 表示以可比实例交易时的价格指数为基准，而确定评估基准日的价格指数；房地产状况修正系数 C 中的分子 100 表示以待估对象房地产状况为基准，而确定可比实例房地产状况的修正系数。

市场法的计算公式也可以为：

$$P=P'\times A\times B\times C=P'\times\frac{100}{(\quad)}\times\frac{(\quad)}{100}\times\frac{100}{(\quad)}$$

在上式中，P'、A、B 的含义同前，C 为以可比实例的房地产状况为基准即 100，而确定被评估对象房地产状况的修正系数。

如果区域、土地容积率、土地使用年期单独修正，则计算公式为：

$$P=P'\times A\times B\times C\times\text{区域修正系数}\times\text{容积率修正系数}\times\text{土地使用年期修正系数}$$

三、市场法评估房地产的基本步骤

运用市场法评估房地产价值，一般经过下列程序：收集交易资料，确定可比交易案例，对交易情况、交易日期、房地产状况等进行修正，确定房地产价值。房地产状况因素修正中的区域、土地容积率和土地使用年期这三项因素比较重要，一般单独列出。以下是对操作步骤的具体介绍。

（一）收集交易资料

运用市场法评估房地产价值，必须有充足的交易资料，这是市场法运用的基础和前提条件。只有拥有大量真实的交易实例，才能把握市场行情，才能运用市场法评估出房地产的合理价值。评估人员必须注意日积月累，在平时就要时刻关注房地产市场变化，随时收集有关房地产交易实例，建立交易实例库。收集交易实例的信息一般包括如下内容：

（1）交易实例的基本情况。主要有名称、坐落、面积、用途、产权状况、土地形状、土地使用期限、建筑物建成日期、建筑结构、周围环境等。

（2）成交日期。

（3）成交价格。成交价格包括总价、单价和计价方式。

（4）付款方式。

（5）交易情况。主要有交易目的、交易方式、交易税费负担方式、交易人之间的特殊利害关系、特殊交易动机等。

(二) 确定可比交易案例

在进行一宗房地产价值评估时，需要针对被评估房地产的特点，从平时收集的众多房地产交易实例中选择符合一定条件的交易实例作为提供比较参照的交易实例。可比实例选择是否适当，直接影响运用比较法评估的结果精度，因此对可比实例的选择应特别慎重。可比交易实例应符合下列条件：

(1) 选取可比交易的数量一般在3个或3个以上。

(2) 与被评估的房地产处于同一供求圈内。

(3) 与被评估的房地产用途相同。用途相同主要指大类用途相同，若能做到小类用途相同则更好。大类用途分为商业、工业、住宅等。

(4) 与被评估的房地产在建筑结构、规模、档次、权利性质等方面相同或相似。

(5) 可比交易实例的交易日期与评估基准日接近。一般来说，交易实例的交易日期与被评估房地产评估基准日越接近，价格越可靠。如果房地产市场相对稳定，交易实例的交易日期与评估基准日的间隔时间可长一些。

(6) 可比交易实例的成交价格为正常交易价格或能修正为正常交易价格。正常交易是指交易公开、平等、自愿，其所形成的交易价格是对市场行情的反映。

(7) 与被评估的房地产的交易类型相同。交易类型指买卖、租赁、出让、抵押等形式。

(三) 因素修正

因素修正包括：交易情况修正、交易日期修正、房地产状况修正等。

1. 交易情况修正

在房地产市场上，房地产价格的形成往往具有个别性，因此运用市场法进行房地产评估，需要对选取的交易实例进行交易情况修正，将交易中由于个别因素所产生的价格偏差予以剔除。造成成交价格偏离正常市场价格的主要因素有如下几个。

(1) 有特殊利害关系的经济主体间的交易，如亲友之间、有利害关系的公司之间、公司与本单位职工之间，通常都会以低于市价的价格进行交易。

(2) 交易时有特别的动机，这方面以急于出售或急于购买最为典型。例如，有人为了扩大经营面积，收购邻近的建设用地，往往会使交易价格抬高。

(3) 买方或卖方不了解市场行情，往往使房地产交易价格偏高或偏低。如果买方不了解市场行情，盲目购买，成交价格往往偏高；相反，如果卖方不了解市场行情，盲目出售，成交价格往往偏低。

(4) 特殊的交易方式。例如，拍卖、招标等。房地产正常成交价格的形成方式，应是买卖双方经过充分讨价还价的协议方式。拍卖、招标方式容易受现场气氛、情绪的影响而使成交价格失常。

(5) 其他特殊交易的情形。例如，契税本应由买方负担，却转嫁给了卖方。

分析了交易情况的特殊性，就要将特殊情况的交易修正到正常交易。上述第(5)种情况，可直接计算。但对于其他一些交易情况，要测定其交易价格与正常价格发生偏差的程度，则需经分析后量化处理。这时评估师对市场的了解以及丰富的评估经验就显得至关重要。

通过交易情况修正，即将可比实例价格修正为正常交易情况下的价格。其计算公式为：

$$\text{交易情况修正后的正常价格} = \text{可比实例价格} \times \frac{\text{正常交易情况指数}}{\text{可比实例交易情况指数}} = P' \times \frac{100}{(\quad)}$$

如果可比实例交易时的价格低于正常情况下的交易价格，则分母小于100；反之，则大于100。

2. 交易日期修正

交易实例的交易日期与待评估房地产的评估基准日往往有一段时间差。在这一期间，房地产市场可能不断发生变化，房地产价格可能上涨或下跌。因此，需要根据房地产价格的变动率，将交易实例房地产价格修正为评估基准日的房地产价格，这就是交易日期修正。

房地产价格的变动率一般用房地产价格指数来表示。利用价格指数进行交易日期修正的公式为：

$$\text{评估基准日价格} = \text{可比实例价格} \times \frac{\text{评估基准日价格指数}}{\text{可比实例交易日价格指数}} = P' \times \frac{(\quad)}{100}$$

【例 4-2】 现选取一可比房地产实例，成交价格为 6 000 元/平方米，成交日期为 2020 年 7 月。假设 2020 年 1 月至 2021 年 7 月，该类房地产价格每月比上月上涨 1%；2021 年 7 月至 2022 年 1 月，该类房地产价格每月比上月下降 0.2%。试计算对该可比实例进行交易日期修正后，2022 年 1 月的房地产价格。

$$P = 6\,000 \times (1+1\%)^{12} \times (1-0.2\%)^{6} = 6\,000 \times 1.127 \times 0.988 = 6\,681(\text{元}/\text{平方米})$$

3. 房地产状况修正

对交易实例进行交易情况修正和交易日期修正后，还需要对交易实例进行房地产状况修正。交易实例房地产与被评估房地产的状况不相同的，应将交易实例房地产状况与被评估房地产状况加以比较，找出由于房地产状况的差别而引起的交易实例房地产与待评估房地产价格的差异，对交易实例房地产价格进行修正。

1) 区域因素修正

区域因素是房地产一定范围内外部环境对房地产价格产生影响的因素。区域因素修正的内容，主要包括交通通达程度、繁华程度、小区配套设施、环境污染、噪声、景观、城市规划等影响房地产价格的因素。由于使用性质不同，影响房地产价格的区域因素也不同，如商业区注重繁华程度、工业区重视交通运输、住宅区注重安全舒适、农业区重视土地肥沃程度等。房地产区域因素修正的内容视工业用地、商业用地和住宅用地等土地类型而具体确定。

进行区域因素修正通常采用因素评定法，即对不同的因素，根据其影响程度分别设定不同权重的标准分值，然后将交易实例或待评估房地产与设定的标准房地产比较、打分，最后将各自的总分作为它们的区域因素指数代入公式确定区域因素修正率。在实际比较中，可以采用直接比较法和间接比较法。直接比较法是以待评估房地产的区域因素为基准，交易实例的区域因素分别与它比较打分，然后将所得分数作为修正价格的系数。间接比较法是确定一个标准的区域因素，以此标准的区域因素为基准，交易实例和待评估房地产的区域因素均与它逐项比较打分，然后将所得分数作为修正价格的系数。其计算公式为：

$$\text{经区域因素修正后的价格} = \text{可比实例价格} \times \frac{\text{被评估房地产区域因素得分}}{\text{交易实例区域因素得分}}$$

【例 4-3】 现需对某房地产评估其价值，特选取 A、B 两项交易实例，交易价格分别为 3 000 元/平方米和 3 500 元/平方米。拟分别采用直接比较法和间接比较法对区域因素进行修正，打分情况如表 4-1 和表 4-2 所示。试用上述两种方法计算待评估房地产的价值。

表 4-1 区域因素修正(直接比较法)

区域因素	被估房地产	交易实例 A	交易实例 B
交通情况	25	26	26
城市规划	25	22	28
商服繁华程度	25	23	27
综合环境	25	24	25
总分值	100	95	106

表 4-2 区域因素修正(间接比较法)

区域因素	标准房地产	被估房地产	交易实例 A	交易实例 B
交通情况	25	23	24	24
城市规划	25	23	20	25
商服繁华程度	25	24	23	28
综合环境	25	21	20	21
总分值	100	91	87	98

(1) 使用直接比较法计算待评估房地产的价值。

$$交易实例A区域修正系数=\frac{100}{95}=1.05$$

$$交易实例B区域修正系数=\frac{100}{106}=0.94$$

根据交易实例 A,得:待评估房地产的价值 $=3\,000\times1.05=3\,150$(元/平方米)。

根据交易实例 B,得:待评估房地产的价值 $=3\,500\times0.94=3\,290$(元/平方米)。

(2) 使用间接比较法计算待评估房地产的价值。

$$交易实例A区域修正系数=\frac{91}{87}=1.05$$

$$交易实例B区域修正系数=\frac{91}{98}=0.93$$

根据交易实例 A,得:待评估房地产的价值 $=3\,000\times1.05=3\,150$(元/平方米)。

根据交易实例 B,得:待评估房地产的价值 $=3\,500\times0.93=3\,255$(元/平方米)。

2) 容积率修正

容积率与地价并非呈线性关系,需根据具体区域的情况具体分析。容积率修正的计算公式为:

$$经容积率修正后的价格=可比实例价格\times\frac{待估宗地容积率修正系数}{可比实例容积率修正系数}$$

【例 4-4】 某城市某用途土地容积率修正系数如表 4-3 所示。

表 4-3 容积率修正系数表

容积率	0.1	0.4	0.7	1.0	1.1	1.3	1.7	2.0	2.1	2.5
修正系数	0.5	0.6	0.8	1.0	1.1	1.2	1.6	1.8	1.9	2.1

如果确定比较案例宗地地价每平方米为800元，容积率为2.1，被评估宗地规划容积率为1.7，求被评估宗地的地价。

$$被评估宗地的地价 = 800 \times \frac{1.6}{1.9} = 674(元/平方米)$$

3）土地使用年期修正

我国实行有限年期的土地使用权有偿使用制度，土地使用年期的长短。直接影响到土地收益的多少。土地的年收益确定以后，土地的使用期限越长，土地的总收益就越多，土地利用效益也越高，土地的价格也会因此提高。通过土地使用年期修正，可以消除由于使用期限不同而对房地产价格造成的影响。土地使用年期修正系数的计算公式为：

$$土地使用年期修正后的地价 = 可比实例成交价 \times \frac{(P/A,\ r,\ m)}{(P/A,\ r,\ n)}$$

式中：r——资本化率；m——被估对象的使用年期；n——可比实例的使用年期。

【例4-5】 若选择的比较案例成交地价为每平方米1 000元，对应土地使用年期为30年，而待估宗地出让年期为20年，土地资本化率为8%，求土地年期修正后的地价。

$$土地年期修正后的地价 = 1\,000 \times \frac{(P/A,\ 8\%,\ 20)}{(P/A,\ 8\%,\ 30)} = 872(元/平方米)$$

（四）确定房地产价值

经过上述的交易情况修正、交易日期修正、房地产状况修正等就可得到在评估基准日的待估房地产的若干个价格。如果交易实例选取5个，就可能有5个价格。通过计算公式求取的若干个价格可能不完全一致，而被评估的房地产的价值却只能有一个。求取最终的房地产价值可采用统计学方法，例如简单算术平均数法、加权算术平均法、众数法、中位数法等。

【例4-6】 某待评估宗地为商业用途的空地，面积1 000平方米，要求评估其2022年12月的市场价格。评估人员收集A、B、C三个交易实例，有关情况如表4-4所示。

表4-4　交易实例情况表

项　目	交易实例A	交易实例B	交易实例C	待估宗地
土地类型	熟地	熟地	熟地	熟地
用途性质	商业	商业	商业	商业
坐落位置	A路	B路	C路	D路
剩余使用年限(年)	35	30	35	30
交易方式	转让	转让	转让	转让
交易日期	2022年3月	2022年8月	2022年1月	2022年12月
容积率	1.0	1.6	1.4	1.2
面积(平方米)	1 500	1 200	1 100	1 000
交易单价(元/平方米)	1 200	1 300	1 500	—

(1) 交易情况修正。交易情况的判断是以正常交易情况为基础，评估人员经过调查，了解到交易实例A、C均为正常交易，交易实例B为非正常交易，价格比正常价格偏低5%。

$$交易实例A交易情况修正系数 = \frac{100}{100}$$

$$交易实例B交易情况修正系数 = \frac{100}{95}$$

$$交易实例C交易情况修正系数 = \frac{100}{100}$$

(2) 交易日期修正。该类用途的宗地 2022 年价格指数如表 4-5 所示。

表 4-5 商业用途宗地 2022 年价格指数

月 份	1	2	3	4	5	6	7	8	9	10	11	12
价格指数	100	101	99	98	100	99	98	95	96	97	101	102

$$交易实例 A 交易日期修正系数 = \frac{102}{99}$$

$$交易实例 B 交易日期修正系数 = \frac{102}{95}$$

$$交易实例 C 交易日期修正系数 = \frac{102}{100}$$

(3) 区域因素修正。以待估宗地为标准地产，将交易实例 A、B、C 分别与待估地产进行比较、打分，结果如表 4-6 所示。

表 4-6 区域因素修正表(直接比较法)

区域因素	被估宗地	交易实例 A	交易实例 B	交易实例 C
商服繁华程度	20	25	24	28
道路通达程度	20	19	21	23
交通便捷度	20	21	18	21
综合环境	20	20	18	20
规划因素	20	15	13	17
总分值	100	100	94	109

$$交易实例 A 区域修正系数 = \frac{100}{100}$$

$$交易实例 B 区域修正系数 = \frac{100}{94}$$

$$交易实例 C 区域修正系数 = \frac{100}{109}$$

(4) 容积率修正。容积率与地价的关系并非线性关系，需要根据具体区域的具体情况进行具体分析。待估宗地与交易实例所在城市商业用途土地容积率修正系数如表 4-7 所示。

表 4-7 当地商业用途土地容积率修正系数

容积率	1.0	1.2	1.4	1.6	1.8	2.5	3.0
修正系数	1.0	1.1	1.2	1.3	1.4	1.6	1.8

$$交易实例 A 容积率修正系数 = \frac{1.1}{1.0}$$

$$交易实例 B 容积率修正系数 = \frac{1.1}{1.3}$$

$$交易实例 C 容积率修正系数 = \frac{1.1}{1.2}$$

(5) 土地使用年期修正。土地资本化率为 8%。

$$交易实例A土地使用年期修正系数 = \frac{(P/A，8\%，30)}{(P/A，8\%，35)} = \frac{11.258}{11.655}$$

$$交易实例B土地使用年期修正系数 = \frac{(P/A，8\%，30)}{(P/A，8\%，30)} = 1$$

$$交易实例C土地使用年期修正系数 = \frac{(P/A，8\%，30)}{(P/A，8\%，35)} = \frac{11.258}{11.655}$$

(6) 个别因素修正。房地产状况除了容积率和土地使用年期外，还包括面积、形状、地质、临街深度等因素。交易实例与待估宗地除了面积以外，其他方面均相同。由于待评估宗地面积小于3个交易实例的面积，对于商业用地而言，面积大更便于充分利用。评估人员经分析确定，面积因素使得交易实例A、B、C的价格比待评估宗地分别高出5%、2%和1%。

$$交易实例A个别因素修正系数 = \frac{100}{105}$$

$$交易实例B个别因素修正系数 = \frac{100}{102}$$

$$交易实例C个别因素修正系数 = \frac{100}{101}$$

(7) 确定待评估宗地价格。按照交易实例A计算的待评估宗地的价值：

$$1\ 200 \times \frac{100}{100} \times \frac{102}{99} \times \frac{100}{100} \times \frac{1.1}{1.0} \times \frac{11.258}{11.655} \times \frac{100}{105} = 1\ 251(元/平方米)$$

按照交易实例B计算的待评估宗地的价值：

$$1\ 300 \times \frac{100}{95} \times \frac{102}{95} \times \frac{100}{94} \times \frac{1.1}{1.3} \times 1 \times \frac{100}{102} = 1\ 297(元/平方米)$$

按照交易实例C计算的待评估宗地的价值：

$$1\ 500 \times \frac{100}{100} \times \frac{102}{100} \times \frac{100}{109} \times \frac{1.1}{1.2} \times \frac{11.258}{11.655} \times \frac{100}{101} = 1\ 231(元/平方米)$$

$$待评估宗地的评估单价 = \frac{1\ 251 + 1\ 297 + 1\ 231}{3} = 1\ 260(元/平方米)$$

$$待评估宗地总价 = 1\ 260 \times 1\ 000 = 1\ 260\ 000(元/平方米)$$

第四节 成本法在房地产评估中的应用

一、成本法在房地产评估中的对象及适用范围

成本法是房地产评估的基本方法之一，是以重置一宗与被估房地产可以产生同等效用的房地产，所需投入的各项费用之和为依据，再加上一定的利润和应纳税金来确定被估房地产价值。该方法认为生产成本与价格之间有着密切联系。

根据经济学的基本原理，对于精明的需求方而言，如果市场上的房地产价格高于在当时的市场条件下开发同类房地产的成本，那么他将放弃从市场上直接购买的想法而自行开发建造。同样对供给方来说，如果开发出的房地产商品，其销售收入不能回收其建造成本并获得正常利润，也不会接受这一价格。因此，房地产开发的社会成本分别是需求方愿意支付价格的上限和供给方愿意接受价格的下限，从而开发成本是供需双方都能够接受的价格。

成本法一般适用于房地产市场发育不成熟，成交实例不多，无法利用市场法、收益法等方法进行评估和特殊性较大的房地产，具体可分为以下几种情况：

(1) 由于房地产市场狭小，没有交易实例或交易实例很少，或由于新开发地区形成独立的地域环境而无法运用市场法或收益法进行评估时，可采用成本法进行评估。

(2) 既无收益又很少有交易情况的公共建筑、公共设施的评估，如政府办公楼、学校、医院、图书馆、军队营房、机场、博物馆、纪念馆、公园。

(3) 特殊房地产，如寺庙、教堂、桥梁、涵洞等。

(4) 抵押贷款、拍卖的房地产"底价"和拆迁房地产补偿等特殊房地产评估可采用成本法。

(5) 新近开发的土地，如填海造地和开发区土地等。

二、土地价值的成本法评估

用成本法评估地价必须分析地价中的成本因素。土地作为一种稀缺的自然物，即便未经开发，由于土地所有权的垄断，使用土地也必须支付地租。同时，由于开发土地投入的资本及利息也构成地租的一部分，因此，成本法的基本公式为：

土地价值 = 待开发土地取得费 + 土地开发费 + 利息 + 利润 + 税费 + 土地增值收益

用成本法评估土地价格的程序一般为：计算待开发土地取得费用，计算土地开发费用，计算投资利息，计算投资利润和税费，确定土地增值收益，测算土地使用权价值。

(一) 计算待开发土地取得费用

土地取得费用是为取得土地而向原土地使用者支付的费用，可分为以下两种情况：

(1) 国家征收集体土地而支付给集体土地所有者的费用，包括土地补偿费、地上附着物和青苗补偿费及安置补助费等。一般认为，土地补偿费中包含一定的级差地租。地上附着物和青苗补偿费是对被征地单位已投入土地而未收回的资金的补偿，类似地租中所包含的投资补偿部分。安置补助费是为保证被征地农业人口在失去其生产资料后的生活水平不致降低而设立的，因而也可以看作具有从被征土地未来产生的增值收益中提取部分作为补偿的含义。

(2) 为取得已利用城市土地而向原土地使用者支付的拆迁补偿费用，这是对原城市土地使用者在经济上的补偿，补偿标准各地有具体规定。

(二) 计算土地开发费用

一般来说，土地开发费用涉及基础设施配套费、公共事业建设配套费和小区开发配套费。

(1) 基础设施配套费。对于基础设施配套常常概括为"三通一平"和"七通一平"。"三通一平"是指通水、通路、通电、平整地面。"七通一平"是指通上水、通下水、通路、通电、通讯、通气、通热，平整地面。

(2) 公共事业建设配套费。其主要是指邮电、图书馆、学校、公园、绿地等设施的费用，这些费用与项目大小、用地规模有关，各地区应根据实际情况加以确定。

(3) 小区开发配套费。这项费用同公共事业建设配套费类似，其根据各地用地情况确定合理的项目标准。

（三）计算投资利息

投资利息就是资金的时间价值。土地从取得到开发完成需要一定的时间周期，当土地取得费和土地开发费通过贷款方式获得时，投资者需要负担贷款利息。在土地评估中，利息应计入成本，投资者利用自有资金投入，也可以看作损失了利息，从这个意义上来看，也属于投资机会成本，也应计入成本。计算利息时要注意利息的计息方式、计息基数、计息期和利率。土地价格评估时，利息一般按复利计算。

在采用成本法评估土地价格时，投资包括土地取得费和土地开发费两大部分。由于这两部分资金的投入时间和占用时间不同，因此计息期也各不相同。一般土地取得费应在取得土地时全部付清，在开发完成销售后方能收回，因此计息期应为整个开发期和销售期。而土地开发费在开发过程中逐步投入，销售后收回，若土地开发费是均匀投入的，则计息期为开发期的一半。

1. 土地取得费的利息的计算

【例 4-7】 某块土地开发项目取得土地的费用和该阶段的税费共计 500 万元，取得土地后即开始动工，将土地开发后转让，开发期为 3 年，同期银行贷款利率为 7%，计算土地取得费用的利息。

$$土地取得费用的利息 = 500\times[(1+7\%)^3-1] = 112.52(万元)$$

2. 土地开发费利息计算根据投资情况不同计算方法也不同

（1）开发费用在整个开发期内均匀投入。为了计算方便，可以看作是将全部投资集中在开发期的中间时点一次性投入，计息期为开发期的一半，而不是将投资分散在开发期各个时点分别计算。

【例 4-8】 某项目开发费用总投资为 1 000 万元，开发期为 3 年，在 3 年内均匀投入，同期银行贷款利率为 7%，计算土地开发费用利息。

$$土地开发费的利息 = 1\,000\times[(1+7\%)^{1.5}-1] = 106.82(万元)$$

（2）开发费用在开发期内分阶段均匀投入，各期投入的资金分别计算利息。

【例 4-9】 某项目开发费用总投资为 1 000 万元，开发期为 2 年，在第 1 年均匀投入总投资的 70%，在第 2 年均匀投入剩余的 30%，同期银行贷款利率为 7%，计算土地开发费用利息。

$$\begin{aligned}土地开发费的利息 &= 1\,000\times70\%\times[(1+7\%)^{1.5}-1]+1\,000\times30\%\times[(1+7\%)^{0.5}-1]\\ &= 85.10(万元)\end{aligned}$$

将土地取得费用和开发费用汇总求和就可得到项目总的投资利息，以[例 4-7]和[例 4-9]为例，项目总利息＝112.52＋85.10＝197.62(万元)

（四）计算投资利润和税费

利润计算的关键是确定利润率或投资回报率。利润率计算的基数可以是土地取得费和土地开发费，也可以是开发后土地的地价。计算时，要注意所用利润率的内涵。

税费是指土地取得和开发过程中所必须支付的税负和费用，包括城市维护建设税、教育费附加、土地增值税等。

（五）确定土地增值收益

土地增值收益主要是由于土地的用途改变或土地功能变化而引起的。由农地转变为建设用地，新用途的土地收益将远高于原用途土地，必然会带来土地增值收益，这种增值是政府规划允许改变土地用途所带来的。如果土地的性能发生了变化，提高了土地的经济价值，也能使土地收益能力增加。这种增加的收益，总体上是由土地发展权带来的，应该在土地所有者、土地投资者和土地使用者之间合理分配。土地增值率的大小可以根据样点地价的测算结果，参考前几年的出让、转让和估价资料来确定，目前土地增值收益率通常为10%～25%。

【例 4-10】 某市经济技术开发区内有一块土地面积为 15 000 平方米，该地块的土地征地费用(含安置、拆迁、青苗补偿费和耕地占用税)为每亩 10 万元，土地开发费为每平方千米 2 亿元，土地开发周期为 2 年，第一年投入资金占总开发费用的 35%，开发商要求的投资回报率为 10%，当地土地出让增值收益率为 15%，银行贷款年利率为 6%，试评估该土地的价值。

(1) 土地取得费＝10(万元/亩)＝150(元/平方米)

(2) 土地开发费＝2(亿元/平方千米)＝200(元/平方米)

(3) 土地取得费的计息期为 2 年，土地开发费为分段均匀投入，则：

$$土地取得费用的利息 = 150 \times [(1+6\%)^2 - 1] = 18.54(元/平方米)$$

$$\begin{aligned}土地开发费的利息 &= 200 \times 35\% \times [(1+6\%)^{1.5} - 1] + 200 \times 65\% \times [(1+6\%)^{0.5} - 1] \\ &= 10.23(元/平方米)\end{aligned}$$

(4) 开发商利润＝(150＋200)×10%＝35(元/平方米)

(5) 土地增值收益＝(150＋200＋18.54＋10.23＋35)×15%＝62.07(元/平方米)

(6) 土地单价＝150＋200＋18.54＋10.23＋35＋62.07＝475.84(元/平方米)

$$土地总价 = 475.84 \times 15\,000 = 7\,137\,600(元)$$

三、新建房地产的成本法评估

新建房地产项目，如果评估基准日为房地产开发建成日，无须考虑折旧，则可直接用开发成本计算。根据房地产从取得土地、安置补偿、前期工程、建设施工直到建成销售的全过程，逐项确定房地产开发过程中发生的分项费用，包括土地征收及拆迁补偿费、前期工程费、基础设施费、建筑安装工程费、配套设施费和管理费用等。

新建房地产成本法评估的基本公式为：

$$新建房地产价值 = 土地取得费 + 开发成本 + 管理费用 + 投资利息 + 销售税费 + 利润$$

(一) 土地取得费用

土地取得的途径有征收、拆迁改造和购买等，根据取得土地的不同途径，分别测算取得土地的费用，主要包括土地使用权出让金或地价款；征用和房屋拆迁安置补偿费用；有关土地取得的手续费及税金。

(二) 开发成本

开发成本是指取得房地产开发用地后进行土地开发和房屋建设所需的直接费用、税金等，从理论上可以将其划分为土地开发成本和建筑物建造成本，主要由五个方面构成：

(1) 勘察设计和前期工程费。其包括临时用地、水、电、路、场地平整费；工程勘察测量及工程设计费；城市规划设计、咨询、可行性研究费、建设工程许可证执照费等。

(2) 基础设施建设费。其包括由开发商承担的红线内外的自来水、雨水、污水、煤气、热力、供电、电信、道路、绿化、环境卫生、照明等设施的建设费用。

(3) 房屋建筑安装工程费。其可假设为开发商取得土地后将建筑工程全部委托给建筑商施工，开发商应当付给建筑商的全部费用。其包括建造房屋及附属工程所发生的土建工程费用和安装工程费用、招投标费、预算审查费、质量监督费、竣工图费等工程附加支出。

(4) 公共配套设施建设费。其包括由开发商支付的非经营性用房等公共配套设施的建设费用，如居委会、派出所、公厕等；附属工程如锅炉房、热力点、变电室、煤气调压站的费用等；文教卫系统如中小学、文化站、门诊部用房的建设费用。而商业网点如粮店、副食店、菜店、小百货店等经营性用房的建设费用应由经营者负担，按规定不计入商品房价格。

(5) 开发过程中的税费及其他间接费用。

(三) 开发利润

开发利润以土地取得费与开发成本之和作为计算基数，并根据市场上开发类似房地产的平均利润率水平确定利润率。

(四) 管理费用

管理费用是为管理和组织房地产开发经营活动所发生的各种费用，包括开办费和开发过程中管理人员的工资及福利费等，评估时通常可按土地取得费与开发成本之和的一定比率测算。

(五) 投资利息

投资利息以土地取得费用和开发成本之和作为计算利息的基数。

(六) 销售税费

销售税费是销售开发完成后的房地产所需的费用，包括以下几个方面：

(1) 销售费用。其包括销售广告宣传费、委托销售代理费等。

(2) 销售税金及附加。其包括城市维护建设税、教育费附加。

(3) 其他销售税费。其包括应当由卖方负担的印花税、交易手续费、产权转移登记费等。

四、旧建筑物的成本法评估

运用成本法评估旧建筑物的价值时，由于建筑物是在过去某一时点建造的，不能采用建筑物原来的建造成本，而应以评估时点的重新建造成本为基础，考虑评估对象的使用和磨损，扣除建筑物的贬值额。旧建筑物价值成本法评估的基本公式为：

$$建筑物价值 = 重置成本 - 年贬值额 \times 已使用年限$$

重置成本是采用新的建筑材料和工艺建造一个与原建筑物功能结构基本相同的建筑物的成本。重置成本应当包括利息、利润和税费等。

贬值是指建筑物的价值减损。这里所指的贬值与会计上的折旧的内涵是不一样的。建筑物的价值减损，一般由两方面因素引起：一是物理化学因素，即因建筑物使用而使建筑物磨损、建筑物自然老化、自然灾害引起的建筑物结构缺损和功能减弱，所有这些因素均导致建筑物价值减损，故这种减损又被称作自然折旧或有形损耗；二是社会经济因素，即由于技术革新、建筑工艺改进或人们观念的变化，引起的建筑设备陈旧落后、设计风格落后，由此导致建筑物价值降低，这种减损称作无形损耗。所以从建筑物重置成本中扣除建筑物损耗，即为建筑物现值，因此确定建筑物贬值额就成为房地产评估中的关键一环。

延伸阅读 4-2

《资产评估准则》中关于建筑物贬值的规定

2017 年 9 月 8 日，中国资产评估协会印发的《资产评估准则——不动产》规定："资产评估专业人员应当综合考虑可能引起不动产贬值的主要因素，估算各种贬值。建筑物的贬值包括实体性贬值、功能性贬值和经济性贬值。确定建筑物的实体性贬值时，通常综合考虑建筑物已使用年限、经济寿命年限和土地使用权剩余年限的影响。确定住宅用途建筑物实体性贬值时，需要考虑土地使用权自动续期的影响。当土地使用权自动续期时，可以根据建筑物的经济寿命年限确定其贬值额。"

计算贬值额的方法有很多种，如直线折旧法、余额递减法、年数总和法、成新率折扣法等。常用的方法是直线折旧法和成新率折扣法。

(1) 直线折旧法又称定额法，其假设建筑物的价值损耗是均匀的，即在耐用年限内每年的贬值额是相等的，则建筑物每年的贬值计算公式为：

$$D=\frac{C-S}{N}=C\times\frac{1-R}{N}$$

式中：D——年贬值额；C——建筑物的重置成本；S——建筑物的净残值，即建筑物在达到耐用年限后的剩余价值扣除旧建筑物拆除、清理等处理费用后所剩余的价值；N——建筑物的耐用年限；R——建筑物的残值率，即建筑物的净残值与重置成本的比率。

各种结构的非生产用房的耐用年限和残值率如表 4-8 所示。

表 4-8 各种结构的非生产性用房的耐用年限和残值率数据

房屋结构	耐用年限(年)	残值率
钢筋混凝土结构	60	0
砖混结构一等	50	2%
砖混结构二等	50	2%
砖木结构一等	40	6%
砖木结构二等	40	4%
砖木结构三等	40	3%
简易结构	10	0

耐用年限用下式计算更为准确：

$$耐用年限=建筑物已使用年限+建筑物尚可使用年限$$

(2) 成新率折扣法是根据建筑物的建成年代、新旧程度、功能损耗等，确定建筑物的成新率，直接求取建筑物的现值。其计算公式为：

$$建筑物价值=重置成本\times成新率$$

【例 4-11】 某建筑物为钢筋混凝土结构，建于 2012 年 12 月，经济寿命为 60 年。经调查测算，现在重新建造全新状态的该建筑物的建造成本为 6 000 万元（建设期为 2 年，假定第一年投入建造成本为 60%，第二年为 40%，均为均匀投入），管理费用为建造成本的 3%，年利息率为 6%，销售税费为 150 万元，开发利润为 900 万元。该建筑物因供暖系统设计不合理造成的功能性贬值为 160 万元，假设残值率为 0。计算该建筑物 2022 年 12 月的评估价值。

（1）计算建筑物的重置成本，包括以下各项：

① 建造成本＝6 000（万元）

② 管理费用＝6 000×3%＝180（万元）

③ 投资利息＝(6 000＋180)×60%×[(1＋6%)$^{1.5}$－1]
＋(6 000＋180)×40%×[(1＋6%)$^{0.5}$－1]
＝338.68＋73.08＝411.76（万元）

④ 建筑物的重置成本＝6 000＋180＋411.76＋150＋900＝7 641.76（万元）

（2）计算建筑物的贬值：

$$被评估建筑物的贬值 = 7\ 641.76 \times \frac{10}{60} = 1\ 273.63(万元)$$

（3）计算建筑物的评估值。该建筑物的功能性贬值为 160 万元，该建筑物利用率较高，不存在闲置的现象，不存在经济性贬值因素：

$$建筑物的评估价值 = 7\ 641.76 - 1\ 273.63 - 160 = 6\ 208.13(万元)$$

第五节　房地产评估的其他方法

一、假设开发法在房地产评估中的应用

假设开发法又称剩余法、倒算法或预期开发法。假设开发法是将被估房地产开发后的预期价值，扣除为建造和销售该房地产所花费的必要成本费用（如建筑成本、利息、税收、销售费用等）以及合理利润后的剩余额，以此作为测算被评估房地产价值的方法。在评估待开发土地价值时，假设开发法运用得较为广泛。

（一）假设开发法的基本思路

假设开发法的理论依据源于地租理论，根据马克思的土地价格理论，"一切地租都是剩余价值，是剩余劳动的产物。"在房地产生产过程中，开发商为了支付使用劳动力、资本等必要的费用和获得自己要求的报酬，必然在房地产价格中扣除所有这些费用，以确定可以为土地支付的最高价格。因此，土地价格就是房地产价格扣除所有开发项目的支出（包括利息、税收）后剩余的部分。

运用该方法评估地价时，首先要估算开发完成后房地产正常交易的价值，然后扣除建筑物建造费用和与建筑物建造、买卖有关的专业费、利息、利润、税收等费用，以价值余额来确定被评估土地价值。

（二）假设开发法的适用范围

假设开发法主要适用于下列房地产的评估：

（1）待开发土地的评估。用开发完成后的房地产价值减去建造费、专业费等。

（2）将生地开发成熟地的土地评估。用开发完成后的熟地价减去土地开发费用。

(3) 待拆迁改造的再开发地产的评估。这时的建筑费还应包括拆迁费用。

假设开发法还可推广用于建筑物经改造后进行销售、对被改造建筑物的评估、在建工程追加投资建成后销售以及对在建工程的评估等。

假设开发法的运用是以有关数据的预测为条件的。土地价格估算的正确与否,直接取决于销售价格、有关成本、税费及利润预测的正确性。其中,预测起着十分重要的作用,为了使预测的数据尽可能地符合实际需要,在运用假设开发法时,必须具备以下几个基本条件:透明、稳定的房地产业政策;完善的房地产法规体系;清晰的、全面的房地产投资与交易的税费清单和稳定的税收政策;完整的、动态的和现代化的房地产信息资料库;公开的、长期的和合理的土地供应计划等。

(三) 假设开发法基本公式

假设开发法的计算公式表现形式较多,但根据假设开发法的基本思路,其基本公式为:

$$P = A - (B + C + D + E)$$

式中:P——土地价值;A——开发完成后的房地产价值;B——整个开发项目的开发成本;C——投资利息;D——开发商合理利润;E——正常税费。

(四) 假设开发法的操作步骤

1. 调查房地产的基本情况

(1) 调查土地的限制条件,如土地政策的限制及城市规划、土地利用规划的制约等。

(2) 调查土地位置,掌握土地所在城市的性质及其在城市中的具体坐落,以及周围的土地条件和利用现状。

(3) 调查土地面积大小和土地形状、地质状况、地形地貌、基础设施状况和生活设施状况以及公用设施状况等。

(4) 调查房地产利用要求,掌握城市规划对此宗土地的规划用途、容积率、绿地覆盖率、建筑物高度的限制等。

(5) 调查此地块的权利状况,包括权利性质、使用年限、能否续期、是否已设定抵押权等。这些权利状况对确定开发完成后的房地产价值、售价及租金水平有着非常密切的关系。

2. 确定被评估房地产的最佳开发利用方式

根据调查的土地状况和房地产市场条件等,在城市规划及法律、法规等限制所允许的范围内,确定地块的最佳利用方式,包括确定用途、容积率、绿地覆盖率、建筑物高度、建筑装修档次等。在选择最佳的开发利用方式时,最重要的是选择最佳的土地用途。土地用途的选择,要与房地产市场的需求相结合,并且需要进行合理的预测:最佳的开发利用方式决定开发完成后销售时能获得最高的收益。

3. 预测房地产售价

根据所开发房地产的类型,对开发完成后的房地产总价,可通过两个途径获得:

(1) 对于出售的房地产,如居住用商品房、工业厂房等,可采用市场比较法确定开发完成后的房地产总价。

(2) 对于出租的房地产,如写字楼和商业楼宇等,其开发完成后房地产总价的确定,首先采用市场法,确定所开发房地产出租的净收益,再采用收益法将出租净收益转化为房地产总价。具体确定时需要估计以下几个要点：单位建筑面积月租金或年租金、房地产出租费用水平、房地产还原利率和可出租的净面积。其中，租金水平可依据类似房地产来确定。

4. 估算各项成本费用

（1）估算开发建筑成本费用。开发建筑成本费用（包括直接工程费、间接工程费、建筑承包商利润等）可采用比较法来测算，即通过当地同类建筑物当前平均的或一般建造费用来测算，也可通过建筑工程概预算的方法来估算。

（2）估算专业费用。专业费用包括建筑设计费、工程概预算费用等，一般采用建造费用的一定比率估算。

（3）确定开发建设工期，估算预付资本利息。开发建设工期是指从取得土地使用权一直到房地产全部销售或出租完毕的这一段时期。根据等量资本要获取等量利润的原理，利息应为开发全部预付资本的融资成本，不仅是建造工程费用的利息，还应包括土地资本的利息。房地产开发的预付资本包括地价款、开发建造费、专业费和不可预见费等，即使这些费用是自有资金，也要计算利息。这些费用在房地产开发建设过程中投入的时间是不同的。在确定利息额时必须根据地价款、开发费用、专业费用等的投入额、各自在开发过程中所占用的时间长短和当时的贷款利率高低进行计算。例如，预付地价款的利息额应以全部预付的价款按整个开发建设工期计算，开发费、专业费假设在建造期内均匀投入，则利息以全部开发费和专业费为基数，按建造期的一半计算。若有分年度投入数据，则可进一步细化。例如，建造期为 2 年，第 1 年投入部分计息期为一年半，第 2 年投入部分计息期为半年等。开发费、专业费在建设竣工后的空置及销售期内应按全额全期计息。

（4）估算税金。税金主要是指建成后房地产销售的印花税、契税等，应根据当地政府的税收政策估算，一般以建成后房地产总价的一定比例计算。

（5）估算开发完成后的房地产租售费用。租售费用主要是指用于建成后房地产销售或出租的中介代理费、市场营销广告费用、买卖手续费等，一般以房地产总价或租金的一定比例计算。

5. 确定开发商的合理利润

开发商的合理利润一般以房地产售价或预付总资本的一定比例计算。投资回报率的计算基数一般为地价、开发费和专业费三项，销售利润率的计算基数一般为房地产售价。

6. 估算待评估对象价值

在运用公式求取待评估对象价值时，需注意待估对象所对应的时点。

【例 4-12】 有一宗“七通一平”的待开发建筑用地，土地面积为 2 000 平方米，建筑容积率为 2.5，拟开发建设写字楼，建设期为 2 年，建筑费用为 3 000 元/平方米，专业费为建筑费的 10%，建筑费和专业费在建设期内均匀投入。该写字楼建成后即出售，预计售价为 9 000 元/平方米，销售费用为楼价的 2.5%，销售税费为楼价的 6.5%，当地银行年贷款利率为 6%，开发商要求的投资利润率为 10%。估算该宗地目前的单位地价和楼面地价。

（1）确定评估方法。

现已知楼价的预测值和各项开发成本及费用，可用假设开发法评估。

（2）计算楼价。

$$楼价 = 2\,000 \times 2.5 \times 9\,000 = 45\,000\,000(元)$$

(3) 计算建筑费和专业费。

$$建筑费和专业费 = 2\,000 \times 2.5 \times 3\,000 \times (1 + 10\%) = 16\,500\,000(元)$$

(4) 计算利息。

① 地价利息 $=$ 地价 $\times [(1+6\%)^2 - 1] = 0.123\,6 \times$ 地价

② (建筑费＋专业费)利息 $= 16\,500\,000 \times [(1+6\%) - 1] = 990\,000$(元)

(5) 计算销售费用和税费。

① 销售费用 $= 45\,000\,000 \times 2.5\% = 1\,125\,000$(元)

② 销售税费 $= 45\,000\,000 \times 6.5\% = 2\,925\,000$(元)

(6) 计算利润。

$$(地价 + 16\,500\,000) \times 10\% = 0.1 \times 地价 + 1\,650\,000$$

(7) 求取地价。

$$楼价 = 地价 + (建筑费 + 专业费) + 利息 + (销售费用 + 税金) + 利润$$

将数据代入得：

$$45\,000\,000 = 地价 + 16\,500\,000 + (0.123\,6 \times 地价 + 990\,000) + 4\,050\,000 + (0.1 \times 地价 + 1\,650\,000)$$

解得：

$$地价 = 17\,824\,452(元)$$

(8) 评估结果。

$$单位地价 = 17\,824\,452 \div 2\,000 = 8\,912(元/平方米)$$

$$楼面地价 = 8\,912 \div 2.5 = 17\,824\,452/(2\,000 \times 2.5) = 3\,565(元/平方米)$$

二、基准地价修正法在房地产评估中的应用

基准地价是按照城市土地级别或均质地域分别评估的商业、住宅、工业等各类用地和综合土地级别的土地使用权的平均价格。从其定义可以看出，基准地价不同于宗地地价，它有一个重要特点，是特定区域的平均价格，因而基准地价的表现形式有区片价和路段价。

在我国许多城市，尤其是房地产市场不太发达的城市，基准地价修正法也是常用的方法。

(一) 基准地价修正法的基本思路

基准地价修正法的基本原理是替代原理，即在正常的市场条件下，具有相似土地条件和使用功能的土地，在正常的房地产市场中，应当具有相似的价格。基准地价相对应的土地条件，是土地级别或均质地域内该类用途土地的平均条件。因此，通过被评估宗地条件与级别或区域内同类用地平均条件的比较，并根据两者在区域条件、个别条件、使用年期、容积率和价格期日等方面的差异，对照因素修正系数表选取适宜的修正系数，对基准地价进行修正，即可得到被评估宗地地价。

(二) 基准地价修正法的适用范围

(1) 适用于完成基准地价评估的城镇的土地评估，即该城市具备基准地价成果图和相应修正体系成果。

(2) 基准地价修正法可在短时间内大批量进行宗地地价的评估，因此可快速方便地进行大面积的、数量众多的土地价值评估。

（3）基准地价修正法估价的精度取决于基准地价及其修正系数的精度，因此，该方法一般在宗地地价评估中不作为主要的评估方法，而作为一种辅助方法。

（三）基准地价修正法的操作步骤

（1）收集、整理土地定级估价成果资料。定级估价资料是采用基准地价修正法评估宗地地价必不可少的基础性资料。因此，在评估前必须收集当地定级估价的成果资料，主要包括土地级别图、基准地价图、样点地价分布图、基准地价表、基准地价修正系数表和相应的因素条件说明表等，并归纳、整理和分析作为宗地评估的基础资料。

（2）确定修正系数表。根据被评估宗地的位置、用途、所处的土地级别、所对应的基准地价，确定相应的因素条件说明表和因素修正系数表，以确定地价修正的基础和需要调查的影响因素项目。

（3）调查宗地地价影响因素的指标条件。按照与被估宗地所处级别和用途相对应的基准地价修正系数表和因素条件说明表中所要求的因素条件，确定宗地条件的调查项目，调查项目应与修正系数表中的因素一致。

宗地因素指标的调查，应充分利用已收集的资料和土地登记资料及有关图件，不能满足需要的，应进行实地调查采样，在调查基础上，整理归纳宗地地价因素指标数据。

（4）制定被评估宗地因素修正系数。根据每个因素的指标值，查对相对应用途土地的基准地价影响因素指标说明表，确定因素指标对应的优劣状况。按优劣状况再查对基准地价修正系数表，得到该因素的修正系数。对所有影响宗地地价的因素都进行同样处理，即可得到宗地的全部因素修正系数。

（5）确定被评估宗地使用年期修正系数。基准地价对应的使用年期，是各用途土地使用权的最高出让年期，而具体宗地的使用年期可能各不相同，因此必须进行年期修正。土地使用年期修正系数的计算公式为：

$$\text{使用年期修正系数} = \frac{(P/A,\ r,\ m)}{(P/A,\ r,\ n)}$$

式中：r——资本化率；m——被估宗地的使用年期；n——该用途土地法定最高出让年期。

（6）确定期日修正系数。基准地价对应的是基准地价评估基准日的地价水平，随着时间的迁移，土地市场的地价水平会有所变化，因此必须进行期日修正，把基准地价对应的地价水平修正到宗地地价评估基准日时的地价水平。期日修正一般可以根据地价指数的变动幅度进行。

（7）确定容积率修正系数。这是一个非常重要的修正系数。基准地价对应的是该用途土地在该级别或均质地域内的平均容积率，各宗地的容积率可能各不相同，同时容积率对地价的影响也非常大，并且在同一个级别区域内，各宗地的容积率的差异甚至很大，因此，一定要重视容积率的修正。也就是说，必须将区域平均容积率下的地价水平修正到宗地实际容积率水平下的地价。

（8）评估宗地地价。依据前面的分析和计算得到的修正系数，待评估宗地地价水平的计算公式为：

$$\begin{aligned}\text{被评估宗地地价} = &\ \text{待评估宗地所处地段的基准地价} \times \text{年期修正系数} \times \text{期日修正系数} \\ &\times \text{容积率修正系数} \times \text{其他因素修正系数}\end{aligned}$$

三、路线价法在房地产评估中的应用

所谓路线价，是指对面临特定街道而接近距离相等的市街土地，设定标准深度，求取的该标准深度的若干宗地的平均单价。路线价法是根据土地价值高低随离街道距离增大递减的原理，在特定街道上设定单价，并以此单价配合深度百分率表及其他修正率表，用数学方法来计算临接同一街道的宗地地价的一种评估方法。

延伸阅读4-3

路线价法的应用

路线价法在英美早已施行，应用于课税标准价格的评定。1923年，日本采用这种方法，在关东大地震后为复兴城市办理市地重划事业时，用于确定补偿金额标准，以后在课税方面也采用这种方法评估。

（一）路线价法的基本思路

路线价法认为，市区内各宗土地的价值与其临街深度大小关系很大，土地价值随临街深度而递减，一宗土地越接近道路部分价值越高，离开街道越远价值越低。临接同一街道的宗地根据其地价的相似性，可划分为不同的地价区段。在同一路线价区段内的宗地，虽然地价基本接近，但由于宗地的深度、宽度、形状、面积、位置等仍有差异，地价也会出现差异，所以需制定各种修正率，对路线价进行调整。因此，路线价法的理论基础也是替代原理。路线价是标准宗地的单位地价，可看作比较实例，对路线价进行的各种修正可视为因素修正。

（二）路线价法的适用范围

一般的土地评估方法如收益法、市场法仅适用于对单个宗地进行评估，而路线价法则适用于同时对大量土地进行评估，特别适用于土地课税、土地重划、征地拆迁等需要在大范围内对大量土地进行评估的场合。路线价法是否运用得当，还依赖于较为完整的道路系统和排列整齐的宗地，以及完善合理的深度修正率表和其他条件修正率。

（三）路线价法的基本公式

路线价法的计算公式有不同的表现形式，下面是常用的一种表达方式：

$$宗地总价 = 路线价 \times 深度百分率 \times 临街宽度$$

如果宗地条件特殊，如宗地属街角地、两面临街地、三角形地、梯形地、不规则形状地、袋地等，则需依据下列公式计算：

$$宗地总价 = 路线价 \times 深度百分率 \times 临街宽度 \times 其他条件修正率$$

或

$$宗地总价 = 路线价 \times 深度百分率 \times 临街宽度 \pm 其他条件修正额$$

（四）路线价法的操作步骤

（1）路线价区段的划分。地价相近、地段相连的地段一般划分为同一路线价区段，路线价区段为带状地段。街道两侧接近性基本相等的地段长度称为路线价区段长度。路线价区段一般以路线价显著增减的地点为界。原则上街道不同的路段，路线价也不相同，如果街道一侧的繁华状况与对侧有显著差异，同一路段也可划分为两种不同的路线价。繁华街道有时需要附设不同的路线价，住宅区用地区位差异较小，所以住宅区的路线价区段较长，甚至几个街道路线价区段都相同。

路线价区段划分完毕，对每一路线价区段求取该路线价区段内标准宗地的平均地价，附设于该路线价区段上。

（2）标准宗地的确定。路线价是标准宗地的单位价格，路线价的设定必须先确定标准宗地面积。标准宗地是指从城市一定区域中沿主要街道的宗地中选定的深度、宽度和形状标准的宗地。标准深度是指标准宗地的临街深度。临街深度是指宗地离开街道的垂直距离。标准宗地的面积大小随各国而异。美国为使城市土地的面积单位计算容易，把位于街区中间宽1英尺、深100英尺(30.48米)的细长形地块作为标准宗地。日本的标准宗地为宽3.63米、深16.36米的长方形土地。实际评估中的标准深度，通常是路线价区段内临街各宗土地深度的总数。

（3）路线价的评估。路线价的决定，主要采取两种方法：第一种是由熟练的评估员依买卖实例用市场法等基本评估方法确定；第二种是采用评分方式，将形成土地价格的各种因素分成几类分别加以评分，然后合计，换算成附设于路线价上的点数。

（4）深度百分率表的制作。深度百分率又称深度指数，是地价随临街深度长短变化的比率。深度百分率表又称深度指数表，深度百分率表的制作是路线价法的难点和关键所在。路线价法在美国由来已久，长久以来根据丰富的实际资料，制定了各种路线价法则，如四三二一法则、苏慕斯法则（克利夫兰法则）、霍夫曼法则、哈柏法则、爱迪生法则等。

（5）宗地价值的计算。依据路线价和深度百分率及其他条件修正率表，运用路线价法计算公式，则可以计算得到宗地价值。

第六节　在建工程评估

一、在建工程的含义与特点

在建工程是指在评估时点尚未完工或虽然已经完工，但尚未竣工验收、交付使用的建设项目，包括建筑工程和设备安装工程，以及维护、改建和大修理等固定资产建设或改良工程。在建工程的评估具有自身的特点，与单独的土地、已建成的房地产以及为工程准备的机器设备评估有一定的区别。

（一）在建工程情况复杂

在建工程的范围很广，如在建工程项目有各类房屋或构筑物，在建设备工程项目有独立或成套设备的制作、安装等。此外还有根据合同协议发生的预付款项、工程物资，甚至工程建设期间的待摊投资等。在建工程情况亦较复杂，如既可能是由企业自行建设的自营工程，也可能是企业向外发包的外包工程；可能是正在建设或停工的未完工程，也可能是已完成建设未交付使用或已交付使用而未转为固定资产的已完工工程；既有用于企业正常生产性在建项目，也有用于对外商业经营在建项目。总之，范围涉及各个行业，情况比较复杂，具有较强的专业技术特点。

（二）在建工程之间可比性较差

在建工程的工程进度差异很大，在评估时点相近时间和供需圈内，很难找到设计相同、完工进度相同以及支付的各项投资费用与形象进度一致的相似在建工程项目，评估中缺少用于比较的参照对象。因此，在建工程可比性差，很难有可比案例参照，一般情况下都要根据工程项目的特点，以工程的形象进度和用工进度来确定完工程度进行评估。

(三) 在建工程的投资不能完全体现在建工程的形象进度

由于在建工程的投资方式和会计核算要求，其账面价值往往包括预付材料款和预付设备款，同时也记录在建工程中的应付材料款及应付设备款等。如出包工程的付款方式是由合同规定的，可能有时预付很多而工程进度未能跟上，有时预付较少而进度超出。因此，在建工程的投资并不能完全体现在建工程的形象进度。

(四) 建设工期长短差别较大

有些在建工程如厂区内的道路、设备基础等，一般工期较短；而有些在建工程如高速公路、港口码头等的建设工期很长。

(五) 在建工程的价格受后续工程的影响

对于建设工期较长的在建工程，建造期间的材料、工费、设计等都可能发生变化，使在建工程的成本以及建成后发挥的效益都具有很多不确定性。因此，在建工程的价格与后续工程的进度和质量有着非常密切的关系。

二、在建工程评估的资料收集与分析

通过收集与在建工程评估有关的资料，确定被评估在建工程的合法性，分析与在建工程有关技术和经济指标。在建工程评估的资料一部分由委托方提供。同时，评估人员还必须到施工现场实地考察，以获取更详细直观的资料。在收集有关资料和实地勘察的基础上，要对与被评估在建工程有关的宏观经济形势、市场情况和在建工程本身、区位条件、投资计划进度、发展商、施工等情况进行综合分析。

(1) 收集与被评估在建工程有关的政府批准文件和工程其他详细资料。政府批准文件如土地使用权出让合同、建设用地许可证、施工许可证、开工许可证、预售许可证等。其他资料如工程图纸、工程预算书、施工合同、有关账簿及原始记录等。从上述资料中明确项目名称、建筑面积、工程结构、工程预算、实际用款和完工程度，以及需要安装的设备名称、规格、型号、数量、合同金额、实际付款额、到货和工程安装情况等。

(2) 评估人员到工程现场勘察工程进度和工程形象进度，明确工程竣工、达到交付使用的日期以及评估基准日工程形象进度是否与总工程进度计划相符。

(3) 了解开发商有关情况，检查工程质量。要了解开发商的资质、财务状况、工程监管等情况。同时检查在建工程质量和建筑材料质量，明确建筑工程各组成部分是否存在缺陷及待修理的因素，在建工程整体布局是否合理。

(4) 收集有关法定参数。如有关部门规定或制定的当地建筑工程预算定额、建筑工程间接费用标准、地方建筑材料价差指数、建筑工程预备费用及其他费用标准(例如在建工程贷款利率)等。

三、在建工程评估的主要方法

(一) 形象进度法

形象进度法是选择足够的可比销售资料，根据在建工程建造完成后的房地产市场价格，结合工程形象进度评估在建工程价值的方法。

应用形象进度法评估在建工程价值的计算公式为：

$$在建工程价值 = 建造房地产市场价值 \times 工程形象进度百分比 \times (1 - 折扣率)$$

其中：在建工程建造完成的房地产市场价值，一般可采用市场法或收益法评估。

$$工程形象进度百分比 = \frac{实际完成建筑工程量 + 实际完成安装工程量}{总工程量} \times 100\%$$

折扣率的确定应考虑营销支出、广告费用和风险收益等因素。

（二）成本法

成本法评估在建工程是按在建工程客观投入的成本评估，即以开发或建造被估在建工程已经耗费的各项必要费用之和，再加上正常的利润和应纳税金来确定被估在建工程的价值的方法。

成本法评估在建工程价值的计算公式为：

$$在建工程价值 = 土地取得费用 + 专业费用 + 建造建筑物费用 + 正常利税$$

式中：土地取得费用是指为获得土地而发生的费用，包括相关手续费和税金；专业费用包括咨询、规划、设计等费用；建造建筑物费用是指在评估基准日在建工程已经耗费的各项必要建造费用之和；正常利税包括建造商的正常利润和相关税费等。

（三）假设开发法

用假设开发法评估在建工程，是在求取被估在建工程的价值时，将被估在建工程预期开发完成后的价值，扣除后续的正常的开发费用、销售费用、销售税金及开发利润，以确定被估在建工程价值的一种评估方法。

假设开发法评估在建工程的计算公式为：

$$在建工程价值 = 房地产预期售价 - (后续工程成本 + 后续工程费用 + 正常利税)$$

式中：房地产预期售价可以采用市场法或收益法评估。

四、在建工程评估中应注意的问题

（一）评估范围的确定

对评估时点列于“在建工程”会计科目的资产，经审核无误后，区别情况划入在建工程评估范围或者调整至固定资产或其他资产。已经完工的在建工程或已交付使用的尚未转为固定资产的在建工程一般应视具体内容调整至建筑物、机器设备等资产中评估。对于施工建设完成后才能发挥其预定功效、正在建设中的固定资产项目，无论是否列于在建工程会计科目，都应纳入在建工程的评估范围。

（二）合理选择评估方法

（1）对未完工在建工程可视具体项目性质和收集资料的情况选择上面介绍的方法进行评估。

（2）对工程物资采用流动资产评估方法评估。

（3）对已完工工程如果企业仍需按照在建工程管理的，应采用合适的固定资产评估方法评估，再汇入在建工程评估结果中。

（4）属于停建的在建工程要查明停建原因，确因工程的产、供、销及工程技术等原因而停建的，要考虑在建工程的功能性及经济性贬值，进行风险系数调整。

思政育人

坚持房子是用来住的不是用来炒的定位毫不动摇

党的十八大以来，以习近平同志为核心的党中央心系百姓安居冷暖，多次重申坚持房子是用来住的、不是用来炒的定位，把“实现全体人民住有所居目标”作为一项重要改革任务，全面部署，躬身推进，多主体供给、多渠道保障、租购并举的住房制度逐步完善，房地产市场发展的定位越来越清晰，房子是用来住的、不是用来炒的社会共识越来越广泛，夯实了亿万人民美好生活的根基。

房子是用来住的、不是用来炒的，既反映了党和政府对“人民日益增长的美好生活需要和不平衡不充分的发展之间的矛盾”的重视，更为满足人民群众住房需求指明了方向。住有所居，既是庄严的承诺，也是温暖的关怀。

每年《政府工作报告》都会做出工作部署。国务院多次召开专题会议，推动构建房地产市场平稳健康发展长效机制工作，强调坚持从全局出发，进一步提高认识、统一思想，牢牢坚持房子是用来住的、不是用来炒的定位，坚持不将房地产作为短期刺激经济的手段，坚持稳地价、稳房价、稳预期，因城施策、一城一策，从各地实际出发，采取差异化调控措施，及时科学精准调控，确保房地产市场平稳健康发展。

资料来源：https://www.mohurd.gov.cn/xinwen/gzdt/202210/20221017_768394.html.

本章重要概念

房地产　房地产评估成本法　房地产评估收益法　房地产评估市场法　假设开发法　路线价法　基准地价修正法　在建工程　形象进度法

本 章 练 习

4-3 第四章练习题答案

4-4 第四章PPT

一、单项选择题

1. 土地面积为 2 000 平方米，土地单价为 1 000 元/平方米，国家规定的容积率为 4，建筑密度为 0.5，则楼面地价为(　　)。

A. 250 元/平方米　　B. 500 元/平方米

C. 1 000 元/平方米　　D. 4 000 元/平方米

2. 在房地产评估中，当无参照物和无法预测未来收益时，则运用(　　)评估较为合适。

A. 成本法　　B. 市场比较法

C. 假设开发法　　D. 收益法

3. 在用收益法评估房地产市场价格时，纯收益应该是(　　)。

A. 实际总收益－实际总费用　　B. 实际总收益－客观总费用

C. 客观总收益－实际总费用　　D. 客观总收益－客观总费用

4. 土地“三通一平”是指(　　)。

A. 通水、通热、通路、平整地面　　B. 通水、通电、通路、平整地面

C. 通水、通气、通路、平整地面　　D. 通气、通电、通信、平整地面

5. 居住用地的最高使用年限是（　　）年。

A. 40　　B. 50　　C. 60　　D. 70

6. 基准地价修正法从评估原理的角度划分可归属于（　　）。

A. 市场法　　B. 成本法　　C. 收益法　　D. 清算价格法

7. 下列关于土地的描述中，错误的是（　　）。

A. 在我国，所有土地的所有权均属于国家

B. 国有土地使用权可以转让

C. 科技、文化、体育类用地最高出让年限为 50 年

D. 凡未按土地使用权出让合同规定的期限和条件投资开发、利用土地的，土地使用权不得转让

8. 运用市场法评估房地产价值时，通过区域因素修正后，可将参照物价格修正为（　　）条件下的价格。

A. 评估对象所处区域　　B. 参照物所处区域

C. 城市平均区域　　D. 参照物规划区域

9. 若反映宗地地价水平，（　　）指标更具说服力。

A. 楼面地价　　B. 土地单价　　C. 建筑单价　　D. 基准地价

10. 某待估房地产，已知建筑物资本化率为 8%，土地资本化率为 6%，建筑物价值占房地产总价值的 45%，则该房地产综合资本化率应为（　　）。

A. 5%　　B. 6%　　C. 6.9%　　D. 7.1%

二、多项选择题

1. 下列费用中，属于建筑安装工程费的有（　　）。

A. 招投标费　　B. 质量监督费

C. 测量、勘察设计费　　D. 竣工图费

E. 城市规划设计费

2. 国家征用集体土地而支付给集体经济组织的费用包括（　　）。

A. 土地补偿费　　B. 拆迁费

C. 安置补助费　　D. 地上附着物补偿费

E. 青苗补偿费

3. 运用成本法评估土地使用权价值时，考虑投资利润时所使用的利润率指标的计算基数可以有（　　）。

A. 土地取得费用和土地开发费用　　B. 土地取得费用和土地增值收益

C. 土地开发费用和土地增值收益　　D. 开发后的土地地价

E. 土地开发费用、土地取得费用和土地增值收益

4. 以下关于影响房地产价格因素的说法中，阐述正确的有（　　）。

A. 将某建制镇升格为市，通常会引起此地房地产价格的上涨

B. 某建设用地在征用前曾是坟墓用地，会引起此地房地产价格的下降

C. 某地由工业用途被规划为商业用途，会引起该地价的下降

D. 某地区处于大的地震带上，会引起此地房地产价格的下降

E. 某地区与市第一监狱临近，对此地房地产价格无影响

5. 在运用市场法对土地使用权进行评估时，对交易情况进行修正时应考虑的因素包括（　　）。

A. 有一定利害关系的主体之间的交易　　B. 有特别动机的交易

C. 买方或卖方不了解市场行情的交易　　D. 交易时点

E. 其他特殊交易情形

三、判断题

1. 用成本法评估房地产价格，计算投资利息时，所有投资的计算期都应为整个开发期。（ ）
2. 通常情况下，在建工程的投资额就可以反映出在建工程的形象进度。（ ）
3. 建筑密度是地块建筑面积与地块总面积的比率。（ ）
4. 采用收益法评估土地时，收益额应该是将来的客观收益额。（ ）
5. 政策变化是引起建筑物功能性贬值的重要因素。（ ）

四、简答题

1. 房地产有哪些特性？
2. 房地产的资本化率有哪几种？它们之间有怎样的关系？
3. 简述基准地价修正法和路线价法的基本思路。

五、业务题

1. 某市经济开发区内有一块土地面积为 30 000 平方米。该宗土地的土地征地费用（含安置、拆迁、青苗补偿费和耕地占用税）为 600 元/平方米，土地开发费为 400 元/平方米，土地开发周期为 2 年。第 1 年投入的资金占总开发费用的 40%，开发商要求的投资回报率为 10%，当地土地增值收益率为 20%，银行贷款年利率为 8%。试评估该宗土地的价值。

2. 有一宗房地产，2022 年的净收益为 50 万元，资本化率为 5%，若：①未来各年的净收益将在上一年的基础上增加 1 万元；②未来各年的净收益将在上一年的基础上增长 1%。分别评估两种情况下该宗房地产的价值。

3. 有一待评估宗地 A 与待评估宗地条件类似的宗地甲，有关对比资料如表 4-9 所示。

表 4-9 交易实例情况表

宗地	成交价（元/平方米）	交易时间地价指数	交易情况	容积率修正	区域因素	个别因素
A		108	—	105	—	—
甲	780	102	+1%	110	−2%	0

试根据上述资料评估宗地 A 的价值。

六、案例题

有一待估宗地 G 需评估，现收集到与待评估宗地条件类似的于 2022 年进行交易的 6 宗地，具体情况如表 4-10 所示。该城市 2022 年的地价指数如表 4-11 所示。

表 4-10 交易实例具体情况

宗地	成交价（元/平方米）	交易时间	交易情况	容积率	土地状况
A	680	4 月	+1%	1.3	+1%
B	610	4 月	0	1.1	−1%
C	700	3 月	+5%	1.4	−2%
D	680	5 月	0	1.0	−1%

（续表）

宗地	成交价（元/平方米）	交易时间	交易情况	容积率	土地状况
E	750	6月	−1%	1.6	+2%
F	700	7月	0	1.3	+1%
G		7月	—	1.1	—

表 4-11　该城市地价指数表

时间	1月	2月	3月	4月	5月	6月	7月	8月	9月	10月	11月	12月
指数	100	103	107	110	108	107	112	109	111	108	109	113

另据调查，该市此类用地容积率与地价的关系为：当容积率在1～1.5之间时，容积率每增加0.1，宗地单位地价比容积率为1时的地价增加5%；超过1.5时，超出部分的容积率每增长0.1，单位地价比容积率为1时的地价增加3%。对交易情况、区域因素、个别因素的修正，都是案例宗地与被估宗地比较，表4-10中负号表示案例条件比待估宗地差，正号表示案例宗地条件优于被估宗地，数值大小代表对宗地地价的修正幅度。根据以上条件，评估该宗地2022年的价值。

第五章　无形资产评估

内容提要

本章主要讲解了无形资产的相关理论及其方法，包括无形资产的概述、无形资产评估的三种基本方法以及专利权、专有技术和其他无形资产的具体评估方法。

重点难点

本章重点为无形资产的特征与分类，以及无形资产评估中的收益法；难点为专利权和专有技术以及商誉的评估。

学习目标

通过本章的学习，学生应掌握无形资产评估的基本方法以及各类具体无形资产的评估方法；明确无形资产的概念、特征、分类以及目的和前提；了解无形资产评估的基本程序和影响无形资产评估值的各种因素。

知识框架

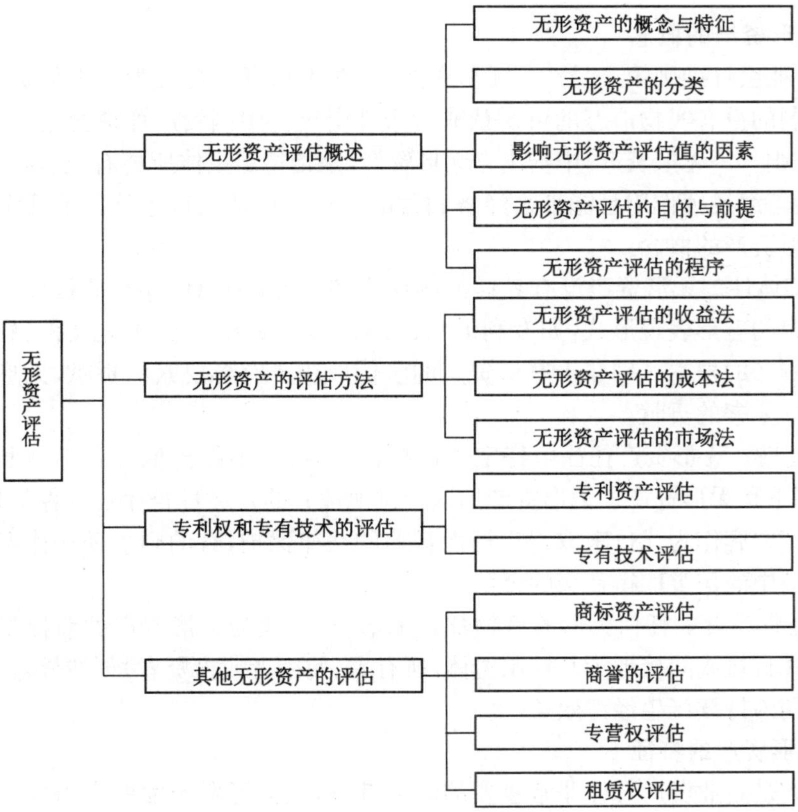

5-1 第五章章节导读

引入案例 普源精电起诉鼎阳科技多项产品专利侵权，索赔金额超 4 000 万元

2022 年 11 月 23 日，普源精电科技股份有限公司（以下简称：普源精电，688337.SH）发布公告称，其全资子公司北京普源精电科技有限公司（以下简称：北京普源）对深圳市鼎阳科技股份有限公司（以下简称：鼎阳科技，688112.SH）及其产品经销商上海峰时电子科技有限公司（以下简称：上海峰时）就侵害发明专利权纠纷事项，向上海知识产权法院提起诉讼，并于近日收到了法院的立案通知，目前案件尚未开庭审理。

北京普源经比对分析，认为鼎阳科技、上海峰时制造、销售、许诺销售的多款数字万用表、数字示波器、函数/任意波形发生器产品分别落入上述涉案专利的保护范围。两被告未经其许可，以生产经营为目的，制造、销售、许诺销售侵害其涉案专利的产品，违反了相关法律法规，侵害了其合法权益，给公司造成了经济损失。北京普源请求法院判令被告停止侵权行为，赔偿相应款项共计 4 875 万元。

思考：该案例中普源精电索赔金额是如何计算的？

资料来源：https://baijiahao.baidu.com/s?id=1750393524363284002&wfr=spider&for=pc.

第一节 无形资产评估概述

一、无形资产的概念与特征

（一）无形资产的概念

我国《企业会计准则第 6 号——无形资产》中对无形资产定义为："无形资产，是指企业拥有或者控制的没有实物形态的可辨认非货币性资产。"中国资产评估协会 2008 年制定的《资产评估准则——无形资产》中指出："无形资产，是指特定主体所拥有或者控制的，不具有实物形态，能持续发挥作用且能带来经济利益的资源。"评估人员应从以下几个方面的内容正确理解无形资产的概念。

（1）非实体性。无形资产没有具体的物质实体形态，是隐形存在的资产。但是无形资产也有其一定的有形表现形式，如专利证书、商标标记、技术图纸、工艺文件、软盘等。无形资产与有形资产的根本区别在于有形资产的价值取决于有形要素的贡献，无形资产的价值则取决于无形要素的贡献。

（2）排他性。无形资产往往由特定主体排他占有，凡不能排他或者不需要任何代价即能获得的，都不是无形资产。无形资产的这种排他性有的是通过企业自身保护取得，有的则以适当公开其内容作为代价来取得广泛而普遍的法律保护，有的则借助法律保护并以长期生产经营服务中的信誉取得社会的公认。

（3）效益性。并非任何无形的事物都是无形资产，成为无形资产的前提是其必须能够以一定的方式直接或间接地为其控制主体（所有者、使用者或投资者）创造效益，而且必须能够在较长时期内持续产生经济效益。

（二）无形资产的特征

无形资产是企业资产总体非常重要的组成部分，且无形资产发挥作用的方式明显区别于有形资产，因而在评估时需把握其固有的特性。

1. 依附性

无形资产区别于其他有形资产的标志性特征就是它没有具体的实物形态，值得注意的是无形资产是隐性存在的资产，它必须依附于一定的物质实体并以其为载体来发挥作用。例如土地使用权必须依附于土地，专利权和专有技术要与一定的设备、生产线等相结合，商标权以注册登记的商品或服务标志形式存在，而商誉则内含于企业整体资产组合之中，只有在某个特定企业范围内才存在。这里需要注意的是，企业的应收账款、应收票据等资产也没有物质实体，但它们不属于无形资产。因此，仅仅将无形资产的本质概括为没有实物形态的资产是不正确的。

2. 共益性

无形资产区别于有形资产的一个重要特点是，它可以作为共同财产，由不同的主体同时共享。通过合法的程序，一项无形资产可以为不同的权利主体共同享用，也可以在其所有者继续使用的前提下，多次转让其使用权。

3. 积累性

无形资产的积累性体现在两个方面：一是无形资产的形成基于其他无形资产的发展。二是无形资产自身的发展也是一个不断积累和演进的过程。因此，一方面，无形资产总是在生产经营的一定范围内发挥特定的作用；另一方面，无形资产的成熟程度、影响范围和获利能力也处在变化之中。

4. 替代性

在承认无形资产具有积累性的同时，还要考虑到它的替代性。例如一种技术取代另一种技术，一种工艺替代另一种工艺等，其特性不是共存或积累，而是替代、更新。一种无形资产总会由更新的无形资产所取代，因而必须在无形资产评估中考虑它的作用期间，尤其是尚可使用年限。这要取决于该领域内技术进步的速度，取决于无形资产带来的竞争。

延伸阅读5-1

企业里哪些资产属于无形资产

评估人员承接项目要评估某企业的无形资产价值，经过调查分析，评估人员判定该企业的无形资产主要有以下几类：商标权、非专利技术、特许权、商誉、土地使用权、著作权、应收账款。

结合无形资产的特征判断，评估人员判定的无形资产是否准确？资产评估中的无形资产的含义与会计中的无形资产的含义是否一致？

二、无形资产的分类

对无形资产进行必要的分类，不仅有利于把握和识别无形资产，还有利于了解无形资产的性质和作用范围，提高评估的科学性和准确性。无形资产可按以下标准进行分类。

(一) 按期限划分

按期限划分，可分为有限期的无形资产与无限期的无形资产。

有限期的无形资产是指资产的有效期为法律所规定，如专利权、特许权、商标等。它们的成本都要在其有效期内予以摊销。有时候，估计的有效年限比法律上规定的年限短，则以较短的估计有效年限摊销其成本。

无限期的无形资产是指资产的有效期限法律上并无规定，因而被视为无限期的无形资产，如商誉。它们的取得成本原则上必须进行摊销。

以上这种区别，在西方国家已不适用。美国从20世纪70年代起就认为，无形资产的价值终将有一天会消失，因而它们的账面成本应有系统地摊销于各受益期，摊销期间以不超过40年为限。

（二）按可否确指（辨认）划分

按可否确指（辨认）划分，可分为可确指（可辨认）的无形资产和不可确指（不可辨认）的无形资产。

可确指的无形资产是指那些具有专门名称，可以个别，或作为组成资产的一部分，或作为整个企业的一部分取得、转让、出包的无形资产，如专利权、特许权和商标等。

不可确指的无形资产是指那些不可辨认、不能单独取得，离开企业就不复存在的无形资产，例如商誉。

（三）按取得的方式划分

按取得的方式划分，可分为自创的无形资产和外购的无形资产。

例如，商誉属于自创的无形资产，专利、专有技术对于发明人来说是自创的，应用者通过有偿方式获得的他人专利、专有技术则属于外购的无形资产。

（四）按技术含量划分

按技术含量划分，可分为技术型无形资产和非技术型无形资产。

技术型无形资产是指依赖于一定的技术载体展现的，直接反映科技成果的无形资产，如专利技术、专有技术、计算机软件等是技术型的无形资产。非技术型无形资产是指依靠特许或取得特定盈利条件而形成的，非直接反映科技成果的无形资产，如商标、商誉、特许权、土地使用权等是非技术型的无形资产。

（五）按作用领域划分

按作用领域划分，可分为促销型无形资产、制造型无形资产和金融型无形资产。

（六）按无形资产形成的来源划分

按无形资产形成的来源划分，可分为权利类、关系类、组合类无形资产和知识产权。

权利类无形资产是由书面或非书面类契约的条款产生的，对于契约方具有经济利益，其构成主要是特许权和对物产权（如土地使用权、矿产开采权、租赁权等）。

关系类无形资产通常是非契约性的，但关系方通过此类关系可以获得盈利条件，包括雇员关系、顾客关系、代理销售关系、原材料和零部件供应关系等。

组合类无形资产是指从无形资产总体价值中减去可辨认的无形资产价值后所剩的价值，通常指商誉。

知识产权是指无形资产的一种专门类型，通常包括专利权、专有技术、商标权和版权。前三种无形资产又被称为工业产权。

无形资产国际评估指南所采用的就是此种分类方法。

一般的，无形资产的综合分类如图5-1所示。

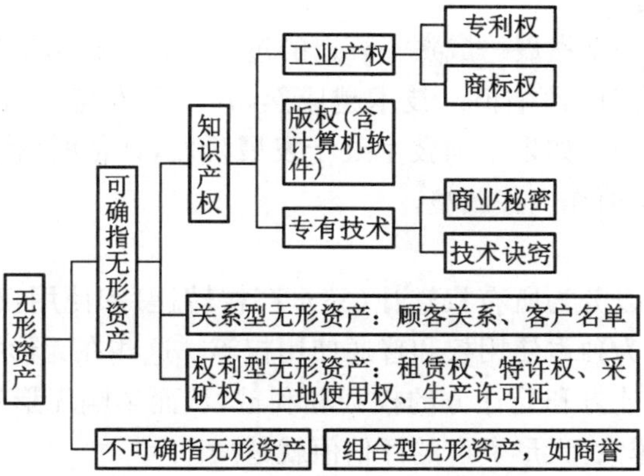

图 5-1　无形资产的综合分类

三、影响无形资产评估值的因素

根据上述无形资产的概念与功能特性，可以看出，与有形资产相比，无形资产评估的难度更大。要想使评估结果相对准确，就需要进一步了解影响无形资产评估值的各种因素，这些影响因素主要有以下几方面。

(一) 无形资产的取得成本

无形资产的取得成本首先取决于无形资产是如何取得的。对企业而言，外购无形资产的成本较易确定，自创无形资产的成本则较难准确计量。由于生产无形资产的劳动是创造性的复杂劳动，虽然对这种创造性的复杂劳动可以通过倍加系数进行换算，但是却难以制订客观的换算标准，再加上无形资产的创造过程往往较复杂，有时需经历几次失败，因此无形资产的成本计量相对于有形资产而言，精确性要差一些。无形资产的取得成本一般包括创造发明成本、法律保护成本、发行推广成本等。

(二) 机会成本

机会成本是指无形资产转让后可能给转让方造成的损失。如果某项无形资产是转让方正在使用的资产，转让该项无形资产就意味着转让方将失去部分市场并为自己制造了竞争对手，从而减少转让方的利润。

(三) 效益因素

一项无形资产的价值高低并不主要取决于创造成本，而是由应用后所创造的效益来确定。无形资产评估时要重点考虑无形资产应用后对提高劳动生产率、提高产品质量、降低产品成本、扩大产品的市场占有率以及企业经营条件的改善等方面的影响。一项无形资产，在环境、制度允许的条件下，获利能力越强，其评估值越高。

(四) 寿命期限

一项无形资产的价值不仅取决于其获利能力，而且直接与获利能力的持续时间，即经济寿命有关。在经济寿命期间无形资产不仅具有使用价值，而且能为其控制主体带来超额收益。对于具有法律保护期的无形资产，如专利，其经济寿命期限除考虑法律保护期外，更重要的是技术更新周期的长短。对于技术更新周期短的无形资产而言，往往在法律保护期内就会因新技术的产生丧失经济寿命。

（五）技术成熟程度

一般科技成果都有一个发展—成熟—衰退的过程。科学技术的发展阶段和成熟程度会直接影响技术型无形资产的评估值。技术越成熟，开发程度越高，运用该技术的风险就越小，其评估值就应该高一些；如果某项技术处于发展阶段，评估时就需充分估计其在运用过程中的风险，相应对评估值作一些调整。

（六）转让因素

无形资产的转让可以分为所有权转让（完全产权转让）和使用权转让（许可他人使用）。在使用权转让中又可分为独占使用权和普通使用权等。这些在无形资产转让过程中的有关条款规定直接关系到转让方和受让方的权利和利益，从而影响无形资产的评估值。一般来说，受让方获得的权益越大，无形资产的评估值就越高。

（七）市场供求状况

无形资产的市场供求状况反映在两个层次上：无形资产市场供需情况和无形资产的适用程度，这两个层次关系密切。一般来说，一项无形资产的适用程度越高，其市场价值就越大，评估值也就越高；反之，如果某项无形资产的适用程度较低，其市场需求就小，评估值就较低。

（八）同行业同类无形资产的计价标准和依据

某些无形资产是依照其产品的信誉等级、企业知名度、销售范围、经营历史等，与国内外同行业进行比较分析，确定其价值的。因此需充分了解同行业同类无形资产的计价标准与依据。

（九）风险因素

无形资产从开发到受益会遇到多种类型的风险，包括开发风险、转让风险、应用风险、市场风险等。相对于有形资产而言，无形资产评估中更应重视各类风险对无形资产价值的影响。

四、无形资产评估的目的与前提

（一）无形资产的评估目的

无形资产的评估目的是指与无形资产有关的资产业务。根据《资产评估准则——无形资产》，无形资产的评估目的主要是产权变动。该准则指出：当出现无形资产转让和投资、企业整体或部分资产收购和处置等经济活动时，资产评估师可以接受委托，执行无形资产评估业务。对于以无形资产的成本摊销为目的的评估则受到现行财务会计制度和税收制度的限制和约束，除非得到有关部门的批准，一般不能开展。此外，还有以纳税、保险等为目的的评估。

（二）无形资产转让、投资评估的前提

无形资产之所以可以成为转让、投资的主体，是因为它可以为其控制主体带来额外收益，因此以无形资产产权变动为目的的评估必须具备以下前提：

（1）能够带来超额利润。只有当某些无形资产能够给买方带来追加的收益时，才会对购买方具有吸引力，也才有必要根据带来的追加收益确定无形资产的价格。这里不采用“超额利润”而是采用“追加收益”是因为在现实经济中，被评估的无形资产能够带来超额利润只是一种理论抽象，即假设无形资产的控制主体保持社会平均经营水平。一旦假设条件不存在，例如亏损或微利，企业若拥有某项无形资产，该项无形资产只能使其控制主体不亏损或达到行业平均利润水平，即表现为特定条件下的追加利润，而难以表现为高于社会平均水平的收益。故应根据无形资产对利润增长的影响来评估无形资产的价格。

（2）能够带来垄断利润。这是指购买方由于购入和运用无形资产形成市场垄断，通过垄断价格实现垄断利润。评估时应根据市场垄断的不同条件，测算垄断利润，据此估测无形资产的价值。

五、无形资产评估的程序

无形资产评估程序是评估无形资产的操作规程。评估程序既是评估工作规律的体现，也是提高评估工作效率、确保评估结果科学有效的需要，无形资产评估一般按下列程序进行。

（一）明确评估目的

无形资产因其评估目的不同，其评估的价值类型和选择的方法也不一样，评估结果也会不同。评估目的由发生的经济行为决定，一般来说，无形资产评估须以产权利益主体变动为前提。从目前所发生的情况看，无形资产评估业务以服务于下述情形的居多：

（1）无形资产的转让。

（2）无形资产出资。

（3）股份制改造中无形资产的作价。

（4）合资、合作、重组及兼并中无形资产的作价。

（5）银行质押贷款。

（6）法律诉讼。

（7）其他目的。

（二）确认无形资产

对无形资产进行评估时，评估人员首先应对被评估的无形资产进行确认。这是进行无形资产评估的基础工作，直接影响到评估范围和评估价值的科学性。通过无形资产的确认，可以解决以下问题：一是确认无形资产的存在；二是区别无形资产种类；三是确定其有效期限。

（1）确认无形资产存在。主要是验证无形资产来源是否合法，产权是否明确，经济行为是否合法、有效。

（2）区别无形资产种类。主要是确定无形资产的种类、具体名称、存在形式。有些无形资产是由若干项无形资产综合构成，应加以确认和分离，避免重复评估和漏评估。

（3）确定无形资产有效期限。无形资产有效期限是其存在的前提。某项专利权，如超过法律保护期限，就不能作为专利权评估。有效期限对无形资产评估值具有很大影响，比如有的商标，历史越悠久，价值越高；有的商标历史并不悠久，也可能具有较高价值。

（三）收集相关资料

收集无形资产的相关资料，一般来说这些资料的内容包括：

（1）无形资产的法律文件或其他证明材料。

（2）成本。这里是指无形资产的自创（制）成本或外购成本。

（3）效益。这里是指使用无形资产给受益主体带来的经济效益。

(4) 期限。这里是指无形资产的存续期、法定期限、受益年限、技术寿命期等。

(5) 技术成熟程度。这里是指技术性无形资产在所处技术领域中所处的发展阶段、开发程度、领先程度以及替代技术的现状等。

(6) 权属转让内容与条件。无形资产的转让有完全产权转让与部分产权转让之别,在转让过程中往往有相应条款的规定,这些都是确定无形资产评估价值的重要因素,应详细了解。

(7) 市场供需情况。这里是指同类无形资产在市场上的需求、范围、活跃程度、变动情况等。

(8) 行业盈利水平及风险。根据无形资产评估的具体类型,还需有针对性地收集有关资料。

(四) 确定评估方法

应根据评估无形资产的具体类型、特点、评估目的及外部市场环境等具体情况,选用合适的评估方法。无形资产的评估方法主要包括市场法、收益法和成本法。

采用市场法评估无形资产,特别要注意被评估无形资产必须确实适合运用市场法的前提,确定具有合理比较基础的类似无形资产交易参照对象,收集类似无形资产交易的市场信息和被评估无形资产以往的交易信息。当类似无形资产之间具有可比性时,根据宏观经济、行业和无形资产变化情况,考虑交易条件、时间因素和影响价值的各种因素的差异,调整确定评估值。

采用收益法时,要注意合理确定超额获利能力和预期收益,分析与之有关的预期变动,受益期限,与收益有关的资金规模、配套资产、现金流量、风险因素及货币时间价值。注意收益额的计算口径与被评估无形资产折现率口径保持一致,不要将其他资产带来的收益误算到被评估无形资产收益中;要充分考虑法律法规、宏观经济环境、技术进步、行业发展变化、企业经营管理、产品更新和替代等因素对无形资产收益期、收益额和折现率的影响,当与实际情况明显不符时,要分析产生差异的原因。

当被评估无形资产的确具有超额获利能力,但不宜采用市场法和收益法时,可采用成本法进行评估,但要注意根据现行条件下重新形成或取得该项无形资产所需的全部费用(含资金成本和合理利润)确定评估值,在评估中要注意扣除实际存在的功能性贬值和经济性贬值。

(五) 作出评估结论,整理并撰写报告

无形资产评估报告书,是无形资产评估过程的总结,也是评估者承担法律责任的依据。评估报告书要简洁、明确、避免误导。无形资产的评估报告基本要求应符合《资产评估准则——无形资产》的要求。应当强调的是,无形资产评估报告中要注重评估推理过程的陈述,明确阐释评估结论产生的前提、假设及限定条件,各种参数的选用依据,评估方法使用的理由及逻辑推理方式。

第二节 无形资产的评估方法

从理论上讲,无形资产的评估方法有收益法、成本法和市场法。在评估实践中运用最广泛的方法是收益法,其次是成本法或成本—收益法,市场法因条件限制,目前运用尚不普遍。

一、无形资产评估的收益法

(一) 收益法在无形资产评估中的应用形式

因为无形资产转让或许可使用时选取参数的渠道不同,收益法在应用上可以表示为下列两种方式:

$$无形资产评估值=\sum_{i=1}^{n}\frac{K\times P_i}{(1+r)^i}$$

$$无形资产评估值=\sum_{i=1}^{n}\frac{R_i}{(1+r)^i}$$

式中:K——无形资产分成率;P_i——第 i 年使用无形资产带来的收益;R_i——第 i 年使用无形资产带来的超额收益;i——收益期限序号;r——折现率;n——收益期限。

(二) 收益法应用中各项参数经济指标的确定

1. 无形资产超额收益的确定

无形资产收益额的测算,是采用收益法评估无形资产的关键步骤。如前所述,无形资产收益额是由无形资产带来的超额收益。同时,无形资产附着于有形资产发挥作用并产生共同收益,因此,评估人员在估算无形资产的超额收益时,应当注意区分无形资产以外的其他因素对超额收益的贡献。

1) 直接估算法

通过未使用无形资产与使用无形资产的前后收益情况对比分析,确定无形资产带来的收益额。在许多情况下,从无形资产为特定持有主体带来的经济利益上看,我们可以将无形资产划分为收入增长型和费用节约型。收入增长型无形资产是指无形资产应用于生产经营过程,能够使得产品的销售收入大幅度增大。增大的原因在于:生产的产品能够以高出同类产品的价格销售;生产的产品采用与同类产品相同价格的情况下,销售数量大幅度增加,市场占有率扩大,从而获得超额收益。

在销售量不变、单位成本不变的情况下,形成的超额收益可以用下式计算:

$$R=(P_2-P_1)Q(1-T)$$

式中:R——超额收益,P_2——使用无形资产后单位产品的价格;P_1——未使用无形资产前单位产品的价格;Q——产品销售量;T——所得税税率。

在单位价格和单位成本不变的情况下,形成的超额收益可以用下列公式计算:

$$R=(Q_2-Q_1)(P-C)(1-T)$$

式中:R——超额收益;Q_2——使用无形资产后产品的销售量;Q_1——未使用无形资产前产品的销售量;P——产品价格;C——产品的单位成本;T——所得税税率。

同时应该注意的是,销售收入增加可以引起收益的增加,它们是同方向的,由于存在经营杠杆和财务杠杆效应,销售收入和收益一般不是同比例变动的,这在计算中应予以考虑。

费用节约型无形资产是指无形资产的应用,使得生产产品中的成本费用降低,从而形成超额收益。当假定销售量不变、价格不变时,可以参考下列公式计算为投资者带来的超额收益。

$$R=(C_1-C_2)Q(1-T)$$

式中：R——超额收益；C_2——使用无形资产后产品的单位成本；C_1——未使用无形资产前产品的单位成本；Q——产品销售量（此处假定销售量不变）；T——所得税税率。

相关思考 5-1

超额收益的形成全部是因为无形资产吗？

实际上，收入增长型和费用节约型无形资产的划分，是假定其他资产因素不变的情况下，为了明晰无形资产形成超额收益来源情况的人为划分方法。通常，在实际中，无形资产应用后，其他资产因素也会发生变化，超额收益是各资产因素共同作用的结果。评估人员应根据具体情况，加以综合性地运用和测算，科学地测算超额收益，而不能简单地把超额收益归为仅由无形资产形成的。

2）差额法

当无法将使用了无形资产和没有使用无形资产的收益情况进行对比时，采用无形资产和其他类型资产在经济活动中的综合收益与行业平均水平进行比较，可得到无形资产获利能力，即“超额收益”。

第一，收集有关使用无形资产的产品生产经营活动财务资料，进行盈利分析，得到经营利润和销售利润率等基本数据。

第二，对上述生产经营活动中的资金占用情况（固定资产、流动资产和已有账面价值的其他无形资产）进行统计。

第三，收集行业平均资金利润率等指标。

第四，计算无形资产带来的超额收益：

$$\text{无形资产带来超额收益}=\text{净利润}-\text{净资产总额}\times\text{行业平均净利润率}$$

使用这种方法，应注意这样计算出来的超额收益，有时不完全由被评估无形资产所带来（除非能够认定只有这种无形资产存在），往往是一种组合无形资产超额收益，还需进行分解处理。

3）分成率法

无形资产收益通过分成率来获得，是目前国际和国内技术交易中常用的一种实用方法。即：

$$\text{无形资产收益额}=\text{销售收入（利润）}\times\text{销售收入（利润）分成率}\times(1-\text{所得税税率})$$

对于销售收入（利润）的测算已不是难解决的问题，重要的是确定无形资产的分成率。

既然分成对象是销售收入或销售利润，因而，就有两个不同的分成率。而实际上，由于销售收入与销售利润有内在的联系，可以根据销售利润分成率推算出销售收入分成率；反之亦然。

因为：

$$\begin{aligned}\text{收益额}&=\text{销售收入}\times\text{销售收入分成率}\times(1-\text{所得税税率})\\&=\text{销售利润}\times\text{销售利润分成率}\times(1-\text{所得税税率})\end{aligned}$$

所以：

$$\text{销售收入分成率}=\text{销售利润分成率}\times\text{销售利润率}$$

$$\text{销售利润分成率} = \text{销售收入分成率} \div \text{销售利润率}$$

利润分成率的确定，是以无形资产带来的追加利润在利润总额中的比重为基础的。有些情况下容易直接计算，而在不容易区别追加利润的情况下，往往要采取迂回的方法。因而，评估无形资产转让的利润分成率有多种方法，下面主要介绍边际分析法。

边际分析法是选择两种不同的生产经营方式进行比较：一种是运用普通生产技术或企业原有技术进行经营；一种是运用转让的无形资产进行经营。后者的利润大于前者利润的差额，就是投资于无形资产所带来的追加利润。测算各年度追加利润占总利润的比重，并按各年度利润现值的权重，求出无形资产经济寿命期间追加利润占总利润的比重，即所要评估的利润分成率。这种方法的关键是科学分析追加无形资产投入可以带来的净追加利润，这也是购买无形资产所必须进行决策分析的内容。

边际分析法的步骤是：

第一，对无形资产边际贡献因素进行分析：如新市场的开辟，垄断加价；消耗量的降低，成本费用降低；产品结构优化，质量改进，功能费用降低，成本销售收入率提高。

第二，测算无形资产寿命期间的利润总额及追加利润总额，并进行折现处理。

第三，按利润总额现值和追加利润总额现值计算利润分成率。即：

$$\text{利润分成率} = \text{追加利润现值} \div \text{利润总额现值}$$

【例 5-1】 企业转让彩电显像管新技术，购买方用于改造 10 万只彩电显像管。经对无形资产边际贡献因素的分析，测算在其寿命期间各年度分别可带来追加利润 100 万元、120 万元、90 万元和 70 万元，分别占当年利润总额的 40%、30%、20%和 15%，试评估无形资产利润分成率。

解：本例所给条件已经完成了边际分析法第一步的工作。只需计算出各年的利润总额，并与追加利润一同折现即可得出利润分成率。

各年度利润总额现值之和(折现率为 10%)为：

$$\begin{aligned}
&\frac{100 \div 40\%}{1+10\%} + \frac{120 \div 30\%}{(1+10\%)^2} + \frac{90 \div 20\%}{(1+10\%)^3} + \frac{70 \div 15\%}{(1+10\%)^4} \\
&= 250 \times 0.909\,1 + 400 \times 0.826\,4 + 450 \times 0.751\,3 + 467 \times 0.683\,0 \\
&= 227.275 + 330.56 + 338.085 + 318.961 \\
&= 1\,214.881(\text{万元})
\end{aligned}$$

追加利润现值之和为：

$$\begin{aligned}
&\frac{100}{1+10\%} + \frac{120}{(1+10\%)^2} + \frac{90}{(1+10\%)^3} + \frac{70}{(1+10\%)^4} \\
&= 100 \times 0.909\,1 + 120 \times 0.826\,4 + 90 \times 0.751\,3 + 70 \times 0.683\,0 \\
&= 90.91 + 99.168 + 67.617 + 47.81 \\
&= 305.505(\text{万元})
\end{aligned}$$

$$\text{无形资产利润分成率} = \frac{305.505}{1\,214.881} \times 100\% = 25\%$$

4) 要素贡献法

有些无形资产，已经成为生产经营的必要条件，由于某些原因不可能或很难确定其带来的超额收益，这时可以根据构成生产经营的要素在生产经营活动中的贡献，从正常利润中粗略估计出无形资产带来的收益。我国理论界通常采用“三分法”，即主要考虑生产经营活动中的三大要素:资金、技术和管理,这三种要素的贡献在不同行业是不一样的,一般认为,对资金密集型行业,三者的贡献依次是50%、30%和20%;技术密集型行业,依次是40%、40%和20%;一般行业,依次是30%、40%和30%;高科技行业,依次是30%、50%和20%。这些数据,也可供确定无形资产收益额时作为参考。

2. 无形资产评估中折现率的确定

折现率的内涵是指与投资于该无形资产相适应的投资报酬率。折现率的一般理论已在本书前文中作了详细介绍,需要进一步说明的是,折现率包括无风险利率和风险报酬率。一般来说,无形资产投资收益率高,风险性强,因此,无形资产评估中折现率往往要高于有形资产评估的折现率。评估时,评估者应根据该项无形资产的功能、投资条件、收益获得的可能性条件和形成概率等因素,科学地测算其风险利率,以进一步测算出其适合的折现率。另外,折现率的口径应与无形资产评估中采用的收益额的口径保持一致。

3. 无形资产收益期限的确定

无形资产收益期限或称有效期限,是指无形资产发挥作用,并具有超额获利能力的时间。

资产评估实践中,预计和确定无形资产的有效期限,可依照下列方法确定:

(1) 法律或合同、企业申请书分别规定有法定有效期限和受益年限的,可按照法定有效期限与受益年限孰短的原则确定。

(2) 法律未规定有效期,企业合同或企业申请书中规定有受益年限的,可按照规定的受益年限确定。

(3) 法律和企业合同或申请书均未规定有效期限和受益年限的,按预计受益期限确定。预计受益期限可以采用统计分析或与同类资产比较得出。

二、无形资产评估的成本法

(一) 无形资产的成本特性

采用成本法评估无形资产价值,首要的问题是要了解无形资产在成本上所具有的特殊属性。由于我国现行会计制度的有关规定以及无形资产的形成特点,造成无形资产成本具有不同于有形资产成本的特性。

1. 不完整性

无形资产的成本理应包括无形资产研制或取得、持有期间的全部物化劳动和活劳动的费用支出。与购建无形资产相对应的各项费用是否计入无形资产的成本,是以费用支出资本化为条件的。由于在企业生产经营过程中,科研费用一般都是比较均衡地发生,并且比较稳定地为生产经营服务,所以现行财务制度规定中一般把科研费用从当期生产经营费用中列支。而不是先对科研成果进行费用资本化处理,再按无形资产摊销的办法从生产经营费用中补偿。这就使企业账簿上反映的无形资产成本具有不完整性,大量的无形资产存在于账外。

2. 弱对应性

知识资产的创建过程,历经基础研究、运用研究和工艺生产开发等许多阶段,无形资产成果的出现具有较大的随机性、偶然性和关联性。成功的背后有着无数次的失败,如果让某项成果负担以往无数次相关或不相关的失败所造成的损失,作为该项成果的成本,显然不够合理。所以无形资产的成本费用与相应的某项无形资产难以一一对应,这就形成了无形资产成本与相应的无形资产成果的弱对应性。

3. 虚拟性

由于无形资产的成本往往是相对的，特别是一些无形资产的内涵已远远超出了它的外在形式的含义，这种无形资产的成本只具有象征意义。如名牌商品的内涵是商品的质量信誉、获利能力等，其内在价值已远远超过商标成本中包括的设计费、注册费、广告费等所体现的价值。因此，无形资产的成本费用具有虚拟性的特点。

（二）成本法评估无形资产的基本计算公式与操作方法

运用成本法评估无形资产一般存在于两种情况：一种情况是计算最低收费额；另一种情况是无形资产确实具有现实或潜在获利能力，但是不易量化，只能以无形资产的现行重置成本为基础来测算其价值。

运用成本法评估无形资产时，影响评估值的两大因素是：无形资产的重置成本和无形资产的价值损耗，后者主要是指功能性损耗和经济性损耗。

运用成本法评估无形资产价值的基本公式为：

$$\text{无形资产评估值} = \text{无形资产重置成本} \times \text{成新率}$$

无形资产的重置成本是指在现行市场条件下重新创造或购置一项全新无形资产所耗费的全部货币总额。根据无形资产的取得方式，无形资产可以划分为自创无形资产和外购无形资产。不同渠道获得的无形资产，其重置成本构成与评估方法均有所区别。

1. 自创无形资产重置成本的计算

自创无形资产的成本是由创制该项资产所耗费的物化劳动和活劳动费用所构成的。如果自创无形资产所发生的成本费用已作资本化处理，即有账面价格，则可运用物价指数对账面价格作相应调整，得到重置成本。在评估实务中，自创无形资产往往无账面价格，并且成本记录也不完整，通常根据具体情况采用成本核算法或市价调整法计算重置成本。

1）成本核算法

成本核算法的基本计算公式为：

$$\text{无形资产重置成本} = \text{直接成本} + \text{间接成本} + \text{资金成本} + \text{合理利润}$$

直接成本是按无形资产创制过程中实际发生的材料、工时耗费量，运用现行价格和费用标准进行估算的。无形资产的成本计算不按现行消耗量而按实际消耗量来计算，主要基于两点考虑：一是无形资产作为一种创造性的成果，一般不能原样复制，从而不能模拟在现有生产条件下再生产的消耗量；二是无形资产的生产过程是创造性劳动过程，技术进步速度较快，如果按模拟现有条件下的复制消耗量来估算重置成本，将影响到无形资产的价值形态补偿，从而影响到知识财产的创制。

从评估的操作实务分析，运用这种方法可直接查找创制该项无形资产的各项支出的原始会计记录，根据国家所规定的资本化的范围，按现行价格和现行费用标准，就可正确估算该项无形资产的直接成本。其计算公式为：

$$\text{无形资产直接成本} = \sum(\text{物质资料实际消耗量} \times \text{现行价格}) + \sum(\text{实耗工时} \times \text{现行费用标准})$$

对于投入智力较多的技术型无形资产，考虑到科研劳动的复杂性和风险，可以用下述公式计算自创无形资产的重置成本：

$$无形资产重置成本 = \frac{C+\beta_1 V}{1-\beta_2} \times (1+r)$$

式中：C——无形资产研制开发中的物化劳动消耗；V——无形资产研制开发中的活劳动消耗；β_1——科研人员创造性劳动倍加系数；β_2——科研的平均风险系数；R——无形资产投资报酬率。

2）市价调整法

在评估实践中，较多企业对自创无形资产的成本数据记录不完整，给运用成本法评估造成了障碍。这种情况下，如果在市场上可以找到与被估无形资产相类似的交易案例，就可以通过一些因素的调整来估算被估无形资产的重置成本。

2. 外购无形资产重置成本的估算

外购无形资产一般有购置费用的原始记录，也有可能可以参照现行交易价格，故评估重置成本相对较容易。外购无形资产的重置成本包括购买价和购置费用两部分，具体评估方法可选择市价类比法和物价指数调整法。

1）市价类比法

市价类比法是指在无形资产交易市场选择类似的参照物，再根据功能和技术先进性、适用性对参照物价格作适当调整从而确定其现行购买价格，购置费用可根据现行标准和实际情况核定。这种方法的关键是进行功能价格的回归分析，运用最小二乘法求价格 Y 与功能 X 的关系式：

$$Y = a + bX$$

为了求得 a 和 b 之值，可利用微积分中的极值原理或用代数方法得到以下两个标准方程式：

$$\sum Y = na + b\sum X$$
$$\sum XY = a\sum X + b\sum X^2$$

式中：Y——价格；X——功能；n——选定的数据个数。

解以上方程组即可求得 a、b 之值，再将 a、b 之值代入价格 Y 与功能 X 的关系式中，求得无形资产重置购价，重置购价加上支付的有关费用即为重置全价。

【例 5-2】 假设某企业拟以一项生产专利对外投资，该专利原购价为 2 600 万元，功能系数为 1 000。现有甲、乙、丙三家企业购买过与此项专利相同的无形资产，其买价分别为 3 000 万元、4 000 万元和 3 600 万元，对应的功能系数分别为 1 600、2 400 和 2 000，该项无形资产实际购置费用相当于购买价的 1.5%，试按市价类比法估算该企业购买这项生产专利的重置全价。

分析：与该项无形资产类似的买价分别为 3 000 万元、4 000 万元和 3 600 万元，说明买价与功能差别的相关度较高，可作功能价格的回归分析。

解：运用最小二乘法求价格 Y 与功能 X 的关系式。

$$Y = a + bX$$

已知：Y (3 000，4 000，3 600)；X=(1 600，2 400，2 000)。

依照最小二乘法原则，求 a 和 b 之值：

$$\sum Y = 3\ 000 + 4\ 000 + 3\ 600 = 10\ 600$$

$$\sum X = 1\ 600 + 2\ 400 + 2\ 000 = 6\ 000$$

$$\sum XY = 1\ 600 \times 3\ 000 + 2\ 400 \times 4\ 000 + 2\ 000 \times 3\ 600 = 21\ 600\ 000$$

$$\sum X^2 = 1\ 600^2 + 2\ 400^2 + 2\ 000^2 = 12\ 320\ 000$$

$$n = 3$$

将以上数据代入下列方程式得：

$$3a + 6\ 000b = 106\ 000$$

$$6\ 000a + 12\ 320\ 000b = 21\ 600\ 000$$

解方程组得：

$$a = 1\ 033.33 \quad b = 1.25$$

故 $Y = 1\ 033.33 + 1.25X$

又知被评估资产的功能系数为 1 000，按现行市价类比，并考虑功能因素，代入上式得：

重置购价 $= 1\ 033.33 + 1.25 \times 1\ 000 = 2\ 283.33$(万元)

重置全价 = 重置购价 + 重置费用重估价

$= 2\ 283.33 + 2\ 283.33 \times 1.5\%$

$= 2\ 283.33 + 34.25$

$= 2\ 317.58$(万元)

2) 物价指数调整法

物价指数调整法是指根据物价指数对无形资产原始成本进行调整，来评估无形资产价值的一种方法。其计算公式为：

无形资产重置全价 = 无形资产账面原值 × 价格变动指数

从无形资产价值构成看，主要有两类费用：物质消耗费用和人工消耗费用。前者与生产资料物价指数相关度高，后者与消费价格指数相关度高。在不同的无形资产中，两类费用的构成往往存在较大差异。因此，在评估中需根据具体评估对象中哪种费用占主导地位选择一种物价指数，或按两类费用的大致比例按结构分别采用生产资料物价指数与生活资料物价指数。

以上公式适用于采取一次性付款的外购无形资产的重置成本的估算。对于采用分期付款方式的外购无形资产的重置成本的估算，首先要估算该无形资产成交时点的价值，即将所有应支付的金额(包括已支付款额和未支付款额)按一定的折现率折算到成交时的价值，然后再按照物价指数调整法将无形资产成交时点的价值调整到评估基准日的价值。其计算公式为：

$$C = \sum_{i=1}^{n} [R_i \times (1+r)^{-i}] \times w$$

式中：C ——无形资产的重置成本；R_i——每期付款额；r ——折现率；n ——付款期数；w——价格变动指数。

3. 无形资产成新率的估算

如前所述，无形资产不存在有形损耗，只存在功能性损耗与经济性损耗。其成新率的确定可以采用类似于有形资产的使用年限法(又称剩余寿命预测法)。

其计算公式为:

$$成新率=\frac{剩余使用年限}{已使用年限+剩余使用年限}\times 100\%$$

公式中,关键是确定无形资产的剩余使用年限,具体预测方法可以参照收益法中有关"无形资产收益期限的确定"。

在确定无形资产成新率时,需要注意无形资产的使用效用与时间的关系,这种关系通常不是线性的,因此不能简单地采取直线折余法。如果无形资产的效应是非线性递减(如技术型无形资产),或者是在一定时间内呈非线性递增(如商标、商誉),在确定成新率时可以采用摊销折余法。该方法是在条件具备的情况下,按成本摊销比例来确定成新率的,其计算公式为:

$$成新率=\frac{原应摊销总额-已计提摊销额}{原应摊销总额}\times 100\%$$

【例 5-3】 某企业账面资料记录,某项无形资产的原始成本为 200 万元,定基物价指数为 160%,已摊销 80 万元,试按摊销折余法计算成新率和无形资产重置净价。

$$成新率=\frac{原应摊销总额-已计提摊销额}{原应摊销总额}\times 100\%=\frac{200-80}{200}\times 100\%=60\%$$

$$\begin{aligned}无形资产重置净价&=完全重置成本\times 成新率\\&=无形资产账面原值\times 物价指数\times 成新率\\&=200\times 160\%\times 60\%\\&=192(万元)\end{aligned}$$

(三) 无形资产评估中成本法的运用

1. 运用成本法评估最低收费额

最低收费额是由重置成本和机会成本所组成,是转让方向受让方收取的仅仅补偿成本的最低转让费。决定无形资产转让的最低收费额的因素有:重置成本和机会成本。当购买方与转让方共同使用该项无形资产时,重置成本净值由双方根据运用规模、受益范围等分摊。机会成本是指由于无形资产转让,使转让方为自己制造了竞争对手而减少利润或增加支出。因此,这项机会成本应由购买者补偿。最低收费额的计算公式为:

$$无形资产最低收费额=重置成本净值\times 转让成本分摊率+无形资产转让的机会成本$$

$$转让成本分摊率=\frac{购买方运用无形资产的设计能力}{运用无形资产的总设计能力}\times 100\%$$

$$无形资产转让的机会成本=无形资产转让的净减收益+无形资产再开发的净增费用$$

【例 5-4】 某企业拟转让甲产品生产的全套技术,该技术账面原始成本为 400 万元,已使用 2 年,预计还可使用 10 年。近 2 年物价涨幅为 20%。由于技术转让,该企业产品的市场占有率将有所下降,在以后的 10 年内,减少销售收入的现值为 130 万元,增加开发费用以提高质量、保住市场的追加成本现值为 120 万元。该企业与购买方共同享用这项生产技术所形成的设计能力分别为 650 万件和 350 万件,试评估该项无形资产转让的最低收费额。

(1) 计算该项无形资产的重置成本净值:

$$重置成本净值=400\times(1+20\%)\times\frac{10}{10+2}=400(万元)$$

(2) 计算转让成本分摊率：

$$转让成本分摊率 = \frac{350}{650+350} \times 100\% = 35\%$$

(3) 计算机会成本。

无形资产转让后加剧了市场竞争，在该无形资产的寿命期间，销售收入减少和费用增加的现值，就是转让无形资产的机会成本。即：

$$\begin{aligned}机会成本 &= 无形资产转让净减收益现值 + 无形资产再开发净增费用现值 \\ &= 130 + 120 = 250(万元)\end{aligned}$$

(4) 计算该项无形资产转让的最低收费额：

$$最低收费额 = 400 \times 35\% + 250 = 390(万元)$$

2. 成本—收益法

在运用成本法评估无形资产的转让、投资价值时，如果无形资产的合理利润或投资报酬率无法直接确定，但无形资产的贡献率(分成率)和使用无形资产后每年的净收益是可以预测的，就可以将成本法和收益法结合使用，即成本—收益法。其计算公式为：

$$P = \frac{1}{(1-\beta_2)}(C+\beta_1 V)(1-\beta_3) + K\sum_{t=1}^{n}\frac{R_t}{(1+r)^t}$$

式中：P——无形资产评估值；C——无形资产研制开发中的物化劳动消耗；V——无形资产研制开发中的活劳动消耗；β_1——科研人员创造性劳动倍加系数；β_2——科研的平均风险系数；β_3——无形资产的损耗率；K——无形资产分成率：R_t——第 t 年分成基数(超额收益)；n——收益期限；r——折现率。

上式也可以改写为：

$$P = 重置成本净值 + K\sum_{t=1}^{n}\frac{R_t}{(1+r)^t}$$

公式中的重置成本净值应根据被估无形资产是外购还是自创、是属于技术型还是非技术型无形资产、是普通许可还是独占许可等具体情况，选择恰当的方式估算。

【例 5-5】 甲企业被乙企业兼并，需要对甲企业自创的一套工艺流程方法专利权进行评估。有关资料如下：该工艺方法研制时发生原材料费 20 000 元，辅助材料费 5 000 元，燃料动力费 4 000 元，有关人员工资和津贴 7 000 元，专用设备费 4 500 元，差旅费 500 元，管理费 1 000 元，占用固定资产的折旧费 15 000 元，人员培训费和资料费等 2 500 元，专利申请费 1 000 元。试估算该工艺流程方法专利权的价值。

分析：从已知条件来看，本例可采用成本—收益法进行评估。即按照自创专利时所耗费的实际成本及该专利具有的实际获利能力的现值确定重估价值。

其评估步骤如下：

第一步，计算自创时的总成本。设该专利的创造性劳动倍加系数为 3，科研平均风险率 9%，无形损耗率 15%，根据题中提供的资料计算，该项工艺流程方法专利权自创成本为：

$$\begin{aligned}C_{总} &= \frac{1}{1-9\%} \times [(20\,000+5\,000+4\,500+500+1\,000+15\,000 \\ &\quad +2\,500+1\,000)+3\times 7\,000] \times (1-15\%) \\ &= 1.098\,9 \times (53\,500+21\,000) \times 0.85 \\ &= 69\,588(元)\end{aligned}$$

第二步，计算自创专利年收益额。从甲企业运营情况可知，该项专利使用后，每年可新增利润300 000元。

第三步，确定专利的有限使用年限。使用年限的确定应根据国家专利法规定及该专利的技术进步水平、已经使用年限等因素，由甲、乙双方协商确定。最终确定该专利剩余有效期限为5年。

第四步，计算专利的重估价值。设提成率为24%，折现率为10%，则这项专利的重估价值为：

$$P = 69\,588 + 24\% \times 300\,000 \times 3.790\,8 = 69\,588 + 272\,938 = 342\,526(\text{元})$$

三、无形资产评估的市场法

虽然无形资产具有的非标准性和唯一性特征限制了市场法在无形资产评估中的使用，但这不排除在评估实践中仍有应用市场法的必要性和可能性。如果有充分的源于市场的交易案例，可以从中取得作为比较分析的参照物，并能对评估对象与可比参照物之间的差异作出合适的调整，就可应用市场法。

5-2 资产评估执业准则——无形资产

第三节 专利权和专有技术的评估

一、专利资产评估

5-3 知识产权资产评估指南

（一）专利资产的概念、特点及转让方式

1. 专利资产的概念

专利权是指经国家专利机关依法认定、批准的，授予发明创造人或其权利受让人在一定期限内对某发明成果享有的独占权或专有权。专利权人依法对其发明创造享有制造、使用、销售的独占实施权或许可他人实施的权利。专利权包括发明、实用新型和外观设计三种。发明是指对产品、方法或者其改进提出新的技术方案，包括产品发明和制造产品的方法发明。实用新型是指对产品的形状、构造或者其结合所提出的适于实用的新技术方案，不包括制造产品的方法。外观设计是指对产品的形状、图案、色彩或者其结合所作出的富有美感并适于工业应用的新设计。

2. 专利资产的特点

(1) 专利资产确认复杂。专利技术成为资产的前提是可以为特定权利人带来经济利益，同时还必须符合法律的相关规定。法律在对专利技术提供保护的同时，也对专利技术获得保护的条件作了明确的规定。也就是说，专利技术成为资产，必须符合法律的相关规定。另外，法律同时还对专利技术获得保护的范围及时限等作了明确规定。这使专利资产与一般的有形资产相比，在资产确认方面更为复杂。

(2) 收益的不确定性。专利资产的收益能力与有形资产相比，具有一定的不确定性。这种不确定性主要体现在专利资产在应用过程中存在的风险，包括技术风险、市场风险、资金风险及管理风险。另外，由于专利资产属于无形资产，在交易过程中，与有形资产相比，存在一定的困难，增加专利技术价值实现的难度。这些困难包括：专利技术交易价格的不确定性、专利技术移植的难度及专利技术交易的多样性。评估人员在对专利资产进行评估过程中，必须充分考虑其收益能力不确定的特性，并且体现在参数的选取上。

(3) 法律特征。专利资产在法律上有时间性、地域性和排他性的特征。

专利资产的时间性是指其权利的时限是由法律确定的。由于《专利法》对发明、实用新型和外观设计三种专利的保护期限作了明确规定，发明为 20 年，实用新型专利权的期限为 10 年，外观设计专利权的期限是 15 年。专利期满后，《专利法》将不再提供保护，则该技术将成为公知技术，任何人都可以无偿地使用。在此需指出，资产评估中的价值不包括社会价值。

专利资产的地域性是指在其获得专利权的国家或地区，该项技术依当地专利法的规定获得保护，如超出这个范围，专利权就失效。专利资产的地域性特征对国外专利技术及国内专利技术在国际市场的价值有决定性的作用。

专利资产的排他性指在专利权有效期内法律赋予专利所有人排他性地运用专利的特权。任何单位和个人未经专利权人许可，都不得实施其专利。这是该专利获得超额利润的保证，也是确保《专利法》立法目的实现的基础。

(二) 专利资产评估程序

(1) 证明和鉴定专利资产的存在。收集能够证明专利权存在的专利说明书、权利要求书、专利证书及有关法律性文件等资料，并请有关专家鉴定该专利的有效性和可用性。

(2) 确定评估方法，收集相关资料。专利权评估应用收益法情形较多。收益法的运算过程在前面已经详述，重要的任务是收集相关资料，以确定方法运用中的各项技术参数和指标。收集的资料主要包括技术资料、经济及市场资料、法规资料和资产占有方、管理方方面的资料。

(3) 评定估算并完成评估报告。上述收集的资料是知识产权评估的基础资料，评估人员应进行认真核实、分析，这些基础资料是资产清查工作的目的及成果，它将为下一步的评定估算工作做好充分的准备。资料分析主要包括技术状况分析、收益能力分析、市场分析和投资可行性分析。在信息资料核查分析的基础上运用所选择的评估方法评定估算。最后完成评估报告，评估报告是专利权评估结果的最终反映，但这种结果是建立在各种分析、假设基础之上的，为了说明评估结果的有效性和适用性，评估报告中应详尽说明评估中的各有关内容。

(三) 专利资产的评估方法

1. 收益法

运用收益法评估，需要测算专利技术使用所产生的追加利润(或称收益额)、收益年限、折现率等指标。专利资产的收益额是指直接由专利资产带来的预期收益，对于收益额的测算，通常可以通过直接测算超额收益和通过利润分成率测算获得。由于专利资产收益的来源不同，可以将专利资产划分为收入增长型专利和费用节约型专利来测算，也可以通过分成率方法测算。在实际评估工作中，通常采用利润分成法或销售收入分成法来估算追加利润。

【例 5-6】 甲公司于 2018 年开发研制了一项新技术方法并取得了专利权。2019 年年初，该公司准备将该专利技术的所有权出售给乙公司，乙公司因购买后进行会计账面摊销需要评估其价值。买卖双方经共同协商认为，该专利技术的剩余经济使用年限为 4 年，专利技术的价格按实际年销售收入的一定比率分年期支付，收入分成率为 25%。预期今后 4 年的销售收入额分别为 500 万元、700 万元、800 万元和 800 万元。适用折现率为 20%。该专利技术的价值估算过程为：

$$\begin{aligned} R &= P_2 \times Q_2 \times f_i(1-T) \\ &= P_2 \times Q_2 \times 25\% \times (1-25\%) \end{aligned}$$

计算表明，2019 年、2020 年、2021 年和 2022 年的预期分成收益额分别为 93.75 万元、131.25 万元、150 万元和 150 万元。

估算未来收益额的现值即评估值为：

$$\frac{93.75}{1.2}+\frac{131.25}{1.2^2}+\frac{150}{1.2^3}+\frac{150}{1.2^4}=328.41(\text{万元})$$

2. 成本法

成本法应用于专利技术的评估，主要用于分析计算其重置完全成本构成、数额以及相应的贬值率。专利分为外购和自创两种。外购专利技术的重置成本确定比较容易，自创专利技术的成本一般由以下因素组成（注意与会计上自创无形资产成本构成内容不一致）。

1）研制成本

研制成本包括直接成本和间接成本两大类。直接成本是指研制过程中直接投入发生的费用，间接成本是指与研制开发有关的费用。

延伸阅读 5-2

研制成本中直接成本和间接成本的分类

直接成本一般包括：材料费用，即为完成技术研制所耗费的各种材料费用；工资费用，即参与研制技术的科研人员和相关人员的费用；专用设备费，即为研制开发技术所购置或专用设备的摊销；资料费，即研制开发技术所需的图书、资料、文献、印刷等费用；咨询鉴定费，即为完成该项目发生的技术咨询、技术鉴定费用；协作费，即项目研制开发过程中某些零部件的外加工费以及使用外单位资源的费用；培养费，即为完成本项目，委派有关人员接受技术培训的各种费用；差旅费，即为完成本项目发生的差旅费用；其他费用。

间接成本主要包括：管理费，即为管理、组织本项目开发所负担的管理费用；非专用设备折旧费，即采用通用设备、其他设备所负担的折旧费；应分摊的公共费用及能源费用。

2）交易成本

交易成本即发生在交易过程中的费用支出，主要包括：技术服务费，即卖方为买方提供专家指导、技术培训、设备仪器安装调试及市场开拓费；交易过程中的差旅费及管理费，即谈判人员和管理人员参加技术洽谈会及在交易过程中发生的食宿及交通费等；手续费，即指有关的公证费、审查注册费、法律咨询费；税金，即无形资产交易、转让过程中应缴纳的相关税费。

由于评估目的的不同，其成本构成内涵也不一样，在评估时应视不同情形考虑以上成本的全部或一部分。

【例 5-7】 甲公司因出售 2 年前自行研制开发并获得专利证书的一项专利权，需要进行资产评估。经进行财务调查，研制成本总计 40 万元，2 年来物价上涨指数都是 5%，该专利权法定保护期限为 10 年，但专家意见是有效使用期限为 6 年，试用成本法计算专利权的评估价值。

计算分析过程为：

5-4 专利资产评估指导意见

$$\text{重置成本}=400\,000\times(1+5\%)^2=441\,000(\text{元})$$

$$\text{成新率}=6\div(2+6)=100\%$$

$$\text{评估价值}=441\,000\times75\%=330\,750(\text{元})$$

二、专有技术评估

(一) 专有技术的概念及特点

1. 专有技术的概念

专有技术又称非专利技术、技术秘密,是指为特定的人所知的未公开其完整形式、处于保密状态、并未申请专利的具有一定价值的知识或信息。主要包括设计资料、技术规范、工艺流程、材料配方、经营诀窍和图纸、数据等技术资料。专有技术与专利权不同,从法律角度讲,它不是一种法定的权利,而仅仅是一种自然的权利,是一项收益性无形资产。从这一角度来说,进行专有技术的评估,首先应该鉴定专有技术存在的客观性。这一判断难度要大于专利权的判断。

2. 专有技术的特点

一般来说,企业中的某些设计资料、技术规范、工艺流程、配方等之所以能作为专有技术存在,是因为专有技术有以下特点:

(1) 实用性。专有技术的价值取决于其是否能够在生产实践过程中操作,不能应用的技术不能称为专有技术。

(2) 获利性。专有技术必须有价值,表现在它能为企业带来超额利润。价值是专有技术能够转让的基础。

(3) 保密性。保密性是专有技术的最主要特性。如前所述,专有技术不是一种法定的权利,其自我保护是通过保密性进行的。

(二) 影响专有技术价值的因素分析

在专业技术评估中,应注意研究影响专有技术评估值的各项因素,这些因素主要有:

(1) 专有技术的使用期限。专有技术由于依据保密手段进行垄断,不受法律保护,因而没有法定的有效期限。确定专有技术的有效使用年限或剩余寿命,主要是为了确定其能带来超额收益的期限长度。一旦专有技术成为公开技术,该专有技术就不存在无形资产价值了。因此评估时评估者应综合考虑本领域的技术发展情况、市场需求情况及技术保密情况进行估算专利技术的使用期限,或者根据双方合同、协议条款来分析。

(2) 专有技术的预期获利能力。专有技术的价值在于其使用所带来的超额获利能力。评估时应充分分析专有技术的直接和间接获利能力。由于专有技术的保密特性,市场上没有可比资料,通过市场途径来评估不可行,较常用的方法是按该技术的制成品所带来的超额利润进行估算。

(3) 专有技术的市场情况。专有技术的价值取决于其技术水平在同类技术中的领先程度。某项技术在国内发展和更新换代速度和市场可替代技术越多,专有技术价格越低;相反,如果专有技术开发难度大或可替代技术少,则专有技术价格更高。

(4) 专有技术的开发成本。专有技术的开发成本高低,也会影响到专有技术的评估价值。评估时,应根据不同技术特点,研究开发成本及其获利能力的关系。

(5) 保密措施。专有技术保密措施的核查,是核查专有技术是否处于保密状态及易于公开的环节。评估中,评估人员可从核心技术人员的流动情况、保密协议及保密制度以及其他相关的保密措施入手核查。

（三）专有技术的评估程序和评估方法

（1）收益法。收益法可用以下例子解释。

【例 5-8】 某饮料生产企业将其饮料生产专有配方转让给另一家饮料生产厂。由于该配方具有一定的先进性，生产的饮料口感特别受消费者喜爱，预计使用该配方后生产出的饮料会比较畅销。双方签订合同，约定受让方在未来 4 年内，每年从其销售毛收入中提取 10%给该配方持有企业，作为该配方的转让费。折现率为 15%。试计算该配方的转让评估价值。

该配方的转让评估价值估算过程如下：

预测使用该配方后未来 4 年的销售收入分别为 80 万元、90 万元、95 万元和 95 万元。

该配方转让的评估价值为：

$$10\% \times \left(\frac{80}{1.15} + \frac{90}{1.15^2} + \frac{95}{1.15^3} + \frac{95}{1.15^4}\right) \times (1 - 25\%) = 19.08(\text{万元})$$

（2）成本法。成本法可用以下例子解释。

【例 5-9】 某企业有 200 张机械零部件工艺设计图纸，已经使用 5 年。经专家从工艺设计图纸的设计先进性和保密性等方面鉴定认为，有 180 张图纸仍然可以作为有效的非专利技术资产，预计剩余经济使用年限为 6 年。根据该类图纸的设计、制作耗费估算，当前每张图纸的重量成本为 3 000 元。试计算该批图纸的价值。

该批图纸的价值估算过程如下：

该批图纸的重置成本：

$$180 \times 3\,000 = 540\,000(\text{元})$$

该批图纸的成新率为：

$$6 \div (6 + 5) = 54.54\%$$

该批图纸的价值为：

$$540\,000 \times 54.54\% = 294\,516(\text{元})$$

第四节　其他无形资产的评估

一、商标资产评估

（一）商标资产评估对象的确认

商标是商品的标记，是商品生产者或经营者为了把自己的商品区别于他人的同类商品，在商品上使用的一种特殊标记。这种标记一般是由文字、图形、字母、数字、三维标志和颜色组合而成。

商标的作用表现在：商标表明商品或劳务的来源，说明该商品或劳务来自何企业，商标能把一个企业提供的商品或劳务与其他企业的同一类商品或劳务相区别；商标标志一定的商品或劳务的质量；商标反映向市场提供某种商品或劳务的特定企业的声誉。消费者通过商标可以了解这个企业形象，企业也可以通过商标宣传自己的商品，提高企业的知名度。

从经济学角度来说，商标的这些作用最终能为企业带来超额收益。从法律角度来说，保护商标也就是保护企业获取超额收益的权利。

（二）商标的分类

（1）按商标是否具有法律保护的专用权。按商标是否具有法律保护的专用权，可以分为注册商标和未注册商标。《中华人民共和国商标法》(以下简称《商标法》)规定:"经商标局核准注册的商标为注册商标,包括商品商标、服务商标和集体商标、证明商标,商标注册人享有商标专用权,受法律保护。"我们所说的商标权的评估,指的是注册商标专用权的评估。

(2) 按商标的构成。按商标的构成可以划分为文字商标、图形商标、符号商标、文字图形组合商标、色彩商标、三维标志商标等。

(3) 按商标的不同作用。按商标的不同作用可以分为商品商标、服务商标、集体商标和证明商标等。在这里,集体商标是指以团体、协会或者其他组织名义注册,供该组织成员在商事活动中使用,以表明使用者在该组织中的成员资格的标志。证明商标是指由对某种商品或者服务具有监督能力的组织所控制,而由该组织以外的单位或者个人使用于其商品或者服务,用于证明该商品或者服务的原产地、原料、制造方法、质量或者其他特定品质的标志。

(三) 商标资产及其特点

商标权是商标在注册后,商标所有者依法享有的权益,它受到法律保护,未注册商标不受法律保护。商标权是以申请注册的时间先后为审批依据,而不以使用时间先后为审批依据。商标权一般包括有排他专用权(或独占权)、转让权、许可使用权、继承权等。排他专用权是指注册商标的所有者享有禁止他人未经其许可而在同一种商品劳务或类似商品劳务上使用其商标的权利。转让权是商标所有者作为商标权人,享有将其拥有的商标转让给他人的权利。我国《商标法》规定:"转让注册商标的,转让人和受让人应当签订转让协议,并共同向商标局提出申请。受让人应当保证使用该注册商标的商品质量。""转让注册商标经核准后,予以公告。"许可使用权是指商标权人依法通过商标使用许可合同,允许他人使用其注册商标。商标权人通过使用许可合同,转让的是注册商标的使用权。继承权是指商标权人将自己的注册商标交给指定的继承人继承的权利,但这种继承必须依法办理有关手续。

(四) 影响商标资产价值的因素

商标权作为一种无形资产,其经济价值并非简单地由设计、制作、申请、保护等方面所耗费用而形成的,广告宣传有利于扩大商标的知名度,并需要花费高额费用,但这些费用对商标权价值只起影响作用,而不起决定作用。商标权的经济价值体现为它能获得超额收益,不能带来超额收益,商标权也就不具有经济价值。商标之所以能带来超额收益,是因为它是所代表的企业的商品质量、性能、服务等因素的综合性、重复性的显示,有时甚至是一定的效用价格比的标志。它实际上是对企业生产经营的素质,尤其是技术状况、管理状况、营销技能的综合反映。另外商标权的评估价值还与评估基准日的社会、经济状况以及评估目的等密切相关。因此,商标权价值的评估应重点考虑如下几个方面。

(1) 商标的法律状态。商标注册情况、商标权的失效、商标权的续展、商标权的地域性和商标权在特定的商品范围内有效。我国实行的是"不注册使用与注册使用并行,仅注册才能产生专用权"的商标专用权制度。只有注册了的商标才具有经济价值,未注册的商标即使能带来经济效益,其经济价值也得不到确认。在我国,注册商标的有效期是10年,10年届满如果没有申请续展,则商标的注册将注销,商标权失效。商标权一旦失效,原商标所有人不再享有商标专用权,就失去了评估对象,也就不再具有经济价值。商标注册人按期提出续展申请,经商标局核准,商标权可以无限续展。在合法续展的情况下,商标权可成为永久性收益的无形资产。商标权的地域范围对商标权的价值有很大影响。商标所有者所享有的商标权,只能在授予该项权利的国家领域内受到保护,在其他国家则不发生法律效力。商标注册的商品种类及范围影响商标权的价值。

(2) 商标的知名度。商标的知名度，即商标的驰名度。商标的知名度越大，其价值就越高。很多国家对驰名商标的保护力度远大于非驰名商标，对驰名商标的认定一般也有着苛刻的条件和复杂的手续。

(3) 商标所依托的商品。商标权是商标所有者享有禁止他人未经许可在同一种商品劳务或类似商品劳务上使用其商标的权利。商标权本身不能直接产生收益，其价值大都是依托有形资产来实现的。主要与商品所处的行业及前景、商品的生命周期、商品的市场占有率、竞争状况、商品的利润情况、商品经营企业的素质、经营业绩等因素有关。

(4) 宏观经济状况。商标资产的价值与宏观经济形势密切相关，在评估基准日宏观经济景气高涨时，评估值相对较高，低迷时评估值较低。另外，宏观经济政策对商标价值也有一定的影响，财政政策、货币政策是紧是松，尤其是与所评估商标的行业相关的政策走向，也是商标评估必须考虑的因素。

(5) 评估目的。商标资产评估目的即商标资产发生的经济行为，评估目的会直接影响到评估方法的选择。同样的资产，因为评估目的不同，其评估方法的选择可能会不同，同一评估方法中各项评估参数的选取也会不同，因而评估值也往往不同。一般来说，商标所有权转让的评估值高于商标权许可使用的评估值。

(6) 类似商标的交易情况。市场上类似商标的交易情况也会影响商标资产的价值。当使用市场法进行商标价值评估时，可比实例及其交易情况对商标价值评估起决定性的作用。这些因素包括可比实例的交易价格、交易情况、本身情况、交易日期等。

(7) 商标设计、广告宣传。商标的优劣关系到企业的成败兴衰。一个好的商标设计要求美观、内涵丰富并能展示企业风格，而商标设计的基础在于商标名称的创意和设计。

(8) 商标声誉的维护。商标资产的价值与商标声誉的维护有关。商标资产维护时间越长，价值越大。如不维护商标的声誉，商标就会贬值。商标的广告宣传是扩大商标知名度、影响力和维护商标的重要因素。通过广告宣传使大众熟悉该品种或服务，刺激和维持消费需求，从而扩大产品销量，为企业带来更多超额利润。另外，商标的广告宣传费用也是商标成本的重要组成部分。因而，商标的广告宣传对其价值产生重大影响。商标资产的价值与商标的广告宣传费多少有关，但商标资产的价值并不等于商标的广告宣传费用。

(9) 其他因素。除上述影响商标价值评估的因素外，还有一些其他情况对商标价值评估构成影响，如商标的注册、使用、购买成本，商标注册时间、有无许可使用等，都是影响商标资产价值的重要因素。

(五) 商标权评估的程序

(1) 接受委托，明确有关事项。商标评估的第一步是接受委托方的委托，明确评估中的有关事项。商标资产评估的目的即商标资产发生的经济行为。从商标资产发生的经济行为方式来说，可分为商标权转让和商标权许可使用。商标权转让是指转让方放弃商标权，转归受让方所有，实际上是商标所有权出售。商标权许可使用则是拥有商标权的商标权人在不放弃商标所有权的前提下，特许他人按照许可合同规定的条款使用商标。商标评估的范围包括待评商标的种类、数量及应用的商品种类和地域范围。确定评估基准日，明确待评商标的价值时点。

(2) 向商标权人收集有关资料。商标权人概况和经营业绩，包括前 3～5 年财务报表；商标概况，包括商标注册有关的法律性证件、商标权人、注册时间、注册地点、注册证书号、有效期及续展条件、保护内容、商标的适用范围、商标的种类、许可使用和转让情况等；商标权的成本费用和历史收益情况，包括商标权申报或购买、持有等项支出成本，商标使用、许可使用及转让所带来的历史收益；商标的知名度，广告宣传情况，同类产品的名牌商标；商标的预期寿命和收益情况，包括使用该商标产品的预期寿命、单位售价、销售量、市场占有率和利润情况，同种产品单位售价情况、主要竞争对象的市场占有率、盈利情况等；相关产业政策、财税政策等宏观经济政策对其的影响。

(3) 市场调研和分析。市场调研和分析的主要内容包括产品市场需求量的调研和分析、商标现状和前景的分析、商标产品在客户中的信誉、竞争情况的分析、商标产品市场占有率的分析、财务状况分析、市场环境变化的风险分析以及其他相关信息资料的分析等。

(4) 确定评估方法，收集确定有关参数。商标权评估较多的是采用收益法，但也不排斥采用市场法和成本法。由于商标的单一性，同类商标价格获取的难度，使市场法应用受到限制；商标权的投入与产出具有弱对应性，有时设计创造商标的成本费用较低，其带来收益却很大；相反，有时为设计、创造某种商标成本费用较高，比如为宣传商标投入了巨额的广告费，但带来的收益却不高。因此，采用成本法评估商标权时必须慎重。

(5) 计算、分析、得出结论，完成评估报告。

(六) 商标资产评估方法

商标权评估采用的方法一般为收益法，下面主要介绍说明收益法在商标资产评估中的应用。

【例 5-10】 某企业将一种已经使用 50 年的注册商标转让。根据历史资料，该企业近 5 年使用这一商标的产品比同类产品的价格每件高 0.7 元，该企业每年生产 100 万件。该商标目前在市场上有良好信誉，产品基本上供不应求。根据预测估计，如果在生产能力足够的情况下，这种商标产品每年生产 150 万件，每件可获超额利润 0.5 元，预计该商标能够继续获取超额利润的时间是 10 年。前 5 年保持目前超额利润水平，后 5 年每年可获取的超额利润为 32 万元，评估这项商标权的价值。

(1) 首先计算其预测期内前 5 年中每年的超额利润：

$$150 \times 0.5 = 75(\text{万元})$$

(2) 根据企业的资金成本率及相应的风险率，确定其折现率为 10%。

(3) 确定该项商标权价值：

$$\begin{aligned}\text{商标权价值} &= 75 \times [(1+10\%)^5 - 1] \div 10\% + 32 \times [(1+10\%)^5 - 1] \div 10\% \times 1 \div (1+10\%)^5 \\ &= 284.3 + 75.3167 \\ &= 359.6167(\text{万元})\end{aligned}$$

由此确定商标权转让评估值为 359.616 7 万元。

二、商誉的评估

(一) 商誉的定义

商誉通常指企业在一定条件下，能获取高于正常投资报酬率的收益所形成的价值。这是企业由于所处地理位置的优势，或由于经营效率高、管理基础好、生产历史悠久、人员素质高等多种原因与同行业企业相比较，可获得超额利润。

5-5 商标资产评估指导意见

(二) 商誉的特点

(1) 商誉不能离开企业而单独存在，不能与企业可确指的资产分开出售。

(2) 商誉是多项因素作用形成的结果，但形成商誉的个别因素，不能以任何方法单独计价。

(3) 商誉本身不是一项单独的、能产生收益的无形资产，而只是超过企业可确指的各单项资产价值之和的价值。

(4) 商誉是企业长期积累起来的一项价值。

（三）商誉的评估

1. 割差法评估

割差法是将企业整体评估价值与各单项资产评估值之和进行比较，从而确定商誉评估的方法。基本公式为：

$$商誉的评估值 = 企业整体资产评估值 - 企业可确指各单项资产价值之和$$

企业整体资产评估值可以通过预测企业未来预期收益并进行折现或资本化获取；对于上市公司，也可以按股票市值确定。采取上述评估方法的理论依据是，企业价值与企业可确指的各单项资产价值之和是两个不同的概念。如果有两个企业，企业可确指的各单项资产价值之和大体相当，但由于经营业绩悬殊，其企业价值自然相去甚远。企业中的各项资产，包括有形资产和可确指的无形资产，由于其可以独立存在和转让，评估价值在不同企业中趋同。但它们由于不同的组合，不同的使用情况和管理，使之运行效果不同，导致其组合的企业价值不同。使各类资产组合后产生的超过各项单项资产价值之和的价值，即为商誉。

【例 5-11】 某企业进行股份制改组，根据企业过去经营情况和未来市场形势，预测其未来 5 年的净利润分别是 13 万元、14 万元、11 万元、12 万元和 15 万元，并假定从第 6 年开始，以后各年净利润均为 15 万元。根据银行利率及企业经营风险情况确定的折现率和本金化率均为 10%。并且，采用单项资产评估方法，评估确定该企业各单项资产评估之和（包括有形资产和可确指的无形资产）为 90 万元，试确定该企业商誉评估值。

首先，采用收益法确定该企业整体评估值。

$$\begin{aligned}企业整体评估值 &= 13 \times 0.909\,1 + 14 \times 0.826\,4 + 11 \times 0.751\,3 \\ &\quad + 12 \times 0.683\,0 + 15 \times 0.620\,9 + 15 \div 10\% \times 0.620\,9 \\ &= 49.161\,7 + 93.135 \\ &= 142.296\,7(万元)\end{aligned}$$

因为该企业各单项资产评估值之和为 90 万元，由此可以确定商誉评估值，即：

$$商誉的价值 = 142.296\,7 - 90 = 52.296\,7(万元)$$

2. 超额收益法评估商誉

商誉评估值指的是企业超额收益的本金化价格。把企业超额收益作为评估对象进行商誉评估的方法称为超额收益法。超额收益法可视被评估企业的不同，又可分为超额收益本金化价格法和超额收益折现法两种具体方法。

超额收益本金化价格法是把被评估企业的超额收益经本金化还原，来确定该企业商誉价值的一种方法。其计算公式为：

$$商誉价值 = \frac{企业预期收益额 - 行业平均收益率 \times 企业单项资产评估价值之和}{适用折现率}$$

【例 5-12】 某企业的预期年收益额为 20 万元，该企业的各单项资产的评估价值之和为 80 万元，企业所在行业的平均收益率为 20%，并以此作为适用资产收益率。试评估该企业商誉价值。

$$商誉的价值 = (200\,000 - 800\,000 \times 20\%) \div 20\% = 200\,000(元)$$

或者：

$$商誉的价值 = 800\,000 \times (200\,000 \div 800\,000 - 20\%) \div 20\% = 200\,000(元)$$

超额收益本金化价格法主要适用于经营状况一直较好、超额收益比较稳定的企业。如果在预测企业预期收益时，发现企业的超额收益仅能维持有限期的若干年，这类企业的商誉评估不宜采用超额收益本金化价格法，而应改按超额收益折现法进行评估。

超额收益折现法是把企业可预测的若干年预期超额收益进行折现，把其折现值确定为企业商誉价值的一种方法。其计算公式为：

$$商誉的价值 = \sum_{t=1}^{T} \frac{R_t}{(1+r)^t}$$

式中：R_t——第 t 年企业预期超额收益；r——折现率；T——收益期限。

【例 5-13】 某企业预计将在今后 5 年内保持其具有超额收益的经营态势。估计预期年超额收益额保持在 22 500 元的水平上，该企业所在行业的平均收益率为 12%。试评估该企业商誉价值。

$$\begin{aligned}商誉的价值 &= 22\,500 \times 0.89 + 22\,500 \times 0.80 + 22\,500 \times 0.71 \\ &\quad + 22\,500 \times 0.64 + 22\,500 \times 0.57 \\ &= 81\,225(元)\end{aligned}$$

三、专营权评估

专营权又称特许经营权，它是指获准在一定区域、一定时间内经营或销售某种特定商品的专有权利。一般分为两种：一种是政府特许的专营权(许可证)，如生产许可证、进出口许可证；另一种是企业特许另一企业使用其商标权或在特定地区内经营销售某产品，如某电视机厂允许另一电视机厂使用其商标和厂名生产电视机等。专营权的实行，一般能使专营权拥有者获得较高的经济收益。专营权的评估就是评估专营权带来的额外经济收益和付出的代价，其现值的差额就是专营权益。

【例 5-14】 A 企业为了生产、销售方便，允许另一地区的一家 B 企业利用其专营商标，生产其专营的特种公安器材，时间 5 年。双方约定由 B 企业每年按其销售利润的 15%一次向 A 企业缴纳专营使用费。求该专营使用费的重估价值。

经预测，在使用专营权期间，B 企业在第 1 年可获取销售利润 100 万元，第 2 至第 5 年平均每年获取销售利润 150 万元，设折现率为 12%，则这项专营使用价值的现值为：

$$(100 \times 0.893 + 150 \times 2.712) \times 15\% = 74.42(万元)$$

四、租赁权评估

(一) 租赁权评估

租赁权是在租赁合同规定的期限内将财产的使用权转让给承租方，承租方按照合同规定所获得的财产使用权。承租方必须向出租方支付一定的报酬，并在财产使用完毕之后将原物返还给出租方。

租赁权评估不是对租赁期间的租金的评估。租赁权体现在对租入资产的占有、使用和收益上，其收益一般说应该高于为占有、使用该资产所支付的成本，如租金、维修费等，这个额外的收益就构成了租赁权的价值。因此，租金不是租赁权的价格，租赁权的评估对象是租赁行为可能带来的超额经济收益，评估的依据也是租赁权产生的经济效益。其评估思路为用收益现值法计算出各期租赁资产预计的可实现收益，减去合同规定的租金，再折现汇总。

（二）合同权益评估

合同权益是依照已签订的合同条件而存在的权利。合同本身规定了相应的权利和义务，规定了权利存在的条件和时限，规定了权利转移和补偿的条款等。如果合同包括了许多有利因素，出于产权交易、索赔等目的，则需要对合同权益进行评估。

延伸阅读5-3

合同权益的分类

合同权益的典型例子是租赁权益。除此之外，还有许多有关商品和劳务的合同都是有价值的。这些合同主要可分为两类：收入合同与供给合同。

1. 收入合同

（1）有利的出租合同。前面从承租人角度分析了租赁权益，实际上出租人也可以享有租赁合同的额外收益，只要合同条款比市场条件更有利。

（2）有效进行销售、保管、运输的协作合同，对外提供劳务和服务的有利合同。特别是在市场萧条情况下，产品和劳务的销售合同是很有价值的。

（3）比市场条件较优惠的保险补偿合同等。

2. 供给合同

（1）优惠贷款和筹资协议。

（2）供应原材料和配套产品的协议。特别重要的是供应紧缺物资或服务的协议，包括某些紧俏物质的国家分配指标、用电指标等。

（3）提供有关社会服务的协议，如职工培训、子女入托、上学等协议。没有这些协议或者没有这方面的服务条件，企业就将在这方面付出更多，甚至影响到生产经营。

评估合同权益的通常办法是将合同条款决定的权益与现行市场合同权益进行比较，其差额就是合同权益。另一种办法是从企业全部收益中扣除其他生产要素的报酬，剩余额就是“一揽子”合同权益，具体方法与租赁权益的评估基本相同。

思政育人

有“知产”者有力：华为收专利费具标志性意义

在5G领域拥有大量核心专利的中国科技企业华为，将面向手机厂商收取专利许可费。华为收取5G手机专利许可费，符合国际规则，不仅表明中国企业知识产权意识的不断增强，更表明中国企业按国际规则参与国际竞争的底气和决心。

有“知产”者有力，保护知识产权就是保护创新。华为在具体专利收费策略上进行调整，是中国企业登上国际知识产权竞争舞台的标志性一步，对中国科技企业的发展壮大具有“样板”意义。

华为的底气来自对原发创新的矢志追求。几十年只对准通信领域一个“城墙口冲锋”，华为的“弹药”就是研发。科技企业对研发的执着，终于拥有了竞争优势，“跬步千里”的研发积累迎来突破，离不开正向激励机制的形成完善。未来，华为主营业务仍是经营产品与服务，但一定程度的专利收费，无疑有利于形成“知识有价”的正向导向，有助于营造尊重知识产权的良好社会氛围。

资料来源：http://www.xinhuanet.com/mrdx/2021-03/18/c_139819089.htm.

本章重要概念

无形资产　专利权　专有技术　商誉　商标　超额收益

本 章 练 习

一、单项选择题

1. 对无形资产进行评估时,(　　)。

A. 收益法是唯一的方法　　B. 收益法、市场法、成本法都可应用

C. 只能采用收益法和市场法　　D. 只能采用收益法和成本法

2. 假定某无形资产设计生产能力为 1 000 万件,购买方被许可的无形资产的设计能力为 500 万件,购买方实际运用生产能力为 400 万件,则无形资产的成本分摊率为(　　)。

A. 0.4　　B. 2　　C. 0.5　　D. 1.5

5-6 第五章练习题答案

3. 银行存款利率为 5.67%,贷款利率为 7.67%,企业所处行业的风险报酬率为 6%,则该企业拟采用的折现率最接近的为(　　)。

A. 5.67%　　B. 7.67%　　C. 11.67%　　D. 13.67%

4. 下列无形资产中,(　　)没有所有权与使用权的转让。

A. 商标　　B. 专利权　　C. 商誉　　D. 非专有技术

5-7 第五章 PPT

5. 假定无形资产设计生产能力为 1 000 万件,购买方运用无形资产的设计能力的 40%,则无形资产的转让成本分摊率为(　　)。

A. 1　　B. 2.5　　C. 0.6　　D. 0.4

6. 若转让双方共同使用该无形资产,则评估重置成本净值分摊率的依据为(　　)。

A. 尚可使用年限　　B. 设计能力　　C. 最低收费额　　D. 账面价格

7. 边际分析法和约当投资分成法是用于确定无形资产的理论依据是(　　)。

A. 销售收入分成率　　B. 销售成本分成率

C. 利润分成率　　D. 以上均不正确

8. 商标权是以(　　)的先后为审批依据。

A. 申请注册时间　　B. 使用时间　　C. 转让时间　　D. 评估时间

9. 下列关于商标权的说法中,正确的是(　　)。

A. 商标权与注册是否无关

B. 商标权包括独占权、转让权,但不包括继承权

C. 商标权与专利权成立的实质性条件相同,又都属于工业产权

D. 商标权的价值是由商标所带来的效益决定的

10. 我国专利法规定,发明专利的保护期限与实用新型和外观设计的保护期限分别为(　　)年和(　　)年。

A. 10　20　　B. 20　10　　C. 10　10　　D. 20　20

二、多项选择题

1. 无形资产作为独立的转让对象评估,其前提包括(　　)。

A. 能带来正常利润　　B. 能带来超额利润

C. 能带来垄断利润　　D. 能带来预期利润

E. 能带来折现利润

2. 通过无形资产的鉴定,可以解决的问题包括(　　)。

A. 证明无形资产存在　　B. 确定无形资产种类

C. 确定其有效期限　　D. 确定无形资产的评估方法

E. 确定无形资产的评估目的

3. 下列无形资产中,评估值较高的有(　　)。

A. 技术比较成熟的无形资产

B. 运用风险比较小的无形资产

C. 运用风险较大的无形资产

D. 创造成本很高但不为市场所需求的无形资产

E. 收益高的无形资产

4. 预计和确定无形资产的有效期限,通常采用的方法有(　　)。

A. 选择适当的指标体系

B. 按照法定的有效期限与受益年限孰短的原则确定

C. 法律、合同未作规定的按预计受益年限确定

D. 合同或申请书规定有受益年限的,按受益年限确定

E. 按国际惯例确定

5. 在专利权的评估工作中,评估人员在获取了相关资料后,在此基础上还应对这些资料、信息加以整理和分析,这些分析包括(　　)。

A. 技术状况分析　　B. 寿命周期分析　　C. 收益能力分析　　D. 市场状况分析

E. 投资的可行性分析

三、判断题

1. 工业产权是指无形资产的一种专门类型,通常包括专利权、专有技术、商标权和版权。(　　)

2. 考虑无形资产的共益性,就要求在资产评估时考虑机会成本的补偿问题。(　　)

3. 若无形资产形成时间较短,并且存在另一种类似无形资产可以替代,则成本法较为适用。(　　)

4. 评估时,需要注意无形资产收益额计算口径与折现率口径的一致性。若收益额采用净利润,则折现率应选择投资回报率。(　　)

5. 企业整体租赁权评估的思路是先用收益法评出该企业如果整体转让时的价格,然后以此价格减去企业整体租赁合同约定的租金。(　　)

四、简答题

1. 无形资产转让、投资评估的前提是什么?

2. 影响无形资产价值评估的因素有哪些?

五、业务题

1. 甲企业被乙企业兼并,需要对甲企业自创的一套工艺流程方法专利权进行评估。据资料提供情况如下:该工艺方法已使用3年,专家鉴定该项技术的剩余使用年限为6年。研制时发生原材料费40 000元,辅助材料费10 000元,燃料动力费8 000元;有关人员工资和津贴14 000元,专用设备费9 000元,差旅费1 000元,管理费2 000元,占用固定资产的折旧费30 000元,人员培训费和资料费等5 000元,专利申请费2 000元。近3年生产资料价格上涨指数分别为5%、4%和7%。求该工艺流程方法专利权的重置价格。

2. 甲企业生产某产品,原产量为每年15万件,每件价格120元,成本100元,现拟采用某专利技术,该技术可以提高产品质量,从而使价格上升到130元/件;并且可以扩大销量,使年销售量达17万件;同时可

以提高原材料利用率，使成本下降为95元/件。该企业所得税税率为33%，预计该专利的经济寿命为5年，假定折现率为10%。根据上述资料确定该项专利的评估值。

六、案例题

某企业转让制药生产全套技术，经收集和初步测算已知：

(1) 该企业与购买企业共同享受该生产技术，双方设计能力分别为700万箱和300万箱。

(2) 该制药生产线系国外引进，账面价格为400万元，已使用3年，尚可使用9年，2年通货膨胀率累计为10%。

(3) 该项技术转让对该企业生产经营有较大影响，由于市场竞争加剧、产量下降，在以后的9年内减少的销售收入按折现值计算为80万元，增加开发费用以保住市场的追加成本，按照现值计算为20万元。

根据上述资料，计算确定：

(1) 计算该项技术的重置成本净值。

(2) 求该项技术的最低转让费。

第六章　长期投资性资产评估

内容提要

本章重点介绍长期投资及其他资产评估的相关内容，要求学生熟悉长期投资、有价证券、股权投资、其他资产的概念及特征，并在此基础上重点掌握各种形式资产所对应的评估方法、评估程序。

重点难点

本章重点为债券投资的评估方法、长期股权投资的评估方法；难点为非上市股票的评估方法。

学习目标

通过本章的学习，学生应明确长期投资性资产的概念、评估特点及评估程序；掌握债券投资、长期股权投资的评估方法；了解其他长期性资产的评估方法。

知识框架

6-1 第六章章节导读

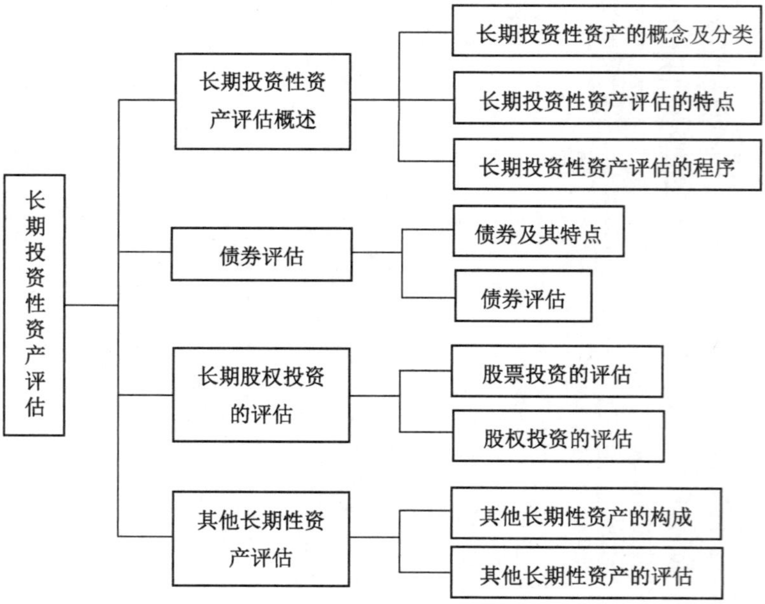

引入案例 广州粤泰集团股份有限公司关于出售子公司股权的评估报告补充及更正情况的说明公告

2022 年 9 月 7 日，广州粤泰集团股份有限公司发布关于出售子公司股权的评估报告补充及更正情况的说明公告。

公告中指出：

被评估单位海南白马持海南粤泰投资有限公司 100%股权，海南白马对其采用成本法核算，该项长期股权投资的账面价值为 1 000.00 万元；而海南粤泰投资评估基准日的所有者权益的账面价值为－5.98 亿元。因此，导致海南白马母公司口径净资产账面值(68 443.69 万元)与海南白马合并报表层面净资产价值(7 595.37 万元)产生较大差异，特提请报告使用人注意。

被评估单位持有海南瀚城房地产开发有限公司 30.1%的股权，该项长期股权投资的初始投资成本为 5.06 亿元，评估值为 5.19 亿元，增值 1 365.66 万元。

思考：长期投资有哪些评估方法？各评估方法的原理和具体应用情况如何？

资料来源：http://quotes.money.163.com/f10/ggmx_600393_8524490.html.

第一节 长期投资性资产评估概述

一、长期投资性资产的概念及分类

长期投资性资产是指不准备随时变现、持有时间超过 1 年的投资性资产。这种投资一般不以短期获利为目的。

按投资性质不同，长期投资性资产可分为长期股权投资、持有至到期投资和混合性投资等。长期股权投资是指为了获取其他企业的权益或净资产所进行的投资，如对其他企业的股票投资，为获取其他企业股权的联营投资等。持有至到期投资是指企业的长期债权，如购买的其他公司的债券、国库券、金融债券等。混合性投资是指兼具股权和债权双重性质的投资。这种投资通常表现为混合性证券投资，如购买的优先股股票、可转换公司债券等。

二、长期投资性资产评估的特点

由于长期投资性资产的目的是享有其他企业的权益，而投资企业在被投资企业的权益可能随着对方经营情况的变化而发生变化，也就是说，原来投入的资产在经过一段时间之后，其在被投资企业中的权益可能发生了变化，因此，长期投资性资产评估主要应考虑长期投资性资产所代表的权益大小。其特点如下。

(一) 长期股权投资是对被投资企业资本和获利能力的评估

这与一般资产的评估目的是不同的。长期股权投资是投资者在被投资企业所享有的权益，不管其原始投资的资产形式如何，一旦投资资产被转移到被投资企业，即被作为资本的象征。因此，对长期股权投资的评估实质上是对被投资单位资本的评估。

长期股权投资会随着被投资企业获利能力的提高而提高，因此，长期股权投资是对被投资企业获利能力的评估。

（二）持有至到期投资是对被投资企业偿债能力的评估

由于持有至到期投资到期应收回本息，被投资企业偿债能力的大小直接影响着投资企业债权投资到期收回本息的可能性。因此，被投资企业偿债能力就成为长期债权投资评估的决定因素。

（三）混合性投资具有股权投资和债权投资的综合特点

混合性投资是指兼具股权和债权性质的投资，如购买的优先股股票、可转换公司债券等，在评估时应注意其特点。

（四）长期投资性资产评估对被投资企业的会计核算有着较强的依赖性

由于长期投资性资产主要是对被投资企业资本的评估，因此，被投资企业对资本的核算方法影响着长期投资性资产的价值计量。

三、长期投资性资产评估的程序

长期投资性资产评估的程序如下：

（1）了解长期投资性资产的基本信息，如投资种类、原始投资额、评估基准日余额、投资收益计算方法和历史收益额、长期投资性资产占被投资企业实收资本的比例和所有者权益的比例以及相关的会计核算方法等。

（2）判断长期股权投资投出和收回金额计算的正确性和合理性，判断被投资企业资产负债表的准确性。这事实上属于审计的专业判断，如果被评估单位的资产负债表已经审计，且审计目的与资产评估的目的相符，则通常可以直接利用会计报表数据。但多数情况下，被投资企业的资产负债表未经审计，或虽经审计，但审计目的与资产评估目的大不相同，此时，需要资产评估师进行职业判断，必要时可以利用专家的工作。

（3）根据长期投资性资产的特点选择合适的评估方法。可上市交易的债券和股票一般采用市场法进行评估，通常按评估基准日的收盘价确定评估值；非上市交易及不能采用市场法评估的债券和股票一般采用收益法评估。

（4）评定估算长期投资性资产价值，得出评估结论。当评估思路确定，评估方法选定后，可以进行理论上的评定与估算，并对评估结果进行分析，得出评估结论。

第二节　债券评估

一、债券及其特点

债券是指政府、企业、银行等债务人为了筹集资金，按照法定程序发行的向债权人承诺于指定日期还本付息的有价证券。根据发行主体的不同，债券可以分为政府债券、公司债券和金融债券。

债券投资和股权投资相比，具有以下几个特点：

（1）投资风险小。和股权投资相比，债券投资的风险比较小，安全性较高。因为对政府、企业、银行等发行的债券，国家都对其进行了严格的规定，如政府发行的债券由国家财政担保；银行发行债券要以其信誉及实力作保证；企业发行债券，国家有严格的条件，一般企业的实力及发展前景都较好。当然，债券投资也具有一定的风险，一旦债券发行主体出现财务困难，债券投资者有发生损失的可能。但是，相对于股权投资，债券投资具有较高的安全性，即使债券发行企业破产，在破产清算时，债券持有者也有优先受偿权。

(2) 到期还本付息，收益相对稳定。债券的收益主要是由债券的面值和债券的票面利率来决定的，两者在发行时就进行了约定，以后不随市场的变化而变化。一般情况下，为了吸引投资，债券的票面利率比同期的银行存款利率高。所以，只要债券发行主体不发生较大的变故，债券的收益是比较稳定的。

(3) 具有较强的流动性。如果购买的债券是可以上市交易的债券，其变现能力较强，投资企业可以随时在证券市场上交易变现。

二、债券评估

债券作为一种有价证券，从理论上讲，它的市场价格是收益现值的市场反映。当债券可以在市场上自由买卖、变现时，债券的现行市价就是债券的评估值。但是，如果企业购买的是不能在证券市场自由交易的债券，其价值就需要通过一定的方法进行评估。

(一) 上市交易债券的评估

上市交易的债券是指可以在证券市场上交易、自由买卖的债券。对此类债券一般采用市场法(现行市价)进行评估，按照评估基准日的收盘价确定评估值。如果在特殊情况下，某种可上市交易的债券市场价格严重扭曲，不能代表实际价格时，就应该采用其他的评估方法进行评估。

运用市场法评估债券，债券价值的计算公式为：

$$债券评估价值 = 债券数量 \times 评估基准日债券的市价(收盘价)$$

需要特别说明的是，采用市场法评估债券的价值，应在评估报告书中说明所用评估方法和结论与评估基准日的关系，并说明该评估结果应随市场价格变化而适当调整。

【例 6-1】 评估公司对某企业的持有至到期资产进行评估，该企业持有 5 年期的国库券 1 000 张，每张面值 100 元，年利率为 8%，该债券已上市交易，评估基准日的收盘价为 120 元/张。评估人员经分析调查认为该价格比较合理，则其评估值为：

$$1\,000 \times 120 = 120\,000(元)$$

(二) 非上市交易债券的评估

对于非上市交易债券不能直接采用市价进行评估，应该采取相应的评估方法进行价值评估。对距评估基准日 1 年内到期的债券，可以根据本金加上持有期间的利息确定评估值；超过 1 年到期的债券，可以根据本利和的现值确定评估值。但对于不能按期收回本金和利息的债券，评估人员应在调查取证的基础上，通过分析预测，合理确定评估值。通过本利和的现值确定其评估值的债券，宜采用收益法进行评估，即在考虑债券风险的前提下，按适当的折现率将债券的预期收益折算成现值，从而确定债券的评估值。根据债券付息方法，债券又可分为到期一次还本付息和分次付息、到期一次还本债券两种。评估时应采用不同的方法计算。

1. 到期一次还本付息债券的价值评估

对于一次还本付息的债券，其评估值的计算公式为：

$$P = F \div (1 + r)^n$$

式中：P——债券的评估值；F——债券到期时的本利和；r——折现率；n——评估基准日到债券到期日的间隔（以年或月为单位）。

本利和 F 的计算还可区分单利和复利两种计算方式。

（1）债券本利和采用单利计算。在采用单利计算时：

$$F = A \times (1 + m \times r)$$

（2）债券本利和采用复利计算。在采用复利计算时：

$$F = A \times (1 + r)^m$$

式中：A——债券面值；m——计息期限；r——债券利息率。

债券利息率、计息期限、债券本金在债券上均有明确记载，而折现率是评估人员根据评估时的实际情况分析确定的。折现率包括无风险收益率和风险收益率。无风险收益率通常以银行储蓄利率、国库券利率或国家公债利率为准；风险收益率的大小则取决于债券发行主体的具体情况。国库券、金融债券等有较好的担保条件，其风险收益率一般较低。企业债券如果发行企业经营业绩较好，有足够的还本付息能力，则风险收益率较低；否则，应以较高风险收益率调整。

【例 6-2】 评估公司对某企业的持有至到期资产进行评估，被评估企业的持有至到期资产的账面余额为 60 000 元，A 企业发行的 3 年期的到期一次还本付息债券，年利率为 5%，单利计息，评估时点距到期日还有 2 年，当时国库券利率为 4%，评估人员经对发行企业的经营状况分析调查，认为被投资企业的风险较低，取 2%的风险收益率，无风险收益率按国库券利率计算。则该债券评估值的计算如下。

根据前述的公式，该债券的评估价值为：

$$F = A \times (1 + m \times r) = 60\,000 \times (1 + 3 \times 5\%) = 69\,000(\text{元})$$

$$P = F \div (1 + r)^n = 69\,000 \div (1 + 6\%)^2 = 61\,409.75(\text{元})$$

2. 分次付息、到期一次还本的债券的价值评估

前已述及，分次付息、到期一次还本债券的价值评估宜采用收益法，其计算公式为：

$$P = \sum_{i=1}^{n} \frac{R_i}{(1+r)^i} + \frac{A}{(1+r)^n}$$

式中：P——债券的评估值；R_i——第 i 年的预期利息收益；r——折现率；A——债券面值；i——评估基准日距收取利息日期限；n——评估基准日距到期还本日期限。

【例 6-3】 仍以[例 6-2]的资料为例，假定该债券是每年付一次利息，债券到期一次还本，其评估值为：

$$\begin{aligned} P &= \sum_{i=1}^{n} \frac{R_i}{(1+r)^i} + \frac{A}{(1+r)^n} \\ &= \frac{60\,000 \times 5\%}{(1+6\%)} + \frac{60\,000 \times 5\%}{(1+6\%)^2} + \frac{60\,000}{(1+6\%)^2} \\ &= 2\,830.19 + 2\,669.99 + 53\,399.79 \\ &= 58\,899.97(\text{元}) \end{aligned}$$

第三节 长期股权投资的评估

一、股票投资的评估

(一) 股票投资的概述

1. 股票投资的概念

股票是指股份公司发给股东的所有权凭证,是股东借以取得股利的一种有价证券。股票投资是指企业通过购买等方式取得被投资企业的股票而实现的投资行为。

2. 股票的分类

股票按不同的标准有不同的分类。按是否记名,股票分为记名股票和不记名股票;按股票票面是否注明入股金额,股票分为有面额股票和无面额股票;按股东享有的权益,股票分为普通股股票和优先股股票;按能否公开上市流通,股票分为上市股票和非上市股票。

3. 股票的价值类型

股票的评估价值是指股票的交换价值,由于投资评估主要是对被投资企业盈利能力的评估,因此,该交换价值与股票的内在价值、市场价格和清算价格有着密切的联系。

(二) 上市股票的评估

1. 以市场价格反映评估价值

如果股票市场发育健全,不存在非法炒作现象,可以认为股票价格就代表股票的内在价值,此时,可采用市场法评估上市股票的价值。具体来说,可以按照评估基准日的收盘价确定评估值。

2. 以内在价值反映评估价值

如果股票市场发育不健全,存在非法炒作现象,则应采用非上市交易股票的评估方法,即以股票的内在价值作为评估股票价值的依据。具体可以通过对股票发行企业的经营业绩、财务状况及获利能力等因素的分析,综合判断股票的内在价值。另外,以控股为目的持有的上市公司股票,一般采用收益法进行评估。

依据股票市场价格进行评估的结果,应在评估报告书中说明所用的方法,并说明评估结果应随市场价格的变化而予以适当调整。

(三) 非上市股票的评估

非上市交易的股票,一般采用收益现值法评估,即综合分析股票发行主体的经营状况及风险、历史利润水平和分红情况、行业收益等因素,合理预测股票投资的未来收益,并选择合理的折现率确定评估值。

1. 普通股的评估

对非上市普通股的价值评估,实际是对普通股预测收益的预测,并折算成评估时点的价值。因此,需要对股票发行企业进行全面、客观的了解和分析:首先要了解历史的利润水平、利润分配政策,其次要了解企业的发展前景,其行业的前途、盈利能力、企业管理人员素质和能力等方面因素。

根据股利收益的趋势,通常把普通股分为三种类型:固定红利模型、红利增长模型和分段式模型。

(1) 固定红利模型。其假设的前提是企业经营稳定,分配红利固定,并且今后也能保持固定水平。其计算公式为:

$$P = \frac{R}{i}$$

式中:P——股票的评估值;R——股票下一年的红利额;i——折现率。

【例 6-4】 假设被评估企业拥有X公司的非上市普通股100 000股,每股面值为1元。在持有期间,X公司每年的收益率一直保持在15%左右。资产评估师分析后认为该企业生产经营稳定,按稳健的估计,预测在今后可预见的年份中,X公司可靠的收益率仍然可以保持在12%左右。根据该企业的行业特点及当时宏观经济运行情况,确定折现率为10%。试根据上述资料,评估该普通股的价值。

$$计算评估值=P=\frac{R}{i}=\frac{100\ 000\times 12\%}{10\%}=120\ 000(元)$$

(2) 红利增长模型。此假设模型适用于成长型股票的评估,是成长型企业。成长型企业发展潜力大,收益逐步提高。其假设的前提是发行企业并未将剩余收益分配给股东,而是追加投资扩大再生产,因此,红利呈增长型趋势。其计算公式为:

$$P = \frac{R}{r-s}(r > \mathrm{s})$$

式中:P——股票的评估值;R——股票下1年的红利额;r——折现率;s——股利增长率。

股利增长率的计算方法:①历史数据分析法,利用统计学方法计算出的历史平均增长速度,以此确定股利增长率。②发展趋势分析法,主要依据发行企业股利分配政策,以企业剩余收益中用于再投资的比率与企业净资产利润率相乘确定股利增长率。

【例 6-5】 X企业拥有某非上市公司的普通股股票100 000股,每股面值为1元。持有期间每年的投资收益率保持在14%左右,股票发行企业每年以净利润的80%用于发放股利,其余20%用于追加投资。根据资产评估师对企业经营状况的调查分析,认为该企业的净资产收益率将保持在15%的水平,假定折现率为10%。试评估该股票的价值。

$$计算评估值 = P = \frac{R}{r-s} = \frac{100\ 000\times 1\times 14\%}{10\%-20\%\times 15\%} = \frac{14\ 000}{7\%} = 200\ 000(元)$$

(3) 分段式模型。事实上很多企业在成立时,可能具有经营不稳定的特点,各期的收益变动较大,但经过一段时间的经营后,企业逐渐进入稳定经营期,每年的收益较固定,这时候,可以采用分段法评估该企业的价值。相应地,股票投资也采用分段法评估。其计算公式为:

$$P = \frac{R_i}{i}\left[1-\frac{1}{(1+i)^t}\right]+\frac{R_2}{i(1+i)^t}$$

式中:P——股票的评估值;R_1——股票前一段的红利额;i——折现率;t——股票前一段红利保持的时间;R_2——股票后一段的红利额。

【例 6-6】 A公司拥有某一公司非上市交易的普通股股票20万股,每股面值1元。在持有期间,每年的股利收益率均在12%左右。资产评估师对发行股票公司进行调查分析后认为,12%的收益率可保持5年,但从第6年起,该股票的年收益率可提高8个百分点,并将持续下去。假定折现率为10%,试评估该股票的价值。

股票的评估值＝前 5 年的收益折现值＋第 6 年的收益折现值

$$= 200\ 000 \times 12\% \times (P/A, 10\%, 5) + \frac{200\ 000 \times (12\% + 8\%)}{10\% \times (1 + 10\%)^5}$$

$$= 24\ 000 \times 3.791 + 400\ 000 \times 0.621$$

$$= 90\ 984 + 248\ 400$$

$$= 339\ 384（元）$$

延伸阅读 6-1

为贯彻落实党的十八大、十八届三中全会精神，深化金融体制改革，支持实体经济发展，依照公司法、证券法相关规定，国务院办公厅于 2013 年 11 月 30 日发布《国务院关于开展优先股试点的指导意见》，决定开展优先股试点。开展优先股试点，有利于进一步深化企业股份制改革，为发行人提供灵活的直接融资工具，优化企业财务结构，推动企业兼并重组；有利于丰富证券品种，为投资者提供多元化的投资渠道，提高直接融资比重，促进资本市场稳定发展。

2. 优先股的评估

优先股是指对公司利润和财产享有优先于普通股权利的股票，是一种兼具股票和债券特征的混合证券。在正常情况下，优先股在发行时就已规定了股息率。

评估优先股主要是判断股票发行主体是否有足够税后利润用于优先股的股息分配。如果被投资企业资本构成合理，企业盈利能力强，具有很强的支付能力，资产评估师可以根据事先确定的股息率，计算出优先股的年收益额，然后进行折现计算，即可得出评估值。其计算公式为：

$$P = \sum_{t=1}^{\infty} \frac{R_t}{(1+r)^t} = \frac{A}{r}$$

式中：P——股票的评估值；R_t——第 t 年的优先股的收益；r——折现率；A——优先股的年等额股息收益。

【例 6-7】 A 企业拥有 B 企业 100 000 股优先股股票，每股面值为 2.5 元，股息率为年息 16%。资产评估师经对 B 企业进行综合分析后，认为 B 企业资本结构合理，盈利能力强，具备支付能力。资产评估师将该优先股的折现率定为 12%。试评估该优先股的价值。

该优先股的评估值如下：

$$P = \frac{A}{r} = \frac{100\ 000 \times 2.5 \times 16\%}{12\%} = 333\ 333（元）$$

二、股权投资的评估

股权投资是指投资主体以现金、实物资产或无形资产等直接投入被投资企业，取得被投资企业的股权，从而通过控制被投资企业获取收益的投资行为。

对股权投资的评估，首先必须了解具体投资形式、收益获取方式和占被投资企业实收资本或所有者权益的比重，根据不同情况，采取不同方法进行评估。其中投资收益的分配形式，比较常见的有如下几种类型：

（1）按投资额占被投资企业实收资本的比例，参与被投资企业净利润的分配。

（2）按被投资企业销售收入或利润的一定比例提成。

（3）按投资方出资额的一定比例支付资金使用报酬等。

投资合同或协议一般规定投资期限。有期限的投资在投资期届满时投入资本的处理方式，按投资时的作价金额以现金返还，以实物资产返还，按期满时的实投资产的变现价格作价以现金返还等。

（一）非控股型长期股权投资的评估

对于非控股型长期投资的评估，基本上采用收益现值法，即根据历史上收益情况和被投资企业的未来经营情况及风险，预测未来收益，再用适当折现率折算为现值得出评估值。

（1）对于合同、协议明确约定了投资报酬的长期投资，可将按规定应获得的收益折算为现值，计算评估值。

（2）对于到期收回资产的实物投资情况，可按约定或预测出的收益折算为现值，再加上到期收回资产的价值，计算评估值。

（3）对于不是直接获取资金收入，而是取得某种权利或其他间接经济利益的，可通过了解分析，测算出相应的经济效益，折现计算。

（4）对于明显没有经济利益，也不能形成任何经济权利的投资则按零价值计算。

（5）在未来收益难以确定时，也可以采用重置价值法进行评估，即通过对被投资企业进行评估，确定净资产数额，再根据投资方应占的份额确定评估值。

（6）如果该项投资发生时间不长，被投资企业资产账实基本相符，则可根据核实后的被投资企业资产负债表上的净资产数额，再根据投资方应占的份额确定评估值。

（二）控股型长期股权投资的评估

对于控股型长期投资，应先对被投资企业进行整体评估，再测算股权投资的价值。整体评估以收益法为主，在特殊情况下，也可以单独采用市场法对被投资企业整体评估，基准日与投资方的评估基准日相同。

第四节　其他长期性资产评估

一、其他长期性资产的构成

其他长期性资产是指具有特定用途，不参加正常生产经营过程的，不包括在流动资产、长期投资、固定资产和无形资产以内的资产，主要包括长期性质的待摊费用和其他长期资产。长期性质的待摊费用是指企业发生的不能计入当年损益，应在以后年度内分期摊销的各项费用，包括固定资产改良支出、固定资产大修理支出、开办费及摊销期在 1 年以上的其他待摊费用。其他长期资产包括特种储备物资、银行冻结存款、冻结物资及涉及诉讼的财产等。

二、其他长期性资产的评估

由于其他资产除特种的储备物资、被冻结的存款、冻结的物资以及涉及诉讼的一些财产外，主要是指已经发生的费用的摊余价值，其实质是一种预付费用，没有具体的物质实体，这些未摊销的费用不能单独对外交易或转让。只有当企业发生整体产权变更时，才会涉及对其价值进行评估。到评估时点还没有摊销完的预付费用，还要考虑在评估时点之后能否从这些预付费用中受益。从资产评估的角度来看，对长期待摊费用的评估不是考虑它在评估基准日之前已经支付了多少，而是取决于它在评估基准日之后能为新的产权主体带来多大利益，也就是说，一项长期待摊费用是否可以作为评估对象，主要取决于在评估基准日之后能否为新的产权主体带来经济利益。

在明确一项长期待摊费用可以作为评估对象后，必须了解其合法性、合理性、真实性和准确性，核查会计记录，了解费用支出和摊余情况，了解形成新资产和权利的尚存情况。

(一) 开办费

开办费是企业在筹建期间发生的、不能计入固定资产或无形资产价值的费用。

1. 开办费

开办费的主要内容包括以下几个方面。

1) 筹建人员开支的费用

(1) 筹建人员的劳务费用。具体包括筹建人员的工资、奖金等工资性支出，以及应缴纳的各种社会保险。在筹建期间发生的如医疗费等福利性费用，如果筹建期较短可据实列支，如果筹建期较长可按工资总额的14%计提职工福利费予以解决。

(2) 差旅费。包括市内交通费和外埠差旅费。

(3) 董事会费和联合委员会费。

2) 企业登记、公证的费用

企业登记、公证的费用主要包括登记费、验资费、税务登记费、公证费等。

3) 筹措资本的费用

筹措资本的费用主要是指筹资支付的手续费以及不计入固定资产和无形资产的汇兑损益和利息等。

4) 人员培训费

(1) 引进设备和技术需要消化吸收，选派一些员工在筹建期间外出进修学习的费用。

(2) 聘请专家进行技术指导和培训的劳务费及相关费用。

5) 企业资产的摊销、报废和毁损

6) 其他费用

(1) 筹建期间发生的办公费、广告费、交际应酬费。

(2) 印花税。

(3) 经投资人确认由企业负担的进行可行性研究所发生的费用。

(4) 其他与筹建有关的费用，例如咨询调查费、诉讼费、文件印刷费、通信费以及庆典礼品费等支出。

2. 不列入开办费范围的支出

(1) 取得各项资产所发生的费用。该费用包括购建固定资产和无形资产时支付的运输费、安装费、保险费，以及购建时发生的相关人工费用。

(2) 规定应由投资各方负担的费用。如投资各方为筹建企业进行调查、洽谈发生的差旅费、咨询费、招待费等支出。我国政府还规定，为成立中外合资企业而进行谈判时，与外商洽谈业务所发生的招待费用不得列作企业开办费，由提出邀请的企业负担。

(3) 为培训职工而购建固定资产、无形资产等发生的支出不得列作开办费。

(4) 投资方因投入资本自行筹措款项时所支付的利息，不计入开办费，应由出资方自行负担。

（5）以外币现金存入银行而支付的手续费，该费用应由投资者负担。

根据现行会计制度的规定，企业筹建期间发生的费用，应在企业开始生产经营时一次性计入开始生产经营当期的损益。因此，如果企业不是在筹建期间评估，就没有对开办费评估的问题，如果对企业在筹建期间进行评估，则可以考虑依据开办费的账面价值确定其评估值。

（二）其他长期待摊费用

其他长期待摊费用主要包括股票发行费用、租入固定资产的改良支出等，其影响会延续到以后若干年。对这类资产的评估应考虑企业的收益状况和收益时间。对于其他长期待摊费用在评估基准日所产生的收益是否需要考虑资金的时间价值的问题，主要应根据新的产权主体在未来的受益时间长短加以确定：一般在1年内的不予考虑，超过1年的要根据其具体内容、数额及市场行情的变化趋势加以确定。

【例 6-8】 某企业因产权变更需要对长期待摊费用进行评估，截至评估基准日企业长期待摊费用账面余额66万元，其中租入固定资产改良支出36万元，租赁协议中规定设备租入期3年，始租时间为1年前，已摊销20万元，使用期尚有2年。预付营业用房房租30万元，已摊销租金18万元，账面余额12万元，租期2年，始租时间为1年前，使用期尚有1年。评估人员经过对企业的具体情况进行分析，根据评估基准日能否产生经济效益作为评估的标准，并假定评估的折现率为10%，对该企业长期待摊费用进行评估。

根据租入固定资产改良支出36万元，已摊销20万元，使用期尚有2年的数据分析，按照租赁合同规定的租期3年和总租金36万元计算，每年租金12万元；根据预付营业用房房租30万元，已摊销租金18万元，尚有1年使用期的数据分析，按照合同规定的租期（2年）和总租金30万元计算，每年租金15万元。

根据上述有关数据进行计算：

$$
\begin{aligned}
\text{该企业长期待摊费用的评估值} &= \frac{12}{1+10\%}+\frac{12}{1+10\%^{2}}+\frac{15}{1+10\%} \\
&= 12\times 0.909+12\times 0.826+15\times 0.909 \\
&= 34.46(\text{万元})
\end{aligned}
$$

思政育人

投资和人生都需要长期主义

在价值投资的理论里，长期主义是非常重要的原则。同时，长期主义也是一种哲学态度，不仅适用于投资，也适用于人生。

于股票投资而言，长期主义为无数大师所践行。巴菲特的投资记录辉煌而又漫长，但其99%以上的资产是在50岁后赚到的，时间和复利显现出巨大的能量。加里斯洛夫斯基专注于守候值得长期持有的公司，强调长期奔跑在投资的高速公路上而不四处张望。费雪作为“成长股投资策略之父”，认为投资中最重要的事就是不做短线、不做投机。彼得·林奇则指出公司业绩和股票价格长期来看100%相关，成功投资要耐心持有好股票。

相对于投资，人生更需要注重长期主义，投资仅仅是人生的维度之一。幸福生活的获取，专业能力的提高，道德修养的提升，人生精进之路离不开长期主义。如同投资的“复利效应”，长期主义可以让一个人的人生也实现累进式成长。长期主义能够让一个人“从优秀到卓越”，不满足于短期阶段性的胜利，成为更强大的自己。长期主义者往往也是乐观主义者，面对人生困顿时不焦虑、不愤懑，以更长远的眼光审视当下，克服阶段性的困难，穿越人生的重重周期。

资料来源：http://finance.sina.com.cn/roll/2020-08-31/doc-iivhvpwy3983432.html.

本章重要概念

长期投资性资产　债券投资评估　股票投资评估　股权投资评估　其他长期性资产评估

本章练习

6-2 第六章练习题答案

6-3 第六章PPT

一、单项选择题

1. 下列关于优先股与债券的说法中，正确的是（　　）。

A. 优先股收益稳定，债券收益不稳定

B. 对被投资企业而言，优先股股息于税前支付，债券利息于税后支付

C. 对被投资企业而言，优先股股息于税后支付，债券利息于税前支付

D. 两者是不同的投资品种，根本不具有共性

2. 上市债券属于（　　）。

A. 可流通债券　　B. 不可流通债券

C. 记名债券　　D. 不记名债券

3. 被评估债券为2018年发行，面值100元，年利率为5%，5年期的可流通债券。2022年评估时，债券市场上同种同期债券的交易价为110元，该债券的评估值为（　　）元。

A. 120　　B. 118　　C. 98　　D. 110

4. 股票的内在价值属于股票的（　　）。

A. 账面价值　　B. 理论价值

C. 无面额价值　　D. 发行价格

5. 在股市发育不全、交易不规范的情况下，作为长期投资性资产中的股票投资的评估值应以（　　）作为基本依据。

A. 市场价格　　B. 发行价格

C. 理论价格　　D. 票面价格

6. 上市债券的评估最适合用（　　）。

A. 成本法　　B. 市场法

C. 收益法　　D. 历史成本法

7. 上市股票的评估一般采用市场法，按评估基准日的（　　）确定评估值。

A. 开盘价　　B. 收盘价

C. 最低价　　D. 中间价

二、多项选择题

1. 债券作为一种投资工具，其具有的特点有（　　）。

A. 收益相对稳定　　B. 收益递增

C. 可随时变现　　D. 投资风险小

2. 按股票持有人享有的权利和承担责任的角度，股票可分为（　　）。

A. 无面额股票　　B. 有面额股票

C. 记名股票　　D. 优先股

E. 普通股

3. 股票评估值一般与股票的(　　)有关。

A. 内在价值　　B. 账面价值

C. 市场价值　　D. 清算价格

E. 票面价格

4. 在红利增长型中股制增长率 s 的计算方法有(　　)。

A. 重置核算法　　B. 市场法

C. 历史数据分析法　　D. 发展趋势分析法

5. 根据股利收益的趋势,通常把普通股分为(　　)。

A. 固定红利型　　B. 红利增长型

C. 分段式模型　　D. 直线式模型

E. 固定股利率模型

三、判断题

1. 债券投资评估是对投资企业偿债能力的评估。(　　)
2. 票面价值原则是评估股票时应遵循的原则之一。(　　)
3. 股权投资相对于债权投资具有高风险、高收益的特点。(　　)
4. 股票的价值评估通常与股票的内在价值无关。(　　)
5. 评估控股型长期股权投资的价值,先要对被投资企业进行整体评估。(　　)

四、简答题

1. 简述长期投资性资产的评估程序。
2. 红利增长模型的假设前提是什么?

五、计算题

1. 被评估债券为非上市企业债券,5 年期,年利率为 10%,按年付息到期还本,面值为 100 元,共计 1 500 张。评估时债券购入已满 1 年,第 1 年的利息已经收账,资产评估师确定的折现率为 10%。

要求:该被评估企业债券的评估值为多少?

2. 被评估单位拥有 B 企业发行的 4 年期一次还本付息债券 30 000 元,年利率 15%,评估时债券的购入时间已满 3 年,当年的国库券利率为 10%。评估人员通过对 B 企业调查,认为该债券风险不大,考虑按 4%作为风险报酬率。

要求:(1)以单利方式计息,计算该债券的评估值;(2)以复利方式计息,计算该债券的评估值。

3. 某被评估企业拥有 B 公司发行的 180 000 股非上市普通股,每股面值 1 元。在持股期间,每年股利收益率可保持在 13%左右。评估人员经过对发行股票公司进行调查分析后认为,前 3 年可保持 13%的收益率,从第 4 年起由于一条大型生产线交付使用,可使收益率提高 5 个百分点,并将持续下去。评估时国库券利率为 5%,测定的风险报酬率为 2%。

要求:根据上述资料,计算该股票的评估值。

第七章　流动资产评估

内容提要

本章主要讲解了流动资产评估的相关理论，包括流动资产的概念及分类，流动资产评估的特点、评估程序，以及各类流动资产的具体评估方法等。

重点难点

本章重点为实物类流动资产的评估和货币、债权类流动资产的评估；难点为债权类流动资产的评估。

学习目标

通过本章的学习，学生应掌握流动资产的基本评估方法；明确流动资产的概念、分类和评估特征；能够熟练运用不同评估方法对各类流动资产进行价值评估。

知识框架

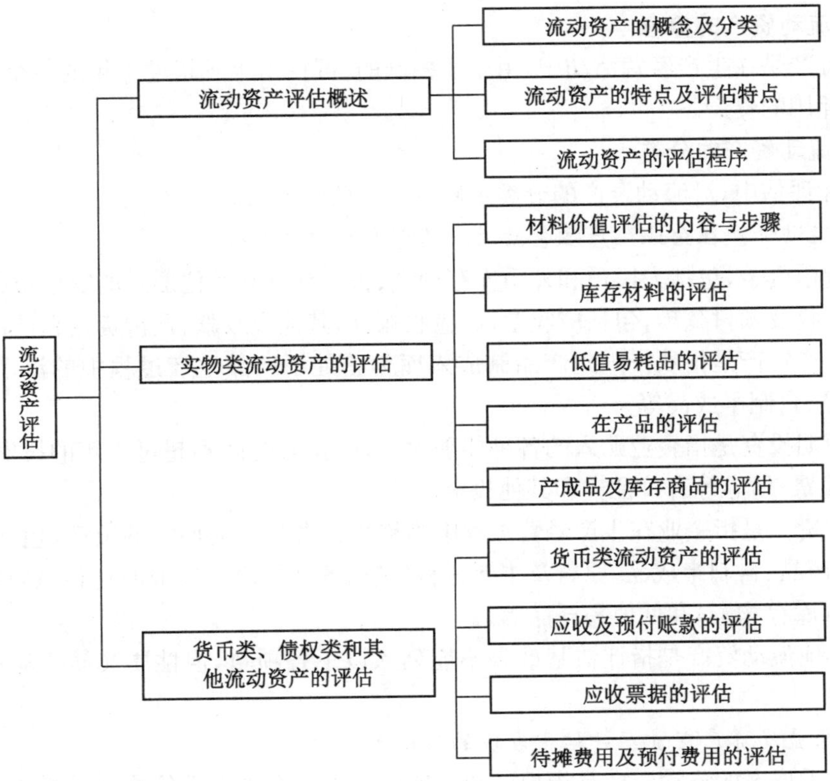

7-1 第七章章节导读

引入案例　两份估值报告相差2亿元　华熙生物收购佛思特遭上交所火速问询

针对收购东营佛思特生物工程有限公司（以下简称“佛思特”）100%股权的进展，华熙生物在2020年9月29日下午5点多披露了一份公告，晚上9点多，深交所就对华熙生物收购进展进行了火速问询。

根据华熙生物2020年6月10日披露的《收购东营佛思特生物工程有限公司100%股权的公告》，以2019年4月30日为评估基准日，中联评估采用清算价值类型评估值为2.89亿元。其中，流动资产清算价值1 690.20万元；非流动资产清算价值27 206.52万元。

而就在2020年4月，华熙生物聘请北京北方亚事资产评估事务所采用资产基础法评估后的标的资产价值为49 468.11万元。披露显示，佛思特流动资产评估值2 787.34万元，非流动资产评估值46 680.78万元。

时隔仅仅一年时间，两份评估报告给佛思特的评估值竟然相差2亿元之多，是佛思特的管理人“贱卖”了？还是另有原因呢？平白无故多出2亿多元资产，这也让交易所感到纳闷。

思考：如何对流动资产进行评估？

资料来源：https://baijiahao.baidu.com/s?id=1680807554184376726&wfr=spider&for=pc.

第一节　流动资产评估概述

一、流动资产的概念及分类

（一）流动资产的概念

流动资产是在生产经营活动中，由企业控制的、可在1年或超过1年的一个营业周期内变现或被耗用的资产。

（二）流动资产的分类

在实际评估中，对流动资产的分类主要有以下两种方法。

1. 按流动资产在企业生产经营活动中的形态和作用划分

（1）货币资金，包括人民币和外币库存现金、银行存款和其他形式的货币资金。

（2）应收及预付款项，包括应收票据、应收账款、其他应收款、预付货款和预付费用等。

（3）生产资产是指从投入到产品制成入库为止处于产品生产过程中的流动资产，通常包括在产品、自制半成品等。

（4）短期投资是指企业购入的各种能随时变现、持有时间不超过1年的投资，包括不超过1年的股票、债券等有价证券和其他投资。

（5）存货。是指企业在生产经营过程中为销售或者耗用而储备的资产，包括产成品、库存商品、在产品、自制半成品、原料及主要材料（包括各种外协件）、辅助材料、燃料、修理用备件、包装物（库存物资）和低值易耗品等。

（6）其他流动资产是指评估基准日不能列入以上各项目，但性质又属于流动资产的各项资产。

2. 按照流动资产在资产评估中表现的不同形态划分

（1）货币形态的流动资产是指现金和各项存款等具有现金等价物性质的流动资产。它表现为一定的货币金额，评估时无需考虑物价变动的影响和货币购买力变化的影响。

(2) 债权形态的流动资产，包括各种应收预付款项、短期投资和其他费用等具有债权性质的流动资产。它们没有一定的实物形态，且其价值又不能直接以账面价值反映。

(3) 实物形态的流动资产，通常又称为存货资产，是指企业在生产经营过程中为销售或者耗用而储备的具有实物形态的资产。在物价变动的情况下，其价值不固定，会随着物价水平的升降而变动，包括产成品、库存商品、在产品、自制半成品、原料及主要材料(包括各种外协件)、辅助材料、燃料、修理用备件、包装物(库存物资)和低值易耗品等。

二、流动资产的特点及评估特点

(一) 流动资产的特点

流动资产之所以作为单独的评估对象，主要是因为它与固定资产相比，无论是在运动方式上，还是在价值变化的规则上都有很大不同，即流动资产具有自己的特点，这些特点包括以下几个方面：

(1) 周转速度快。流动资产的主要特点就是流动性高。各种流动资产除包装物和低值易耗品外，均只参加一次生产循环，其形态即发生改变，价值一次性地转移到产品中去，并最终通过销售得到补偿，并存在于生产经营的不同阶段和领域，进行着不停息的循环和周转，并且每周转一次就会给企业带来增值。

(2) 变现能力强。根据定义，企业的流动资产是可以在 1 年内或者超过 1 年的一个营业周期内变现或者耗用的资产，具有较强的变现能力，是企业对外支付和偿债能力的手段和物质基础。尤其是流动资产中的货币资产，它本身就是各种存款和现金，根本就不存在变现的问题。

(3) 形态多样化。流动资产存在的形态多种多样，特别是其实物形态十分复杂。从行业来看，工业、交通、农业、商业、建筑等不同行业的企业中，流动资产的实物形态千差万别。即使在同一行业中，不同企业，甚至于相同企业的不同部门，流动资产的实物形态也差别较大。但从流动资产在企业生产经营过程中的地位和作用来看，流动资产一般存在储备形态、生产形态、成品形态、货币资金形态及结算形态等多种形态。

(4) 存量波动大。由于企业的流动资产一般要不断地经历购买和售卖的全过程，因此受市场商品供求变化和生产、消费的季节性影响较大。另外，流动资产还会受到外部经济环境、经济秩序等因素的制约，从而导致其占用总量、不同形态以及构成比例呈现出波动性。

(5) 现行市价与原始成本比较接近。由于流动资产除货币以外，从购进到耗用这一期间较短，因而其原始成本与市场价格一般比较接近。在生产经营周期短、物价波动不大的情况下，更是如此。

(二) 流动资产的评估特点

流动资产以上独有的特点直接反映到流动资产的评估上，极大地影响着评估事务，流动资产的评估具有以下特点：

(1) 流动资产评估是单项评估。流动资产评估以单项资产为评估对象。因为单项流动资产一般不具有综合获利能力，所以不需要就其综合获利能力进行综合性价值评估。

(2) 合理选择评估的基准时间。流动资产与其他资产的显著不同在于其流动性和波动性，这使得资产的构成、数量以及价值总额总是处在高速的变动之中，而评估则是确定其某一时点上的价值，不可能人为地停止流动资产的运转。因此在流动资产评估实务中的技术操作上，一般要求评估基准日尽可能在会计期末，评估结论利用的时点应尽可能与基准日接近。

(3) 流动资产种类繁多，资产清查时要分清主次，掌握重点。流动资产评估之前必须进行认真仔细的资产清查，否则会影响评估结果的准确性，但同时又要兼顾评估的时间要求和评估成本。因此，往往必须根据不同企业的生产经营特点，在对流动资产的评估过程中分清主次、重点和一般，选择不同的方法进行清查和评估。

(4) 受企业牵制大，对企业流动资产会计核算资料的依赖程度很高。由于流动资产处于企业生产经营过程之中，不便于实地盘点，因而通常需要企业配合，在相对静止的条件下进行清查盘点和检测。另外，流动资产种类繁多、数量巨大，许多价格因素只有通过会计资料才能了解。

(5) 流动资产账面价值基本上可以反映其现值。流动资产的周转速度快，变现能力强，在价格水平相对比较稳定的情况下，流动资产的账面价值基本上可以反映其现值，因此在评估时可以直接采用流动资产的账面价值作为评估值。同时在评估流动资产时，不需要考虑资产的功能性贬值因素，实体贬值的计算一般也只适用于在低值易耗品以及滞销、积压存货类流动资产的评估。

三、流动资产的评估程序

7-2 流动资产的特点及流动资产评估的特点

（一）确定评估对象和评估范围

进行评估前，首先要确定被评估对象和范围，这应依据资产业务所涉及的资产范围而定，只有纳入资产业务范围的资产才是评估对象。在确定评估对象和评估范围时应注意以下两点：

(1) 划清流动资产与非流动资产的界限。应根据企业会计核算的特点，分清哪些是流动资产，哪些不是，以免与其他资产混淆，造成重复或遗漏。

(2) 核实待评估流动资产的产权归属。应对待评估流动资产的产权进行核实，以免将不属于被评估单位的资产纳入评估范围，如企业中存放的外单位委托加工材料、代为保管的材料物资等，其产权均不属于被评估单位，不得将其纳入流动资产的评估范围。

（二）清查核实

在确定评估对象和评估范围的基础上，需对评估流动资产进行清查核实，验证基础资料。由于企业中的流动资产具有量大类繁的特点，对流动资产的清查核实往往在企业自查的基础上采用抽查核实的办法，抽查的数量与金额取决于评估人员对企业自查情况的可靠性判断以及对抽查结果的可靠性判断。如果认为企业自查的结果不可靠，则评估人员必须对流动资产进行全面的清查核实。

（三）对实物形态的流动资产进行质量状况调查

对企业需要评估的材料、半成品、产成品等实物形态的流动资产进行质量状况调查，目的是了解这部分资产的质量状况，以便确定其是否还具有使用价值，是否存在实体性的贬值，并核对其技术状况和质量等级与评估资产清单的记录是否一致。对被评估资产进行质量状况调查，是正确评估资产价值的基础。特别是那些时效性较强的存货，如有保鲜期要求的食品、有有效期要求的药品、化学试剂等，对这些资产进行质量状况调查尤为重要。存货在存放期内质量发生变化，会直接影响其市场价格。因此，评估必须考虑各类存货的内在质量因素。对各类实物形态的流动资产进行质量状况调查，可由被评估企业的有关技术人员、管理人与评估人员合作完成；对专业技术要求比较高的调查，应参考第三方的专业报告，再由评估人员进行专业判断。

（四）对债权的情况进行分析

根据对被评估企业与债务人经济往来活动中的资信情况的调查了解，以及对每项债权资产的经济内容、发生时间的长短和发生的原因等因素的核实，综合分析确定各项债权回收的可能性、回收时间、回收时可能发生的费用等。

（五）选择合理的评估方法

评估方法的选择要考虑评估目的（资产业务性质）和不同种类流动资产的特点。对于实物类流动资产，可以采用成本法或市场法进行评估；对于货币类流动资产，由于货币资金本身就是价值尺度，不存在评估问题，只存在不同币种之间的折算问题；对于债权类流动资产，只适合按可变现净值确定评估值；对于其他流动资产，应分别对不同的情况进行评估。对于与机器设备的价值运动具有相似特点的实物性流动资产，可参考机器设备的评估方法进行评估。

（六）评定估算，确定评估结论

经过上述评估程序后，即可按选定的方法对被评估流动资产进行评定估算，最后得出相应的评估结论。

第二节 实物类流动资产的评估

实物类流动资产主要包括各种材料、在产品、产成品、低值易耗品、包装物等，实物类流动资产评估是流动资产评估的重要内容。

一、材料价值评估的内容与步骤

企业中的材料，按其存放地点可分为库存材料和在用材料。在用材料是在生产过程中已形成产成品或半成品，不再作为单独的材料存在，故材料评估主要是对库存材料进行评估。

库存材料包括原料及主要材料、辅助材料、燃料、修理用备件、外购半成品等。由于低值易耗品和包装物在某种程度上与材料类似，故应采用与材料类似的评估方法。

库存材料具有品种多、金额大，而且其性质、计量单位、购进时间、自然损耗各不相同等特点，因此，评估时可按下列步骤进行。

（一）进行实物盘点

在进行材料的价值评估前，首先应进行材料清查，以确定其实际价值。与此同时，还应查明材料有无霉烂、变质、呆滞、毁损等情况。

（二）根据不同评估目的和待估资产的特点，选择相应的评估方法

在评估方法的选择上，更多的是采用成本法或市场法。因为材料等流动资产的功效高低取决于其自身，而且是生产过程中的"消费性"资产，所以，即使在发生投资行为的情况下，仍可采用成本法或市场法。就这两种方法而言，在某种材料存在活跃市场、供求基本平衡的情况下，成本法和市场法两者可以互相替代使用。如不具备上述条件，则应分别使用。

（三）运用存货管理的ABC分析法突出重点

由于企业材料的品种、规格繁多，而且单位价值不等，在实际进行资产评估时，可按照一定的目的和要求,对材料按照ABC分析法进行排队,分清主次,突出重点,着重对重点材料进行评估。

延伸阅读 7-1

存货管理的ABC分析法

ABC分类法又称帕雷托分析法,也叫主次因素分析法,是项目管理中常用的一种方法。它是根据事物在技术或经济方面的主要特征,进行分类排队,分清重点和一般,从而有区别地确定管理方式的一种分析方法。由于它把被分析的对象分成A、B、C三类,所以又称为ABC分析法。

在ABC分析法的分析图中,有两个纵坐标,一个横坐标,几个长方形,一条曲线,左边纵坐标表示频数,右边纵坐标表示频率,以百分数表示。横坐标表示影响质量的各项因素,按影响大小从左向右排列,曲线表示各种影响因素大小的累计百分数。一般地,是将曲线的累计频率分为三级,与之相对应的因素分为三类:

A类因素,发生累计频率为0~70%,是主要影响因素。

B类因素,发生累计频率为70%~90%,是次要影响因素。

C类因素,发生累计频率为90%~100%,是一般影响因素。

二、库存材料的评估

对库存材料进行评估时,可以根据材料购进情况的不同选择相适应的方法。

(一) 近期购进库存材料的评估

近期购进的材料库存时间较短,在市场价格变化不大的情况下,其账面值与现行市价基本接近。评估时,可采用成本法,也可以采用市场法。

【例7-1】 企业中某材料是两个月以前从外地购进,数量300千克,单价150元/千克,当时支付的运杂费为1 500元。根据原始记录和清查盘点,评估时库存尚有100千克这种材料。根据上述资料,试确定该材料的评估价值。

$$\text{材料评估值} = 100 \times (150 + 1\,500 \div 300) = 15\,500(\text{元})$$

对于购进时发生运杂费的材料,如果是从外地购进的,运杂费数额较大,评估时应将由被评估材料分担的运杂费计入评估值;如果是从本地购进的,运杂费数额较小,评估时可以不考虑运杂费。

(二) 购进批次间隔时间长、价格变化大的库存材料的评估

对这类材料评估时,可以采用最接近市场价格的材料价格或直接以市场价格作为其评估值。

【例7-2】 某企业要对其库存的某种钢材进行评估。该种钢材是分两批购进的:第一批购进时间是上年10月,购进1 000吨,每吨3 800元;第二批是今年4月购进的,数量100吨,每吨4 500元。今年5月1日评估时,经核实去年购进的此种钢材尚存500吨,今年4月购进的尚未使用。因而,需评估的钢材数量是600吨,价格可按每吨4 500元计算。试求其评估值。

$$\text{该钢材评估值} = 600 \times 4\,500 = 2\,700\,000(\text{元})$$

在本例中,如果近期内该材料价格变化很大,或者评估基准日与最近一次购进时间间隔期较长,则评估时应采用评估基准日的时价。

(三) 缺乏准确的现行市价库存材料的评估

企业库存的某些材料可能因购进的时间早,现在市场已经脱销,目前无明确的市价可供

参考或使用。对这类材料的评估，可以通过替代品的价格变动资料来修正材料价格；也可以在分析市场供需的基础上．确定该项材料的供需关系，并以此修正材料价格；还可以通过市场同类商品的平均物价指数进行评估。

（四）呆滞材料价值的评估

呆滞材料是指从企业库存材料中清理出来．需要进行处理的材料。由于这类材料长期积压、时间较长，可能会因为自然力作用或保管不善等原因造成使用价值下降。对这类资产的评估，首先应对其数量和质量进行核实和鉴定，然后区别不同情况进行评估。对其中失效、变质、残损、报废、无用的，应通过分析计算，扣除相应的贬值数额后，确定其评估值。

在库存材料评估过程中，可能还存在盘盈、盘亏的情况，评估时应以有无实物存在为原则进行评估，并选用相适应的评估方法。

三、低值易耗品的评估

（一）低值易耗品及其分类

低值易耗品是指单项价值在规定限额以下或使用年限不满1年，但能多次使用且实物形态基本保持不变的劳动工具。尽管财务制度规定了划分固定资产和低值易耗品的标准，但不同行业对两者的划分标准是不完全相同的。比如，服装行业的缝纫机，虽然其单位价值较小，但它是该行业的主要劳动工具，应作为固定资产核算和管理；但在其他行业，则将它作为低值易耗品处理。因此，在评估过程中判断劳动资料是否为低值易耗品，原则上视其在企业生产经营中的作用而定，一般可尊重企业原来的划分标准。

低值易耗品种类较多，为了准确地评估其价值，可以对其进行必要的分类。一般可以按照其用途和使用情况分类。

按低值易耗品的用途划分，可分为一般工具、专用工具、替换设备、管理用具、劳动保护用品、其他低值易耗品等类别。这种分类的目的，在于可以按低值易耗品的大类进行评估，以减少评估工作量。

按低值易耗品的使用情况划分，可分为未用低值易耗品和已用低值易耗品。这种分类的目的是便于根据低值易耗品使用的具体情况，选用不同的评估方法。

（二）低值易耗品的评估方法

1. 未用低值易耗品的评估

对在库低值易耗品的评估，可以根据具体情况，采用与库存材料评估相同的方法。对于全新低值易耗品的评估价值，可以直接采用其账面价值（价格变动不大时）作为评估值，也可以采用现行市场价格或制造价格加上合理的其他费用确定评估值，或者在账面价值的基础上乘以其物价变动指数来确定。对残缺、无用、待报废的低值易耗品，则应根据鉴定结果和有关凭证通过分析计算，扣除相应贬值额后，确定评估值。

2. 已用低值易耗品的评估

在用低值易耗品的评估，可以直接采用重置成本法进行。其计算公式为：

$$\begin{aligned}\text{评估值} &= \text{全新低值易耗品的价值} \times \text{成新率} \\ &= (\text{现行购置价} + \text{其他合理费用}) \times \text{成新率}\end{aligned}$$

其中，全新低值易耗品的价值，可以直接采用其账面价值(价格变动不大时)，也可以采用现行市场价格，或者在账面价值的基础上乘以其物价变动指数确定。

成新率的计算公式为：

$$成新率=\left(1-\frac{低值易耗品实际已使用月数}{低值易耗品预计使用月数}\right)\times 100\%$$

需要注意的是，由于会计上出于对成本、费用计算的需要，对低值易耗品的价值摊销采用了较为简化的方法，其摊销情况并不完全反映低值易耗品的实际损耗程度。因此，在确定低值易耗品的成新率时，应根据其实际损耗程度来确定，而不能完全按照其摊销方法确定。

【例 7-3】 某企业某项低值易耗品，原价 700 元，预计使用 1 年，现已使用了 6 个月，该低值易耗品现行市价为 1 100 元，试确定其评估值。

$$在用低值易耗品评估值=1\ 100\times\left(1-\frac{6}{12}\right)\times 100\%=550(元)$$

四、在产品的评估

在产品包括在制作过程中的在制品，已加工完成入库但不能单独对外销售的半成品。对这部分流动资产进行评估时，应结合其特点，按照重置时的合理费用进行估价。在产品的评估方法有成本法和市场法。

（一）成本法

成本法即根据技术鉴定和质量检测的结果，按现行市场价格重置同等级在产品及半成品所需投入的合理工料计算评估值。这种方法适用于对继续生产、销售并且有盈利的在产品等的评估。具体来说又可分为以下三种情况。

(1) 按价格变动系数调整原成本。对生产经营正常、会计核算水平较高的企业的在产品的评估，可参照其原始成本，根据评估日市场价格的变动情况，调整成重置成本。其计算公式为：

$$\begin{aligned}在产品评估值&=原合理材料成本\times(1+价格变动系数)\\&\quad+原合理工资费用\times(1+合理工资费用变动系数)\end{aligned}$$

具体评估时，应注意将不合格的在产品成本和非正常的不合理费用从总成本中剔除。

(2) 按社会平均工艺定额和现行市价计算。这种情况是按重置同类资产的社会平均成本确定在产品的价值。这种方法要求掌握以下资料：①在产品的完工程度。②在产品相关工序的工艺定额。③在产品所耗物料的近期市价。④在产品正常生产情况下的合理工时费率。其计算公式为：

$$\begin{aligned}在产品评估值&=在产品实有数量\times(该工序单件材料工艺定额\times单位材料现行市价\\&\quad+该工序单件工时定额\times正常工资费用)\end{aligned}$$

其中，对工艺定额的选取，如果有行业的平均物料消耗标准的，可按行业标准计算；没有行业统一标准的，按企业现行的工艺定额计算。

(3) 按在产品的完工程度计算评估值。在产品的最终形式为产成品，所以，可以在计算产成品重置成本的基础上，按在产品完工程度计算确定在产品评估值。其计算公式为：

在产品评估值 = 产成品重置成本 × 在产品约当产量

或　　在产品评估值 = 产成品重置成本 × 在产品完工率

在产品约当产量、在产品完工率可以根据其完成工序与全部工序比例、生产完成时间与生产周期比例确定。当然，确定时应分析完成工序，以及完成时间与其成本耗费的关系。

（二）市场法

市场法是指按同类在产品的市场价格，扣除销售过程中预计发生的费用后计算出评估值。这种方法适用于因产品下架，在产品只能按评估时的状态向市场出售的情况。一般而言，在产品通用性强，能用于产品配件更换或用于维修，则其评估值就比较高。而那些不能继续生产，又无法从市场调剂出去的专用配件，只能按废料回收价格进行评估。其计算公式为：

某在产品评估值 = 在产品实有数量 × 可接受的不含税单位市场价格 − 预计销售过程中发生的费用

如果在调剂过程中有一定的变现风险，还要考虑设立一个风险调整系数，计算可变现评估值。

对那些不能继续生产，又无法从市场调剂出去的专用配件，只能按废料回收价格进行评估。其计算公式为：

某报废在产品评估值 = 可回收废料的重量 × 单位重量现行的回收价格

【例 7-4】 某企业因转产，其原有的一批在产品需处理，需估算该批在产品的评估值。有关在产品资料如下：

在产品账面记录的成本为 160 万元，按其状态及通用性分为以下三类：

第一类，已从仓库中领出，但尚未进行加工的原料。

第二类，已加工成部件，可通过市场销售且流动性较好的在产品。

第三类，加工成的部件，但由于该部件已落后过时，无法在市场上销售，只能报废处理在产品。

对于第一类和第二类在产品，可按实有数量、质量情况及现行市场价格等因素计算其评估值；对于第三类在产品，只能按报废品的回收价格计算其评估值。具体计算过程和结果见表 7-1、表 7-2 和表 7-3。

表 7-1　车间已领用尚未加工的原材料评估表　　单位：元

材料名称	编号	计量单位	实有数量	现行单位市价	按市价计算的评估值
黑色金属	AX001	吨	120	2 200	264 000
黑色金属	AX002	吨	100	1 800	180 000
有色金属	AX003	千克	6 500	15	97 500
合计					541 500

表 7-2　车间已加工成部件且市场上有需求的在产品评估表　　　　单位：元

部件名称	编号	计量单位	实有数量	现行单位市价	按市价计算的评估值
A	BX001	件	1 800	63	113 400
B	BX002	件	1 000	90	90 000
C	BX003	件	500	115	57 500
D	BX004	台	120	230	27 600
合计					288 500

表 7-3　车间已加工成部件且市场上无需求的在产品评估表　　　　单位：元

部件名称	编号	计量单位	实有数量	单件可回收废料	废料单价	按废料价格计算的评估值
E	CX001	件	3 500	13	45 500	22 750
F	CX002	件	4 000	12	48 000	24 000
G	CX003	件	300	5	1 500	2 700
合计						49 450

五、产成品及库存商品的评估

产成品及库存商品是指已完工入库和已完工并经过质量检验但尚未办理入库手续的产成品以及商品流通企业的库存商品等。对此类存货应依据其变现能力和市场可接受的价格进行评估，适用的办法有成本法和市场法。

（一）成本法在产成品及库存商品评估中的应用

采用成本法对生产及加工工业的产成品评估，主要根据生产、制造该项产成品全过程发生的成本费用确定评估值。在具体应用过程中，可分以下两种情况进行。

(1) 评估基准日与产成品完工时间接近。当评估基准日与产成品完工时间较接近，成本变化不大时，可以直接按产成品的账面成本确定其评估值。其计算公式为：

$$产成品评估值 = 产成品数量 \times 产成品单位成本$$

(2) 评估基准日与产成品完工时间间隔较长。当评估基准日与产成品完工时间相距较久，产成品的成本费用变化较大时，产成品评估值可按下列两种计算方法计算：

方法一：

$$\begin{aligned}产成品评估值 = {} & 产成品实有数量 \times (合理材料工艺定额 \times 材料单位先行价格 \\ & + 合理工时定额 \times 单位小时合理工时工资、费用)\end{aligned}$$

方法二：

$$\begin{aligned}产成品评估值 = {} & 产成品实际成本 \times (材料成本比例 \times 材料综合调整系数 \\ & + 工资、费用成本比例 \times 工资、费用综合调整系数)\end{aligned}$$

【例 7-5】 某资产评估事务所对 K 企业进行资产评估。经核查,该企业产成品实有数量为 1 200 件,根据该企业的成本资料,结合同行业成本耗用资料分析,合理材料工艺定额为 500 千克/件,合理工时定额为 20 小时。评估时,由于生产该产成品的材料价格上涨,由原来的 60 元/千克涨至 62 元/千克,单位小时合理工时工资、费用不变,仍为 15 元/小时。根据上述分析和有关资料,确定该企业产成品评估值。

$$产成品评估值 = 1\ 200 \times (500 \times 62 + 20 \times 15) = 37\ 560\ 000(元)$$

【例 7-6】 某企业的产成品实有数量为 60 台,每台实际成本为 48 元,根据会计核算资料,生产该产品的材料费用与工资、其他费用的比例为 60:40,根据目前价格变动情况和其他相关资料,确定材料调整系数为 1.15,工资、费用综合调整系数为 1.02,计算该产成品的评估值。

$$产成品评估值 = 60 \times 48 \times (60\% \times 1.15 + 40\% \times 1.02) = 3\ 162.24(元)$$

(二) 市场法在产成品及库存商品评估中的应用

应用市场法评估产成品的价值,在选择市场价格时应注意考虑以下几项因素。

(1) 产成品的使用价值。根据对产品本身的技术水平和内在质量的技术鉴定,确定产品是否具有使用价值以及产品的实际等级,以便选择合理的市场价格。

(2) 分析市场供求关系和被评估产成品的前景。

(3) 所选择的价格应是在公开市场上所形成的近期交易价格,非正常交易价格不能作为评估的依据。

(4) 对于产品技术水平先进,但产成品外表存有不同程度的残缺,可根据其损坏程度,通过调整系数予以调整。

采用市场法评估产成品时,现行市价中包含了成本、税金和利润的因素,如何处理待实现的利润和税金,是一个不可忽视的问题。对这一问题应作具体分析,应视产成品评估的特定目的和评估的性质而定。

第三节 货币类、债权类和其他流动资产的评估

一、货币类流动资产的评估

货币类资产主要包括现金、银行存款。对库存现金的评估,实际上是对库存现金的审查盘点,核实库存现金的实有数,以核实后的实有数作为评估值。审查盘点的具体做法,可比照审计的方法进行。对于库存的外币现金,应按评估基准日的国家外汇牌价(钞买价)折算成等值人民币。

对各项存款的评估,是对各项存款进行清查确认,通过与银行对账、函证,核实各项存款的实有数,并以核实后的实有数作为评估值。在审核中,对银行存款未达账项要重点审核,尤其要注意有无长期未达账项,如未达时间超过 3 年,应作坏账处理。如有外币存款,应按评估基准日的国家外汇牌价(汇买价)折算成等值人民币。

二、应收及预付账款的评估

(一) 应收账款的评估

企业的应收账款主要是指企业在经营过程中由于赊销和预付、暂付所形成的尚未收回

的款项。应收账款也具有货币资金的性质，与现金、各类存款不同的是它存在回收风险，即由于会计估计的因素和收账费用等原因，使会计资料反映的应收款项净额与应收款项的实际可变现价值存在差异，所以应采用适当的方法对其进行评估。

应收账款评估价值计算的基本公式为：

$$\begin{aligned}应收账款评估价值 &= 应收账款账面价值 - 已确定的坏账损失\\ &\quad - 预计可能发生的坏账损失及收账费用\end{aligned}$$

其基本程序如下：

(1) 确定应收账款账面价值。对应收账款进行评估时，应对其存在性进行核实。对其中的外部债权，在条件允许的情况下，应尽可能通过与对方的函证证实债权关系是否存在、时间长短、金额是否与企业提供的清单吻合，并进行详细记录，作为评估时预计坏账损失的重要依据。

(2) 确认已发生的坏账损失。已发生的坏账损失是指评估基准日时债务人已经死亡或破产，以及有合法证据证明确实无法收回的应收账款。对于已确认的坏账损失，在评估其价值时，应从应收账款价值中扣除。

(3) 预计可能发生的坏账损失。根据应收账款收回的可能性进行判断，预计可能发生的坏账损失。

(4) 预计可能发生的收账费用。在实际评估中，可以根据企业与债务人业务往来的历史资料和现实调查的情况，具体分析欠款的数额、时间和原因，前期欠款数额及款项的回收情况，债务人的资信和经营管理现状等，确定坏账损失的数额，按照能收回的款项计算评估值。

第一，对业务往来较多、债务人资金状况和结算信用良好、有充分理由相信款项近期内能全部收回的应收账款，可按能收回的款项计算评估值。

第二，对业务往来较少、债务人资金状况和结算信用一般、收回的可能性很大但收回时间不能完全确定的应收账款，可根据能收回数额考虑合理的资金利息和收账费用计算评估值。

第三，偶然发生业务往来、债务人资信状况不清楚的应收账款，很有可能只能部分收回，这时应按会计上计算坏账损失的方法预计可能发生的坏账，将其从应收账款中扣除后计算评估值。其计算公式为：

$$评估值 = 核实后应收账款数额 \times (1 - 坏账率)$$

$$坏账率 = \frac{评估前若干年发生的坏账数额}{评估前若干年应收账款净额} \times 100\%$$

【例 7-7】 评估公司拟对某企业进行资产评估，根据财务报表获悉，截至评估基准日，该企业应收账款余额为 400 万元，而企业前 5 年应收账款余额合计为 2 000 万元，发生坏账损失合计数为 50 万元。试确定该企业应收账款评估值。

$$坏账百分比 = 50 \div 2\,000 \times 100\% = 2.5\%$$

$$预计坏账金额 = 400 \times 2.5\% = 10(万元)$$

$$应收账款评估值 = 400 - 10 = 390(万元)$$

当然也可以用账龄分析法预计坏账损失。

【例 7-8】 某企业评估基准日应收账款总额为 100 万元，已提取坏账损失准备金 5 万元，该企业应收账款按账龄分析如表 7-4 所示。

表 7-4　应收账款账龄表　　单位:万元

	金额	估计坏账损失率	估计坏账损失金额
未到期	50	0.5%	0.25
过期 6 个月	20	2%	0.4
过期 1 年	15	10%	1.5
过期 2 年	10	60%	6
过期 3 年以上	5	100%	5
合计	100	—	13.15

根据以上资料,计算应收账款的评估值。

坏账损失率＝13.15÷100×100%＝13.15%

应收账款评估值＝100×(1－13.15%)＋ 5＝91.85(万元)

第四,对虽有业务往来,但债务人信用状况差,有长期拖欠贷款的记录,符合有关制度规定,已具备坏账条件,或有确凿证据表明无法收回的应收账款,应按零值评估。

将考虑以上各种情况后得出的评估值汇总,即得到应收账款的评估值。

相关思考 7-1

应收账款评估以后,“坏账准备”科目该如何处理?

应收账款评估以后,“坏账准备”科目应按零值计算。因为“坏账准备”科目是应收账款的备抵账户,是企业根据坏账损失发生的可能性采用一定的方法计提的,而对应收账款的评估是按照实际可收回的净值进行估算的,因此不必再考虑坏账准备数额。

(二) 预付账款的评估

企业的预付账款主要是指企业在经营过程中根据合同规定预付给其他单位的款项。

对预付账款的评估,应根据所能收回的相应资产或权利的价值确定评估值。具体方法如下。

首先,对其存在性进行核实。例如,对货已到但尚未结清货款的项目进行核对,避免将已到的货物按账外资产处理,重复计算企业资产价值。

其次,对预付账款实现的可能性进行分析判断,确定无法收回的坏账。例如,对于能收回相应货物的,以核实后的账面值作为评估值;又如,对于那些有确凿证据表明不能收回的,即不能形成相应资产或权益的预付款,其评估值为零。在评估实务中,如果因条件限制,对应收款项和预付账款的可回收价值确实无法量化时,需在评估报告中予以披露。

三、应收票据的评估

应收票据又称为商业汇票,它是指由付款人或收款人签发、由付款人承兑、到期无条件付款的一种书面凭证。

商业汇票按承兑人不同,可划分为商业承兑汇票和银行承兑汇票。对于银行承兑汇票，由于承兑银行是票据的第一付款人，承担票据到期见票即付的责任，因此评估时可以不考虑变现风险；对于商业承兑汇票，则应根据承兑人的资信程度和票据的可变现程度进行评估。

应收票据的评估值由票据的本金和利息两部分组成。具体可采用下列两种方法进行评估。

（一）按票据的本利和计算

应收票据的评估值为截至评估基准日的票据的面值加上应计的利息。其计算公式为：

$$应收票据的评估值 = 本金 \times (1 + 利息率 \times 时间)$$

【例 7-9】 某企业拥有一张付款期限为 3 个月的银行承兑汇票，出票日期为 2022 年 3 月 12 日，本金为 75 万元，月息为 10‰，评估基准日为 2022 年 4 月 2 日。

$$应收票据的评估值 = 750\ 000 \times (1 + 10‰ \div 30 \times 20) \approx 755\ 000(元)$$

（二）按应收票据的贴现值计算

由于商业汇票可依法背书转让或向银行申请贴现，对企业拥有的、满足银行贴现贷款条件的、尚未到期的应收票据，可按评估基准日的贴现值计算评估值。其计算公式为：

$$应收票据的评估值 = 票据到期价值 - 贴现息$$
$$贴现息 = 票据到期价值 \times 贴现率 \times 贴现期$$
$$贴现期 = 到期天数 - 持有天数$$

【例 7-10】 某企业流动资产中含有不带息票据一张，票面金额为 100 万元，期限为 3 个月，至评估基准日止已持有 1 个月，评估基准日的贴现率为 6%，试确定该票据评估值。

$$贴现期 = 3 - 1 = 2(个月)$$
$$到期价值 = 100(万元)$$
$$贴现息 = 100 \times 6\% + 12 \times 2 = 1(万元)$$
$$票据评估值 = 100 - 1 = 99(万元)$$

若应收票据载明票面利率为 8%，其他条件同上，则：

$$贴现期 = 3 - 1 = 2(个月)$$
$$到期价值 = 100 \times (1 + 8\% \div 12 \times 3) = 102(万元)$$
$$贴现息 = 102 \times 6\% \div 12 \times 2 = 1.02(万元)$$
$$票据评估值 = 102 - 1.02 = 100.98(万元)$$

如果被评估的应收票据在约定的时间未能收回，应将其视同应收账款，比照应收账款的评估方法，在调查分析的基础上确定坏账损失。

四、待摊费用及预付费用的评估

费用本身不是资产，而是已经耗用的资产的反映，因此并不是资产评估的对象。但是费用支出可以形成一定形式的实物资产和享用服务的权利以及其他无形资产，这种有形的、无形的资产只要存在，已付出的费用就是有价值的，这种未消逝的有形的或无形的资产，就应当作为费用评估的对象。这里主要介绍类似于流动资产的待摊费用和预付费用的评估。

(一) 待摊费用的评估

待摊费用是指已经支付或发生,但应由本期和以后各期分别负担的分摊期在 1 年以内的各项费用。

待摊费用一般有以下几类:

(1) 属于预付费用性质的,如预付保险费、预付报纸杂志费等。

(2) 属于均衡成本性质的,如一次性大量领用低值易耗品,为均衡成本按受益期摊销。

(3) 属于无形资产性质的,如因引进生产线而开支的职工技术培训费等,由于没有设计相应的无形资产科目,也反映在待摊费用之中。

(4) 用于特殊性质的,如按规定分期摊入成本的融资租入固定资产的租赁费、固定资产购置费等。

待摊费用的评估对象就是费用支出所形成的实体资产和权益,它只与资产权益的存在相关,与摊余价值没有本质的联系。如果待摊费用所形成的资产和权益已经消失,无论摊余金额还有多少,待摊费用的价值均为零。

在存在资产和权益的情况下,待摊费评估有两类方法:一类是待摊费用的作用很难界定,如引进技术、合作生产而开支的技术转让费和职工技术培训等,只能按待摊费用余额确定;另一类预付费用的作用期限和效益是确定的,如低值易耗品、预付租金等,要根据实际内容评估。其中,低值易耗品的摊余价值和固定资产租金可分别参照低值易耗品和租赁权益评估,房屋租金可参照房地产评估,而不是以待摊费用为凭。

【例 7-11】 某企业评估基准日为 2022 年 12 月 31 日,账面待摊费用余额 223 000 元,其中,2022 年 1 月 31 日预付 1 年的保险金 132 000 元,已摊销 100 000 元,剩余 32 000 元;2022 年 7 月 1 日预付未来 1 年的房租 180 000 元,已摊销 100 000 元,剩余 80 000 元;以前年度应摊销但因成本高而未摊销,结转的待摊费用 111 000 元。试对该企业的待摊费用进行评估。

(1) 预付保险金评估。

按照保险金全年支付数额计算每月应分摊数额为:

$$132\ 000 \div 12 = 11\ 000(\text{元})$$

$$\text{待摊保险金评估值} = 132\ 000 - (11 \times 10\ 000) = 22\ 000(\text{元})$$

(2) 预付房租摊销评估。

按照预付 1 年房租 180 000 元,每月应摊销 15 000 元。2022 年 7～12 月应摊销:

$$15\ 000 \times 6 = 90\ 000(\text{元})$$

$$\text{待摊预付房租租金评估值} = 180\ 000 - 90\ 000 = 90\ 000(\text{元})$$

(3) 以前年度结转费用的评估。

这部分待摊费用是应摊销而未摊销的部分,应按实际情况注销,不应评估,因此评估值为零。

$$\text{待摊费用的评估结果} = 11\ 000 + 90\ 000 + 0 = 101\ 000(\text{元})$$

(二) 预付费用的评估

所谓预付费用,是指按照结算制度或合同规定,对尚未提供的商品或劳务所预先支付的款项,即本期资金的逾额支出,在评估日之后才能产生效益。如预付的报纸杂志费、预付保险金、预付租金等。因此,可将这类预付费用看作是未来取得服务的权利。

预付费用的评估主要依据其未来可产生效益的时间。如果预付费用的效益已在评估日前全部体现，只因发生数额过大而采用分期摊销的办法，那么这种预付费用就不应在评估中作价，只有那些在评估日之后仍将发挥作用的预付费用，才是评估的真正对象，可参照待摊费用的评估方法进行评估。

思政育人

善用 ABC 时间管理法，不断提高有效利用时间技能

在进行原材料价值评估时，由于企业材料的品种、规格繁多，而且单位价值不等，可按照一定的目的和要求，对材料按照 ABC 分析法进行排队，分清主次，突出重点，着重对重点材料进行评估。

ABC 分析方法，同样也可以运用到日常的学习工作规划中。面对繁杂的待办事项，我们可以以事务的重要程度为依据，将待办事项按照重要性从高到低划分为 A、B、C 三个等级，然后依次完成。这种方法可以有效地解决因日常事务异常繁乱而陷入混乱的状况，使学习、工作和生活等活动在有条不紊中进行。

本章重要概念

流动资产　实物类流动资产　债权类流动资产

本 章 练 习

7-3 第七章练习题答案

7-4 第七章 PPT

一、单项选择题

1. 某企业对其应收账款进行评估，评估基准日应收账款金额 72 万元。已知前 5 年应收账款余额为 100 万元，坏账发生额为 5 万元，预期应收账款的变现成本为 0.6 万元，企业的应收账款评估值为（　　）万元。

A. 36.0　　B. 70.56　　C. 68.4　　D. 67.80

2. 市场法评估在制品适用于（　　）。

A. 成本法计算比较麻烦时

B. 生产制造过程中物价发生较大变化时

C. 在制品没有社会平均工艺定额时

D. 因产品下架在制品只能按评估时的状态向市场出售时

3. （　　）是按照应收账款拖欠的时间长短，分析判断可收回的金额和坏账损失。

A. 坏账估计法　　B. 信用分析法

C. 账龄分析法　　D. 信用估计法

4. 对现金和各项存款的评估，应以（　　）作为评估值。

A. 核实后的实有价值　　B. 清算价格

C. 未核实的账面价值　　D. 重置价值

5. 下列不属于流动资产特性的是（　　）。

A. 周转速度快　　B. 变现能力强

C. 风险小　　D. 形态多样化

6. 某企业 3 月月初预付 6 个月的房屋租金 90 万元，当年 5 月 1 日对该企业评估时，该预付费用评估值为(　　)万元。

A. 35　　B. 60　　C. 45　　D. 30

7. 某企业产成品实有数量80台，每台实际成本94元，该产品的材料费与工资、其他费用的比例为70∶30，根据目前有关资料，材料费用综合调整系数为1.20，工资、其他费用综合调整系数为1.08。该产品的评估值应接近于(　　)元。

A. 9 745　　B. 8 753　　C. 7 520　　D. 8 800

8. 某项在用低值易耗品，原价750元，预计使用1年，现已使用9个月，该低值易耗品现行市价为1 200元，由此确定在用低值易耗品评估值为(　　)元。

A. 300　　B. 900　　C. 750　　D. 1 200

9. 某企业有一期限为10个月的票据，本金为50万元，月利息为10‰，截至评估基准日离付款期尚差3个半月的时间，则该应收票据的评估值为(　　)元。

A. 532 500　　B. 500 000　　C. 517 500　　D. 500 325

10. 应收账款、应收票据只适应按(　　)进行评估。

A. 账面价值　　B. 市场价值

C. 重置价值　　D. 可变现价值

二、多项选择题

1. 流动资产的实体性贬值可能会体现在(　　)。

A. 在产品　　B. 应收账款

C. 在用低值易耗品　　D. 呆滞、积压物资

E. 货币资金

2. 采用市场法对库存材料进行评估时，需要考虑的问题有(　　)。

A. 市场价格的选取

B. 被评估材料的变现成本

C. 被评估材料的变现风险

D. 市场已脱销，没有准确市场现价，如何处理

E. 被评估材料能否变现

3. 评估流动资产时无需考虑功能性贬值，是因为(　　)。

A. 周转速度快　　B. 变现能力强

C. 形态多样化　　D. 库存数量大

E. 获利能力强

4. 应收票据是指企业持有的尚未兑现的各种票据，主要包括(　　)。

A. 顾客交来的自己签发的本票

B. 顾客交来的他人签发背书的本票

C. 企业本身签发的，经付款人承兑的汇票

D. 顾客交来的，他人签发背书的汇票

E. 银行没有承诺兑付的票据

5. 对于购进时间早，市场已脱销，没有准确市场现价的库存材料评估，可以采用的评估方法有(　　)。

A. 可以通过市场同类商品的平均物价指数进行评估

B. 可以通过材料的账面价值进行评估

C. 可以通过寻找替代品的价格变动资料来修正材料价格

D. 可以在市场供需分析的基础上，确定供需情况，并以此来修正材料价格

E. 可以用历史成本来确定材料成本

三、判断题

1. 流动性资产由于其周转速度快、变现能力强、形态多样化等原因，所以一般不考虑其功能性贬值。（　）

2. 在流动资产评估中，当抽查核实中发现原始资料或清查盘点工作可靠性较差时，重新对已评估过的流动资产进行评估。（　）

3. 对于商业企业的库存商品一般以可变现净值作为评估值。（　）

4. 债权类流动资产如应收账款、应收票据等资产的评估只适用于按市场价格进行评估。（　）

5. 对流动资产评估所选评估基准日应尽可能地在会计期初。（　）

四、简答题

1. 流动资产的评估特点有哪些？

2. 待摊费用的分类有哪些？

五、业务题

1. 某企业在联营过程中，对其某一工序上的制品进行评估，该工序上的在制品数量为5 000件，根据行业平均定额标准得知，该在制品在该工序上的材料消耗定额为10千克/件，工时定额为5小时/件。经过市场调查得知，该在制品耗用材料的近期市场价格为10元/千克，相同工种正常小时工资为6元/小时，经调查，该企业产品销路一向很好，假设不存在变现风险，求该制品的评估值。

2. 某企业现有一张期限为8个月的应收票据，票面值为60万元，年息为6%，截至评估基准日还有两个半月的时间到期。求应收票据的评估值，若贴现息为8%，求应收票据的评估值。

3. 某企业对其应收账款进行评估，经核查评估基准日应收账款余额为150万元，根据以往资料，企业前推5年累计坏账损失50万元，应收账款余额累计630万元，并预计发生收款费用3万元，则应收账款的评估值是多少？

六、案例题

某企业被其他企业兼并，生产全面停止，现对其库存的在产品A、B、C进行评估。有关的评估资料如下：

(1) 在产品A已从仓库中领出，但尚未进行加工处理。这批在产品A共有1 000件，账面价值为25 000元，经调查，该在产品如完好无损地出售，单位市价为20元/件。

(2) 在产品B已加工成部件，共有500件，账面价值为5 500元，可通过市场调剂且流动性较好。据调查了解，该在产品的市场可接受价格为10元/件，调剂费用为100元，但调剂存在风险，预计能够有90%的在产品通过市场调剂。

(3) 在产品C已加工成部件，账面价值为3 000元，但是对于兼并后的企业来说，在产品C已经没有继续加工的价值，而且也无法调剂出去。经分析，该在产品只能作为报废的在制品处理，可回收的价格为500元。

根据以上资料，试用市场法确定该企业在产品的评估值。

第八章　资源资产评估

内容提要

本章主要对资源资产评估进行概述，并着重对矿产资源资产和森林资源资产的评估分节讲解。

重点难点

本章重点为矿产资源资产探矿权和采矿权的评估方法；难点为森林资源资产的评估方法。

学习目标

通过本章的学习，学生应掌握资源资产的概念、特性以及对该项资产进行评估的特点；对于矿产资源资产的评估，学生应明确矿产资源资产的评估对象以及影响矿产资源资产价格的因素；对于矿产资源资产评估方法，应分别掌握探矿权以及采矿权的评估方法；对于森林资源资产，学生应掌握森林资源资产评估的特点，了解森林资源资产的评估方法。

知识框架

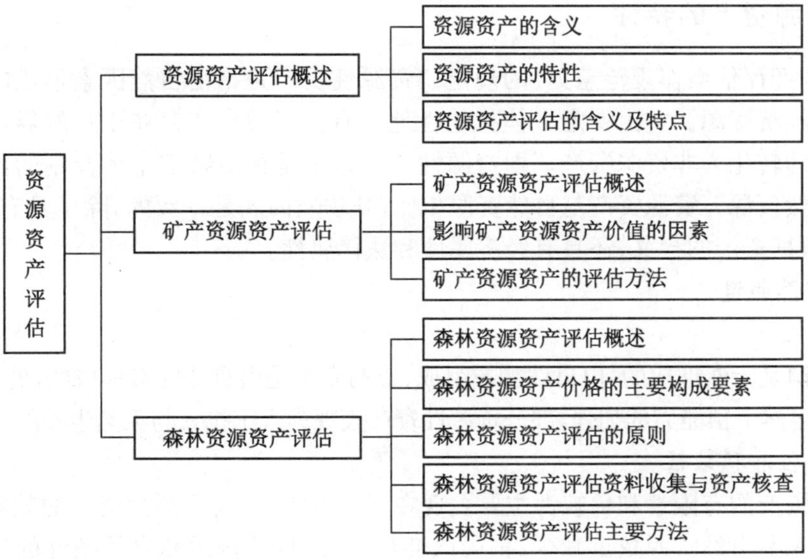

8-1 第八章章节导读

引入案例　20亿天价锂矿再上拍卖台　四川斯诺威矿业股权二次拍卖

2022年11月25日10点，斯诺威矿业54.285 7%股权在淘宝网阿里资产破产拍卖平台正式开拍。这部分股权为成都兴能新材料股份有限公司（以下简称“成都兴能新材料”）持有，该公司处于破产清算状态。

斯诺威矿业拥有四川省雅江县德扯弄巴锂矿、石英岩矿详查探矿权。据云南陆缘衡矿业权评估有限公司出具的《四川省雅江县德扯弄巴锂矿、石英矿详查探矿权评估报告》，截至评估基准日（2021年6月30日），德扯弄巴锂矿的项目评估范围内保有工业矿+低品位矿矿石量2 492.4万吨，氧化锂资源量29.32万吨（折合72.51万吨碳酸锂当量），氧化锂平均品位为1.18%。该报告指出，在不扣除矿业权出让收益的情况下，四川省雅江县德扯弄巴锂矿、石英岩矿详查探矿权的评估价值为9.74亿元。

思考：如何评估探矿权价值？

资料来源：https://new.qq.com/rain/a/20221121A08TQ700.

第一节　资源资产评估概述

一、资源资产的含义

资源是人类赖以生存和发展的基础，是可供人类利用的宝贵财富。资源性资产是在现有认识和科学技术水平条件下，通过开发利用，能够为产权主体带来一定经济利益的自然资源。广义的资源包括自然资源、经济资源和人文社会资源，狭义的资源是指自然资源，包括矿产资源、森林资源、土地资源、水资源等。本章讨论的资源性资产是指由狭义的自然资源转化而成的资产。

二、资源资产的特性

根据《资产评估操作规范意见》的规定：“资源性资产是指由自然因素形成的、具有开发价值的一切经济资源。它由特定主体排他性地占有。资源资产存在于自然界，它一经过开发、加工后，即转化为非资源资产。”即资源性资产评估是指被特定主体控制的，并拥有排他性权益的自然资源。资源资产与自然资源相比，其物质内涵是一致的，除了具有自然资源的基本特性，根据资产的含义，还具有经济属性和法律属性。

（一）自然属性

1. 天然性

自然资源是天然形成的，由自然物质组成，最初完全是由自然因素形成的，处于自然状态。随着人类对自然干预能力的加强，部分资源性资产表现为人工投入与天然生长的共生性。

2. 有限性和稀缺性

资源性资产的有限性和稀缺性主要表现在三个方面：一是资源性资产的数量是有限的，人类活动使某些自然资源数量减少、枯竭或耗尽；二是自然资源和自然条件的贫化、退化和质变；三是自然资源的生态结构、生态平衡被破坏。如矿产资源随着开发利用不断消耗，再如土地资源，其自然总量是一定的，不会有所增加。

3. 生态性

各种资源如太阳、大气、地质、水文、生物等构成了一个复杂的体系，形成特定的生态结构，构成不同的生态系统。不同的资源间互相依存，具有一定的生态平衡规律。如果毫无顾忌地开采资源，使消耗超过补偿的速度，会导致这些资源毁灭；向陆地圈、水圈、大气圈以超过自然净化能力的速度排放废物，就会破坏生态系统的平衡，从而导致某些自然资源难以持续利用。

4. 区域性

资源性资产在地域上分布不均衡，存在显著的数量或质量上的地域差异。比如，在我国，金属矿产资源基本上分布在由西部高原到东部山地丘陵的过渡地带，森林资源也呈集中分布的状态，长白山林地面积和木材蓄积量就分别占全国的 11%和 13.8%。

(二) 经济属性

1. 自然资源具有使用价值，是经济发展的基础

自然资源具有使用价值与效用，能够转化为经济资源，它成为人类的生活资料和生产资料。经济增长与经济发展必然要耗费一定的资源，所以自然资源是人类发展的物质基础，全部物质财富必须以自然资源为物质基础，其相对丰度影响着经济发展速度。

2. 资源性资产能够以货币计量

资源性资产除了能够用实物单位计量，还可以用价值量表示，这是资源性资产评估的基础。对于无法用货币计量的自然资源，如空气、太阳光等就不能成为资产。

3. 资源性资产具有获益性

只有具有经济价值的自然资源才能成为资产。没有经济价值或在当今知识与技术条件下尚不能确定其有经济利用价值的因素不能成为资产。

4. 较多的法律、法规约束性

由于资源资产的稀缺性和不可再生性，近年来我国不断地加强对资源资产的管理，国家出台了较多的法律、法规对涉及资源资产的管理和经营行为进行必要的约束，以更好地实现经济的可持续发展。

(三) 法律属性

(1) 资源性资产必须能够为特定的产权主体所拥有和控制。资源性资产产权在法律上具有独立性。

(2) 资源性资产的使用权可以依法交易。我国实行资源性资产的所有权和使用权相分离的制度，法律不允许资源性资产的所有权转让，但是使用权可以依法交易。

三、资源资产评估的含义及特点

(一) 资源资产评估的含义

资源资产评估是指运用合理、适当的方法对资源资产的价值进行估算。资源资产评估，不仅为国民经济资源价值核算服务，还可以在资源性资产产权的出让、转让、资产经营、抵押、环保等经济活动中，为有关权益各方包括国家和企业等提供专业服务。资源资产评估的基本方法有三种：收益法、成本法、市场法，但在具体方法运用以及参数确定上，评估人员应针对不同类型资源资产的特点选择特定的资产评估方法。目前在资源资产评估的理论研究中，对土地资源资产、矿产资源资产、森林资源资产和水资源资产的评估较为深入。

(二) 资源资产评估的特点

资源性资产由于具有独特的自然、经济和法律属性，因而与其他资产相比，资源性资产

的评估具有一定的特点。

(1) 资源资产价值是自然资源的使用权价格。我国自然资源大部分属于国家所有，只有一部分属于集体所有，如矿产资源属于国家所有，大部分森林资源属于国家所有，并实行所有权和使用权相分离的制度。由于法律不允许资源性资产的所有权转让，因此资源性资产评估的对象，不是物质实体本身，而是资源性资产的使用权，是对资源性资产权益的价值评估。

(2) 资源资产价格一般受资源的区位影响较大。由于资源性资产的有限性、稀缺性和区域性，资源性资产价格受自然资源所在区位影响很大。

(3) 资源资产评估须遵循自然资源形成和变化的客观规律。资源条件包括资源的质量品位、资源的赋存开采条件、产地至销地的运输距离和运输条件（运输工具和地貌等）。资源资产类别多种多样，不同资产其资源条件、经营方式、市场供求等都不相同。因此在资产评估中要充分了解资源性资产实体和资产使用权的专业特点，以合理评估资源性资产的价值。

(4) 资源资产的质和量不能通过简单的市场调查确定。评估时必须依靠对自然资源的科学认识，按照科学的程序和方法来调查。

(5) 资源资产的价格以其收益为基础。资源资产的价格因其本身不是商品，不能以价值即凝结在产品中的劳动为基础，而是以其收益为基础。

第二节 矿产资源资产评估

一、矿产资源资产评估概述

(一) 矿产资源资产的含义

矿产在未探明以前仅是一种未知的、没有确定使用价值的自然资源——矿藏，而矿产资源资产严格讲是已发现的、具有开采前途的矿藏。矿产资源是自然资源的重要组成部分，是人类社会发展的重要物质基础。根据人类对矿产储量的了解程度或者说勘探投入量的不同，矿产资源资产可以分为两类：一类是凝结较少量人类劳动的矿产资源资产，它是国家向勘探开发经营者转让矿权（探矿权、采矿权）时所指的矿产资源资产，其中凝结了源于国家地质事业费的投入而进行的前期地质勘查劳动；另一类是已经勘探开发、经营者投入大量劳动而证实了的矿产储量资源资产，它是勘探开发经营者已获取的矿权，其中凝结了源于勘探开发经营者投资而进行的勘探开发劳动，并且通过进一步的勘探开发生产，能给矿权拥有者带来预期收益的矿产资源资产，亦可称作矿产储量资源资产，这类资产是勘探开发企业的资源性资产，可以进入市场交易，也是市场经济中矿产资源资产评估的主要对象。

我国的矿产资源属于国家所有，由国务院行使国家对矿产资源的所有权，矿产资源物质实体及其所有权属于国家所有。国家实行探矿权、采矿权有偿取得制度，矿产资源的探矿权和采矿权可以依法出让和转让。

在我国，探矿权和采矿权是分别设置的，必须依法分别申请，已经依法申请取得采矿权的矿山企业在划定的矿区范围内为本企业的生产而进行的勘查除外。所谓矿业权是指在依法取得勘查或采矿许可证的情形下，在许可证允许的范围和期限内，对矿产资源进行勘查、开采等一系列生产经营活动的权利，因此，矿业权也是一种特许经营国家所有的矿产资源的权利。矿业生产是一个包括矿产资源勘查、开发、采选的连续过程，涉及资源所有者、地质勘查部门和矿山经营者的利益。探矿权人有权在划定的勘查作业区内进行规定的勘查作业，有权优先取得勘查作业区内矿产资源的采矿权。探矿权人在完成规定的最低勘查投入后，经依法批准，可以将探矿权转让他人。矿产资源由取得采矿权的国有矿山企业和其他经济成分的矿山企业开采使用，已取得采矿权的矿山企业，因企业合并、分立，与他人合资、合作经营，或者因企业资产出售以及有其他变更企业资产。

（二）矿产资源资产的评估对象

根据上述对矿产资源资产内涵的分析，市场经济中矿产资源资产的评估对象可以分为两大类：一是国家向勘探开发经营者转让矿权（使用权）时，对矿权转让费的评估；二是对拥有矿权的勘探开发经营者的矿产储量资源资产的评估。

二、影响矿产资源资产价值的因素

矿产资源资产价格的影响因素主要包括：矿产资源本身的稀缺程度和可替代程度、矿产品的供求状况、矿床自然丰度和地理位置、科技进步、资本化率和社会平均利润率等。

（一）资源本身的稀缺程度和可替代程度

在我国，不同的矿种，资源的稀缺程度差别很大。在市场需求一定的情况下，占有和经营质量好、使用价值高的矿产资源，往往能获得更多的超额利润。同时，由于国家一般对稀缺资源实行保护性开采政策，稀缺的矿产资源就会有更高的价格水平。一般而言，资源的稀缺程度越高，其可替代程度往往越低，凡是可替代程度低的矿产资源，其资产价格也较高。

（二）矿产品的供求状况

矿产品供求状况决定矿产品价值的实现程度，决定何种等级的矿产资源将被投入生产过程，从而决定矿产资源资产价格水平。

（三）矿床自然丰度和地理位置

矿床的自然丰度是通过矿体规模、形态、产状、厚薄、品位、埋深等一系列指标综合反映出来的。在一定的技术经济条件下，矿床的自然丰度越高，开采所需投入的成本越低，企业的超额利润会越大，从而影响矿产资源资产价格。金属矿石的选冶性能、矿床含有的有益伴生组分以及矿床地质构造的复杂程度等，都会直接影响矿产品的产出率，从而影响企业的利润率。矿床的地理位置对矿产资源资产价格的影响有时甚至超过矿床本身的丰度。矿床距离加工消费地的远近和运输条件的优劣，会影响企业的生产成本。因此，矿床丰度与地理位置综合作用，影响矿产资源资产的价格。

（四）科技进步

科技进步对矿产资源资产价格的影响主要有下列几个方面：

（1）会使一些没有被利用的或者原先认为无法利用的伴生元素或矿物被开发和利用，从而使矿产资源总规模扩大，市场供给增加。

（2）可以发现已被使用的矿产资源新的或更有效的利用价值，从而改变、增加和提高矿产资源资产的价格。

（3）可以发现和创造对矿产资源开发、利用更有效的方法，使采掘企业的技术经济指标发生显著变化，如采矿损失率、矿石贫化率等降低；采矿回采率、选矿回收率、有益组分综合利用率、尾矿处理水平等上升，降低了矿产资源的耗减速度，使采矿企业增加收益，也使矿产资源的资产价格上升。

(4) 可以发现和创造更加有效的或现代化的找矿方法，使矿产资源普查和详查的成本和风险降低，环境治理的费用水平下降，从而改变矿产资源资产的价格构成和价格水平。

（五）资本化率和社会平均利润率

资本化率和社会平均利润率影响资金流向和矿山企业的经营利润，从而影响矿产资源资产的价格。

三、矿产资源资产的评估方法

矿产资源资产评估的对象主要不是矿产资源实物资产的价值，而是矿业权资产的价值。矿业权又分为探矿权和采矿权，因此根据不同的评估对象以及评估目的，矿产资源资产评估具有多种评估方法。探矿权可在不同精度勘查阶段转让，评估师应针对不同精度勘探阶段合理选择评估方法。高精度勘查阶段是指达到了详查和勘探阶段，探明或控制了一定的矿产储量，做过一定数量的试验室选矿实验，尚未进入可行性研究阶段。低精度勘查阶段是指处于普查及普查前地质勘查阶段。高精度勘查阶段的探矿权评估方法主要包括约当投资—贴现现金流量法和地勘加和法，低精度勘查阶段的探矿权评估方法主要包括地质要素评序法、联合风险勘查协议法和粗估法。采矿权评估主要采用贴现现金流量法和可比销售法。

（一）探矿权评估方法

探矿权是矿产勘探开发经营者为获得进行矿产生产所需的矿产储量资源而取得的在有利的含矿藏区域内进行勘探活动的权利。探矿权可在不同精度勘察阶段转让，评估人员应针对不同精度勘探阶段合理选择评估方法。

1. 高精度勘查阶段探矿权评估方法

高精度勘察阶段是指达到了详查和勘探阶段，探明或控制了一定的矿产储量，做过一定数量的实验室选矿实验，尚未进入可行性研究阶段。这个阶段的探矿权评估方法主要包括约当投资—贴现现金流量法和地勘加和法。

(1) 约当投资—贴现现金流量法。用约当投资—贴现现金流量法评估探矿权价值，是通过对新探矿权人未来开采投入的全部资产的未来预期收益现值进行估算，按原探矿权人和新探矿权人投资的比例对预期收益现值进行分割后，以原探矿权人分割所得的预期收益现值来确定探矿权的评估价值。因此，约当投资—贴现现金流量法并不是直接对探矿权资产的未来预期收益进行估算。该方法的应用须具有一定勘查程度并具有较详细的地勘投资财务资料。

第一步：根据贴现现金流量法的计算原理，计算新探矿权人资产收益现值。其计算公式为：

$$W=\sum_{t=1}^{n}\left[W_t\times\frac{1}{(1+r)^t}\right]$$

式中：W——资产收益现值；W_t——第 t 年的收益额；r——资本化率；n——计算年限；W_t——年销售收入－年经营成本－年资源补偿费－资源税金－其他税金。

第二步：计算原探矿权人、新探矿权人投资现值，原探矿权人投资现值 T_y 可采用重置

成本法计算,新探矿权人的投资现值 T_x 可采用贴现法计算。其计算公式为:

$$T_x = \sum_{t=1}^{n}\left[T_t \times \frac{1}{(1+r)^t}\right]$$

式中:T_x——新探矿权投资累计现值;T_t——第 t 年投资值;n——投资年限。

第三步:计算探矿权评估价值。其计算公式为:

$$P = \frac{T_y}{T_y + T_x} \times W$$

式中:P——探矿权评估价值;T_y——原探矿权人投资现值;T_x——新探矿权人投资现值。

(2) 地勘加和法。地勘加和法利用地勘投入的重置成本加上以地勘投入所分配的超额利润来确定探矿权价值,是重置成本法和贴现现金流量法相结合的一种评估方法,它既考虑了探矿权投入的成本,也考虑了探矿权未来的获利能力。其计算公式为:

$$P = P_x + L_n$$

$$L_n = M \times \frac{T}{T+G}$$

式中:P——探矿权评估价值;P_x——不含勘查风险的探矿权净价;L_n——应分配的超额利润;M——超额利润总额;T——地勘总投资;G——矿山建设总投资。

2. 低精度勘查阶段探矿权评估方法

低精度勘查阶段是指处于普查及普查前地质勘查阶段,低精度勘查阶段的探矿权评估方法主要包括地质要素评序法、联合风险勘查协议法和粗估法。

(1) 地质要素评序法。地质要素评序法是以基础购置成本为基数,通过对地勘成果综合评价,将定性的地质要素转化为定量的价值调整系数,对基础购置成本进行调整来确定探矿权价值的方法。基础购置成本包括国家规定交纳的探矿权使用费和矿业权人承诺履行的地质基本支出或者已经形成的原始地质勘查费。主要的地质要素包括:成矿显示、异常显示、品位显示、成因显示、蕴藏规模显示和前景显示,将每种显示划分为若干级,并赋予相应的价值指数。评估时,针对被评估的矿业权的具体情况,确定其地质要素价值调整系数。

(2) 联合风险勘查协议法。联合风险勘查协议法是根据该勘查区已经签订的联合风险经营协议的条款,或根据类似的勘查区所签订的协议条款,按照合作公司所承诺的勘查投资及其所获得的相应的股权,评估探矿权价值的方法。

(3) 粗估法。粗估法主要是根据公开上市公司的地质信息报告或定期披露的地质资料以及矿业股票市场和财务市场走势的长期分析资料,如价格与收益比、价格与现金流量比等指标来估算探矿权价值的方法。国外常用的有资源品级价值粗估法和以单位国土面积资源价值为基础的粗估法。粗估法是在低勘查精度阶段采用的一种近似方法。

(二) 采矿权评估方法

采矿权是指勘探开发经营者取得的对已探明储量资源的矿藏进行开发开采的权利。采矿权评估主要采用贴现现金流量法和可比销售法。

1. 贴现现金流量法

根据矿山企业现有的或设计的矿山设备、生产条件和方案等,预测矿山企业在预测收益期内各年开发利用矿产资源所取得的预期收益额,扣除生产经营成本和税费等后折算成现值，即为采矿权的价值。其计算公式为：

$$P=\sum_{t=1}^{n}\left[(W_{at}-W_{bt})\times\frac{1}{(1+r)^{t}}\right]$$

式中：P——采矿权价值；W_{at}——年剩余利润额；W_{bt}——社会平均收益额；r——折现率；W_{at}——年销售收入－年经营成本－年资源补偿费－资源税金－其他税金；W_{bt}——年销售收入×社会销售收入平均利润率。

2. 可比销售法

可比销售法是利用已知采矿权转让中的市场价，经过差异因素调整，来估算待估的采矿权价格的方法。其计算公式为：

$$P=P_{x}\times\mu\times\varepsilon\times\varphi\times\theta$$

式中：P——采矿权价值；P_{x}——参照的采矿权成交价格；μ——规模调整系数；ε——品位调整系数；φ——价格调整系数；θ——差异调整系数。

应用可比销售法时，要对参照的采矿权价格进行矿床规模差异调整、品位调整、矿产品价格调整、采矿权差异要素进行调整。其中：

规模调整系数 μ = 被评估采矿权探明储量 ÷ 参照的采矿权探明储量

品位调整系数 ε = 被评估的采矿权精矿平均品位 ÷ 参照的采矿权精矿平均品位

矿产品价格调整系数 φ = 被评估的采矿权采用的矿产品价格 ÷ 参照的采矿权当时采用的矿产品价格

采矿权差异要素调整 θ = 被评估的采矿权差异要素评判总值 ÷ 参照的采矿权差异要素评判总值

采矿权差异要素包括矿产资源的交通条件、自然条件、经济环境和地质采选条件等。具体的差异要素如表 8-1 所示。

表 8-1　采矿权差异要素参考表

交通条件	公路类型	经济环境	劳动力状况
	距国道距离		供电供气状况
	距火车站距离		农业状况
	距市中心距离		所在地国民收入
	距公共设施距离		地方经济政策
自然条件	地形环境	地质采选条件	埋藏深度
	水源状况		矿床工业类型
	气候环境		矿石选冶性能
	土地状况		水文、工程地质条件
			开采方式
			采选规模

可比销售法要求参照的采矿权具有可比性，即矿种相同、自然成因类型相同、工业类型大致相似，同时要取得足够的地质参数。该方法在矿业权市场发达的国家，应用较为广泛，由于我国矿业权交易尚不普遍，该方法的应用受到一定的限制。

【例 8-1】 评估对象为 A 铜矿采矿权的价格，评估基准日为 2022 年 12 月 30 日。参照物为 B 铜矿采矿权。有关资料如下：参照物的采矿权市场交易价格为 8 000 万元，铜矿储量为 80 万吨，精矿品位 30%，铜精矿金属价格为19 000元/吨。经评估A铜矿储量为120万吨,精矿品位25%,铜精矿金属价格为15 000元/吨。两项采矿权的差异要素调整系数为0.9。根据上述资料对A铜矿采矿权进行价格评估。

规模调整系数 $\mu = 120 \div 80 = 1.5$

品位调整系数 $\varepsilon = 25 \div 30 = 0.83$

价格调整系数 $\varphi = 15\,000 \div 19\,000 = 0.79$

差异调整系数 $\theta = 0.9$

评估价格 $P = 8\,000 \times 1.5 \times 0.83 \times 0.79 \times 0.9 = 7\,081.56$(万元)

第三节 森林资源资产评估

一、森林资源资产评估概述

森林是陆地生态系统的主体,具有生态、社会和经济三重效益。开展森林资源资产评估,可以有效地维护社会公共利益和资产评估相关当事人的合法权益,同时也是自然资源资产化计量的重要工具,是社会全面认识森林资源价值,推动生态文明建设的重要手段。

(一) 森林资源、森林资源资产与森林资源资产评估

1. 森林资源

森林资源是以多年生木本植物为主体,包括以森林环境为生存条件的林内动物、植物、微生物等在内的生物群落,是一种可再生的自然资源。它形成了一个特有的生态环境,在科学管理及合理经营条件下,可以不断地向人类提供大量物质产品、非物质产品。更重要的是森林可以调节气候,保持水土,防治和减轻旱涝、风沙等自然灾害,可以净化空气、消除噪声。森林资源,具体包括森林、林木、林地以及依托森林、林木、林地生存的野生动物、植物和微生物。反映森林资源数量的主要指标是森林面积和森林蓄积量。

2. 森林资源资产

森林资源资产是指以森林资源为物质财富内涵的资产,由特定主体拥有或控制并能带来经济利益的,用于生产、提供商品和生态服务功能的森林资源,包括森林、林木、林地、森林景观资产以及与森林资源相关的其他资产。森林资源资产是一种特殊资产,除具有一般资产的属性外,还具有可再生性、生长周期长、受自然因素影响大、兼具生态、社会和经济效益于一体的特性。因此,它的培育过程风险大、管护难度大、投资回收期长。

3. 森林资源资产评估

森林资源资产评估是指资产评估师对森林资源资产进行分析估算并发表专业意见的行为和过程。根据评估工作的内容不同,森林资源资产评估的业务可以分为资产评估、评估咨询、评估复核。从评估业务范围看,森林资源资产评估业务,不仅包括针对单独的森林资源资产的评估行为,也包括对企业价值评估或其他评估行为中所涉及的森林资源资产评估行为。

现阶段,由于野生动植物及微生物资源、森林生态资源等能给人们带来实际收益而价值暂时难以计量,森林资源资产主要包括由投资及投资收益所形成的人工林以及依法认定的天然林、林地、森林景观资产等。因此,森林资源资产评估主要是林木资产、林地资产评估和森林景观评估。

（1）林木资产评估。林木资产评估是对林地内所有的林木进行评估。按林木的用途可分为用材林、经济林、薪炭林、防护林、竹林、特种用途林和未成林造林地上的幼树。用材林可分为幼龄林、中龄林、近、成、过熟林。

（2）林地资产评估。林地资产是森林生长的承载体，林地资产评估是对依法确认的用于林业用地中具有货币表现属性的资产进行评估。林地，包括乔木林地、疏林地、未成林造林地、灌木林地、采伐迹地、火烧迹地、苗圃地和国家规划的宜林地。

（3）森林景观资产评估。森林景观资产评估是对风景林、部分名胜古迹和纪念林等进行评估。

（二）森林资源资产评估的特点

森林资源资产评估除了具有资产评估的市场性、公正性、专业性、咨询性等特点，还具有森林资源资产评估的一些特点。

1. 森林资源资产的可再生性对评估有重要影响

森林资源资产具有可再生性，且其经营具有周期性。森林经营的周期性表现为从种子发芽到林木成熟后采伐更新为一个经营周期。

2. 森林资源资产评估的专业性

森林资源资产作为一项生物性资产，其评估涉及了林业经济学、森林经济学、测树学、森林生态学、水土保持学等专业学科知识。从事森林资源资产评估的评估人员，除了具有一般资产评估的专业知识外，还必须熟悉林业行业管理与森林资源经营的基本特点，具备一定的林学专业知识，当执行森林资源资产评估业务而缺乏相关专业知识和经验时，可聘请专业技术人员或专业机构协助工作，但需对其意见或专业报告的独立性与专业性进行判断后才可恰当引用。

3. 森林资源资产评估的生态价值因素

森林资源资产功能的多样性，使得评估人员在进行森林资源资产评估时，需要综合考虑多种因素的影响。除了考虑其经济效益外，他们还需要根据特定的经济行为和评估目的等因素，确定是否评估其生态价值。

4. 森林资源资产评估的复杂性

森林资源资产评估除了要考虑一般资产评估需要注意的事项外，还要特别关注国家林业法律、法规和政策以及森林资源的自然属性、经营特性、使用期限、用途等对资产价值的影响。

5. 森林经营周期长对资产评估结果造成较大影响

森林资源资产经营的周期少则5～6年（如南方的桉树），长则几十年（如杉木、马尾松、木荷等），上百年（如北方的红松、落叶松、云杉、冷杉等）。这样长的经营周期对评估价值产生的影响较大。

6. 森林资源资产价值的关联性

森林的价值体现在林木、林地、森林景观资产以及与森林资源相关的其他资产之上，林地的价值体现又与林木、森林景观以及与森林资源相关的其他资产密不可分。森林景观资产价值依托于森林、林地、林木等资源资产，森林生态价值的体现更要依托于森林系统整体。因此，评估森林资源资产要关注其资产的关联性，确定好评估对象和评估范围，合理划分森林、林木、林地、景观、野生动植物、人工林下经济等的价值。

二、森林资源资产价格的主要构成要素

森林资源作为一种可再生的自然资源，包括天然林和人工林。天然林与人工林相比，除了更新方式不同，都要进行管理，国家每年都要投入大量的资金进行森林资源的保护。森林资源资产的价格，除了市场供求因素，主要是由恢复它的劳动量决定。因此，人工林和天然林统一纳入林木资产进行评估。森林资产价格，主要由下列因素构成。

（一）营林生产成本

营林生产成本是确定森林价格的基础。营林生产成本应以能够提供商品材的劣等宜林地的营林生产成本作为依据。

（二）资金的时间价值

由于培育森林资源的长期性，森林资源的生产周期长，从栽植到采伐往往需要几年、十几年或几十年的时间。在营林生产过程中，需要不断投入资金，森林资源资产价格的评估应充分考虑资金时间价值对林木价值的影响，充分考虑资金占用的利息，营林的生产成本应以复利计算。同时，林木在不同的时间有不同的价值，同一树种在不同树龄林木价值不同，形成森林的时序成本和时序价格。

（三）利润

森林资源资产的价格中应当包括营林利润和税金。在森林资源资产评估中，营林利润的确定，应当以社会平均资本利润率为基准，同时考虑到营林生产周期长、风险大，应加上风险收益。

（四）税金

森林资源资产经营过程中应缴纳的各种税费。

（五）林木生产中的损失

在漫长的森林培育过程中，森林可能会遭受各种各样的自然灾害，如火、风、雷、水、病虫害等，会带来一定的经济损失。在评估中，必须以森林保险形式，考虑这种可能的意外损失。

（六）地租

在我国，森林资源属于国家和农村集体经济组织所有，林地所有权和使用权相分离，森林资源资产的价格中还应包括绝对地租和级差地租，如气候条件、土地肥沃程度、交通条件、宜林性质等因素，地租量应根据不同林地、不同树种、不同经营水平等因素确定。

（七）地区差价和树种差价

林木是在一定的自然地理条件下，经过人类劳动而生产出来的。因此，林木的成本与价格，既受自然条件的制约，又受林木本身生态特性的影响，形成了林木的地区差价和树种差价，因此差价是森林资源资产价格的重要特征。

三、森林资源资产评估的原则

（一）基本原则

森林资源资产评估必须遵循公平性原则、科学性原则、客观性原则、独立性原则、可行性原则等资产评估的基本原则。

（二）前提性原则

森林资源资产评估要遵循产权利益主体变动原则和森林持续经营原则，即以被评估森

林资源资产的产权利益主体变动为前提或假设前提，确定被评估资产基准日时点的现行公允价值。产权利益主体变动包括利益主体的全部改变和部分改变及假设改变。遵循森林持续性经营原则，是以森林良性循环为前提，全面统筹森林资源的利用、培育和保护。

（三）操作性原则

森林资源资产评估要遵循资产持续经营原则、替代性原则和公开市场原则。

持续经营原则是指评估时需根据被评估森林资源资产按目前的林业用途、规模继续使用或在有所改变的基础上继续使用，确定相应的评估方法、参数和依据。

替代性原则是指评估作价时，如果同一森林资源资产或同种森林资源资产在评估基准日可能实现的或实际存在的价格或价格标准有多种，则应选用最低的一种。

公开市场原则是指森林资源资产评估选择的作价依据和评估结论都可在公开市场存在或成立。森林资源资产交易条件公开并且不具有排他性。

四、森林资源资产评估资料收集与资产核查

（一）森林资源资产评估资料收集

森林资源资产评估必须收集掌握当地有关技术经济指标资料，主要包括以下几个方面：

（1）营林生产技术标准、定额及有关费用资料。

（2）木材生产、销售等定额及有关成本费用资料。

（3）评估基准日各种规格的木材、林副产品市场价格及其销售过程中税、费征收标准。

（4）当地及附近地区的林地使用权出让、转让和出租的价格资料。

（5）当地及附近地区的林业生产投资收益率。

（6）各种树种的生长过程表、生长模型、收获预测等资料。

（7）使用的立木材积表、原木材积表、材种出材率表、立地指数表等资料。

（8）其他与评估有关的资料。

（二）森林资源资产核查

森林资源资产的实物量是价值量评估的基础，评估机构在森林资源资产价值量评定估算前，应由林业专业技术人员对被评估的森林资源资产进行实地核查。根据不同的评估目的、评估对象特点和委托方要求，可选择使用抽样控制法、小班抽查法和全面核查法进行核查。森林资源资产核查项目，主要包括权属、林地或森林类型的数量、质量和空间位置等内容，具体项目如下：

（1）林地：所有权、使用权、地类、面积、立地质量等级、地利等级等。

（2）林木：树种权属、树种组成、林龄、平均胸径、平均树高、幼龄林的单位面积株数、中龄林单位面积活立木蓄积、近、成、过熟林的立木蓄积、材种出材率等级、经济林的单位面积产量、薪炭林的单位面积立木蓄积量、未成林造林地上的幼树的造林成活率、造林保存率、竹林的立竹度、均匀度、整齐度、产笋量等。

（3）其他与评估有关的内容。

五、森林资源资产评估主要方法

根据原国家国有资产管理局和原林业部发布的《森林资源资产评估技术规范》（试行），森林资源资产评估的对象主要是林木资产、林地资产和森林景观资产。森林资产评估的基

本方法主要是市场法、收益法和成本法。由于森林资源资产的特殊性，根据具体的评估对象和资料情况，针对林木资产、林地资产和森林景观资产，又有相对应的具体的评估方法。其中林地资产评估主要是林地使用权评估，其评估方法与土地使用权的评估方法原理相同，本章重点阐述林木资产评估的主要方法。

林木资产评估方法要根据不同的林种，选择适用的评估方法和林分质量调整系数进行评定估算。目前主要的评估方法有市场法、剩余法、收益法和成本法等。林木资产评估中林分质量调整系数须综合考虑林分的生长状况、立地质量和经济质量等来确定。

（一）收益法

收益法又称收益净现值法，是将被评估林木资产在未来经营期内各年的净收益按一定的折现率折现为现值，然后累计求和得出林木资产评估价值的方法。其计算公式为：

$$P=\sum_{t=1}^{N}\frac{(A_t-C_t)}{(1+r)^t}$$

式中：P——林木资产评估值；A_t——第 t 年的年收入；C_t——第 t 年的营林生产成本；N——经营期；r——资本化率。

（二）市场法

市场法是在以相同或者性质相似的林木资产在现行市场上的交易价格作为评估的基础，再考虑一些参数的调整，从而确定林木资产价格的评估方法。其计算公式为：

$$P=K\times K_b\times G\times Q$$

式中：P——林木资产评估值；K——林分质量调整系数；K_b——物价指数调整系数；G——参照物单位蓄积量的交易价格；Q——被评估林木资产的蓄积量。

所谓林分是指内部特征大体一致而与邻近地段又有明显区别的一片林子。一个林区的森林，可以根据树种组成、森林起源、林相、林龄、疏密度、地位级、林型及其他因素的不同，划分成不同的林分。不同的林分，常要求采取不同的森林经营措施。

（三）成本法

成本法是按现时工价及生产水平，重新营造一块与被评估林木资产相类似的林分所需的成本费用，作为被评估林木资产评估价值的方法。其计算公式为：

$$P=K\times\sum_{t=1}^{n}C_t\times(1+r)^{n-1}$$

式中：P——林木资产评估值；K——林分质量调整系数；C_t——过去第 t 年以现时工价及生产水平为标准计算的生产成本，主要包括各年投入的工资、物质消耗、地租等；r——资本化率；n——林分年龄。

（四）剩余法

剩余法又称市场价倒算法，是用被评估林木采伐后所得的木材市场销售总收入，扣除木材经营所消耗的成本（含有关税费）及合理利润后，将剩余部分加林木资源的再生价值作为林木资产评估价值。其计算公式为：

$$P=W-C-F+S$$

式中:P——林木资产评估值;W——销售总收入;C——木材经营成本(包括采运成本、销售费用、管理费用、财务费用及有关税费);F——木材经营合理利润;S——林木资源的再生价值。

8-2 资产评估执业准则——森林资源资产

思政育人

绿水青山就是金山银山

“草木植成,国之富也。”党的十八大以来,绿水青山就是金山银山的理念成为全党全社会的共识和行动,绿色发展按下快进键,我国生态文明建设驶入快车道。这十年,看得见的绿色在快速拓展。我国人工林保存面积达13.14亿亩,居世界第一位;林草总碳储量达到114.43亿吨,居世界前列;我国建成全球规模最大的碳市场和清洁发电体系,可再生能源发电装机容量超10亿千瓦;新能源汽车保有量超过1 000万辆。“看不见”的绿色也在默默生长。“综合能源服务员”“冶金热能工程技术人员”“环境卫生工程技术人员”等一批“绿色职业”应运而生,分类已有133个;全国涌现出一大批绿色工厂、绿色工业园区、绿色供应链管理企业;垃圾分类、节水节电、“光盘”行动等得到有效推广,越来越多的人自觉选择简约适度、绿色低碳、文明健康的生活方式。10年来,我国能耗强度累计下降26.2%,单位GDP二氧化碳排放量累计下降约34%。绿色越来越成为高质量发展的底色。

资料来源:http://www.forestry.gov.cn/main/6095/20221011/165425731669005.html.

本章重要概念

自然资源　森林资源评估　矿产资源评估

本章练习

8-3 第八章练习题答案

8-4 第八章PPT

一、单项选择题

1. 下列关于矿产资源和矿产资源的评估的阐述中,错误的是(　　)。

A. 我国矿产资源属于国家所有,由国务院行使矿产资源的所有权

B. 矿产资源的探矿权和采矿权可以依法出让和转让

C. 采矿权评估主要采用约当投资—贴现现金流量法、重置成本法和地勘加加法

D. 矿产资源本身的稀缺程度和可替代程度在一定程度上影响矿产资源资产的价值

2. 剩余法特别适用于对(　　)的评估。

A. 成熟龄林木资产　　B. 中龄林木资产

C. 竹林资产　　D. 实验林资产

3. 已知某林木资产蓄积量为3 000立方米,现时营林生产成本为15 000元,参照物单位蓄积量的成交价格为600元/立方米。经测定,物价指数调整系数为1.25,林分质量调整系数为0.85,则该林木资产的评估值最接近于(　　)元。

A. 1 897 500　　B. 1 912 500　　C. 1 921 500　　D. 1 789 500

4. 假设某片森林的林木被采伐后市场销售总收入为1 500万元,木材经营成本总计为500万元,木材经营合理利润为100万元,该森林资源的再生价值为100万元,则该森林资源的技术资产评估价值最接近于(　　)万元。

A. 450　　B. 600　　C. 1 000　　D. 850

5. 下列关于森林资源资产及其评估的阐述中,不正确的是(　　)。

A. 森林资源是一种可再生资源,包括天然林和人工林

B. 森林资源资产的评估主要是指林木资产、林地资产和森林景观资产的评估

C. 森林资源资产评估必须收集掌握当地有关技术经济指标资料

D. 林木资产的评估一般都选用市场法

6. 剩余法特别适用于(　　)的评估。

A. 成熟龄林木资产　　B. 中龄林木资产

C. 竹林资产　　D. 实验林资产

7. 已知某林木资产蓄积量为 3 000 立方米,现时营林生产成本为 15 000 元,参照物单位蓄积量的成交价格为 600 元/立方米。经测定,物价指数调整系数为 1.25,林分质量调整系数为 0.85,则该林木资产的评估值最接近于(　　)元。

A. 1 897 500　　B. 1 912 500

C. 1 921 500　　D. 1 789 500

8. 下列说法中,不正确的是(　　)。

A. 所谓林分,是指内部特征大体一致而与邻近地段又有明显区别的一片林子

B. 不同的林分,一般要求采用相同的森林经营措施

C. 林木资源的再生价值是指林木被砍伐后重新生长所产生的价值

D. 林地资源资产的评估主要是林地使用权的评估,其评估方法与土地使用权的评估方法的原理相同

9. 以下属于林木资产的是(　　)。

A. 用材林　　B. 经济林　　C. 防护林　　D. 苗圃地

二、多项选择题

1. 以下属于非耗竭性资源的有(　　)。

A. 气候资源　　B. 天然气

C. 水资源　　D. 土地资源

E. 海洋矿产资源

2. 资源资产的自然属性包括(　　)。

A. 天然性　　B. 有限性和稀缺性

C. 生态性　　D. 区域性

E. 可收益性

3. 影响矿产资源资产价值的因素有(　　)。

A. 矿产资源本身的稀缺程度和可替代程度　　B. 矿产产品的供求状况

C. 科技进步　　D. 资本化率

E. 社会平均利润率

4. 从自然资源与人类的经济关系角度,自然资源可分为(　　)。

A. 可再生的非耗竭性资源　　B. 不可再生的非耗竭性资源

C. 生物资源　　D. 土地资源

E. 矿产资源

5. 以下关于矿产资源的主要评估方法的说法中,正确的有(　　)。

A. 可比销售法在矿业市场发达的国家应用较为广泛,而在我国该方法的运用受到一定的限制

B. 约当投资—贴现现金流量法的应用须具有一定勘察程度,并具有较详细的地勘投资财务资料

C. 重置成本法的计算中需要考虑地勘风险系数

D. 地勘加和法是重置成本法和贴现现金流量法相结合的一种评估方法

E. 地勘加和法运用时需要考虑技术性贬值

三、判断题

1. 未被发现或发现了但不知其用途的物质不是资源，因而也没有价值。（　　）
2. 资源资产评估是依托资源资产的实体进行的，但其实质是使用资源经营权权益的资本化。（　　）
3. 凡自然资源都能形成资源资产。（　　）
4. 资源资产评估的是资源的权益价值，因此评估的不是实物而是资源的权益。（　　）
5. 环境资源、生物资源和土地资源均为非耗竭性资源。（　　）

四、简答题

1. 资源资产评估的特点？
2. 森林资源资产价格的构成及评估方法？
3. 影响矿产资源资产价值的因素及其评估方法？

第九章　企业价值评估

内容提要

本章主要介绍了企业价值评估中涉及的基本概念和评估方法。收益法是企业价值评估的主要方法，市场法和成本法也是企业价值评估可选用的方法。

重点难点

本章重点为企业价值评估中的收益法；难点为企业价值评估中的市场法和成本法。

学习目标

通过本章的学习，学生应掌握企业价值评估的含义、范围以及如何运用收益法、市场法和成本法进行企业价值的评估。

知识框架

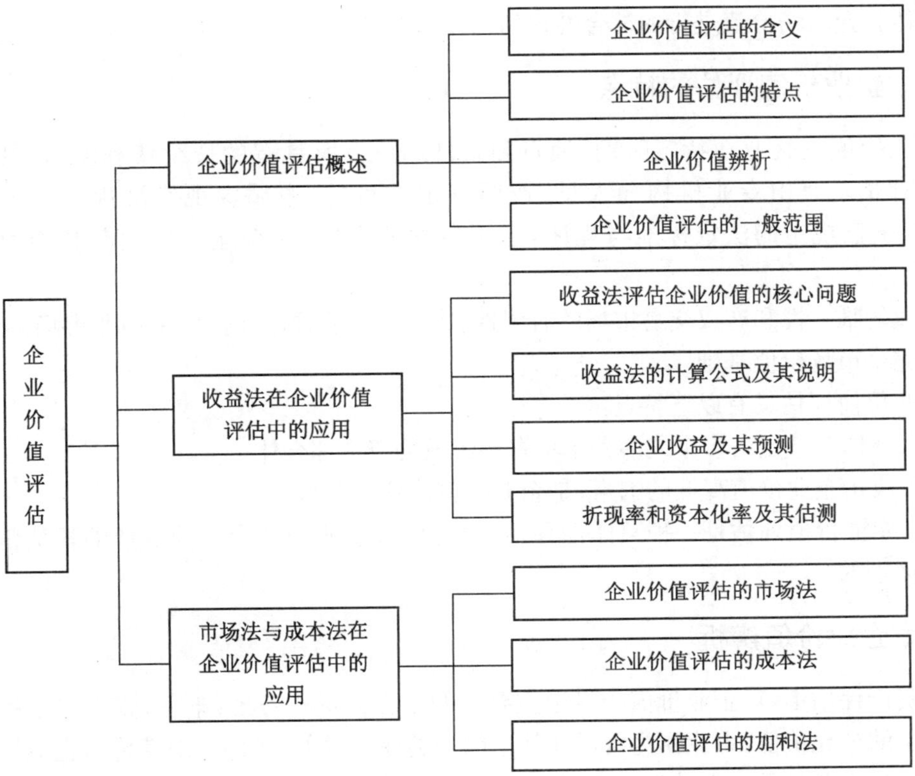

9-1 第九章章节导读

引入案例　**AR 企业细红线科技完成 5 000 万美元融资，投后估值 2 亿美元**

细红线科技最初在 2022 年 6 月由罗永浩成立，而罗永浩本人则是在 7 月通过个人直播间官宣了这一消息。根据介绍，细红线科技专注于 AR 领域，并致力于为用户提供智能手机之后的下一代个人计算设备平台。

2022 年 11 月 23 日，细红线科技通过微博正式确认公司完成了一笔大约 5 000 万美元的天使轮融资，估值达到 2 亿美元。本轮融资由美团龙珠领投，然后蓝驰创投、联想创投、经纬创投、大疆创新、ATM Capital 等投资机构，以及黎万强、吴泳铭等人士跟投。另外，本轮融资由创领资本担任融资顾问。

思考：细红线科技公司 2 亿美元的估值依据是什么？

资料来源：https://view.inews.qq.com/qd/20221126A05ZB300?refer=wx_hot.

第一节　企业价值评估概述

一、企业价值评估的含义

企业价值评估是指资产评估师对评估基准日特定目的的下企业整体价值、股东全部权益价值或部分权益价值进行分析、估算并发表专业意见并撰写报告书的行为和过程。企业价值评估是将一个企业作为一个有机整体，依据其拥有或占有的全部资产状况和整体获利能力，充分考虑影响企业获利能力的各种因素，结合企业所处的宏观经济环境及行业背景，对企业整体公允市场价值进行的综合性评估。

二、企业价值评估的特点

企业价值是企业在特定时期、地点和条件约束下所具有的持续获利能力。因此，企业价值评估就是由专业机构和人员，按照特定的目的，遵循客观经济规律和公正的原则，依照国家规定的法定标准与程序，运用科学的方法，对企业的持续获利能力的评定和估算。

企业的唯一性和产权交易市场的有限性，决定了企业价值评估应采用非市场价值基础，或称非完全市场价值基础。

企业价值评估具有以下特点：

（1）评估对象是由多个或多种单项资产组成的资产综合体。

（2）决定企业价值高低的因素，是企业的整体获利能力。

（3）企业价值评估是一种整体性评估，它与构成企业的各个单项资产的评估值简单加和是有区别的。

三、企业价值辨析

在资产评估中，对企业价值的界定主要从两个方面进行考虑：第一，资产评估揭示的是评估对象的公允价值，企业作为资产评估中的一类评估对象，在评估中其价值也应该是公允价值；第二，企业又是一类特殊的评估对象，其价值取决于要素资产组合的整体盈利能力。

不具备现实或潜在盈利能力的企业也就不存在企业的价值。

(一) 企业的价值是企业的公允市场价值

这不仅是由企业作为资产评估的对象所决定的，而且是由对企业进行价值评估的目的所决定的。企业价值评估的主要目的是为企业产权交易提供服务，使交易双方对拟交易企业的价值有一个较为清晰的认识，所以企业价值评估应建立在公允市场假设之上，其揭示的是企业的公允市场价值。

(二) 企业价值基于企业的盈利能力

企业在广义上可以被认为是生产同一种产品，即利润(现金流)的组织。人们创立企业或收购企业的目的不在于获得企业本身具有的物质资产或企业生产的具体产品，而在于获得企业生产利润(现金流)的能力并从中受益。因此，企业之所以能够存在价值并且能够进行交易是由于它们所具有的产生利润(现金流)的能力。

四、企业价值评估的一般范围

企业价值评估的一般范围即企业的资产范围。从产权的角度界定，企业价值评估的范围应该是企业的全部资产，包括企业产权主体自身占用及经营的部分，企业产权主体所能控制的部分，如全资子公司、控股子公司，以及非控股公司中的投资部分。在具体界定企业价值评估的资产范围时，应根据以下有关数据资料进行：

(1) 企业的资产评估申请报告及上级主管部门批复文件所规定的评估范围。

(2) 企业有关产权转让或产权变动的协议、合同、章程中规定的企业资产变动的范围。

9-2 资产评估执业准则——企业价值

第二节 收益法在企业价值评估中的应用

一、收益法评估企业价值的核心问题

在运用收益法对企业价值进行评估时，一个必要的前提是判断企业是否具有持续的盈利能力。只有当企业具有持续的盈利能力时，运用收益法对企业进行价值评估才具有意义。运用收益法对企业进行价值评估，关键在于对以下三个问题的解决。

首先，要对企业的收益予以界定。企业的收益能以多种形式出现，包括净利润、净现金流、息前净利润和息前净现金流。选择以何种形式的收益作为收益法中的企业收益，直接影响对企业价值的最终判断。

其次，要对企业的收益进行合理的预测。要求评估人员对企业的将来收益进行精确预测，是不现实的。但是，由于企业收益的预测直接影响对企业盈利能力的判断，是决定企业最终评估值的关键因素。所以，在评估中应全面考虑影响企业盈利能力的因素，客观、公正地对企业的收益作出合理的预测。

最后，在对企业的收益作出合理的预测后，要选择合适的折现率。合适的折现率的选择直接关系到对企业未来收益风险的判断。由于不确定性的客观存在，对企业未来收益的风险进行判断至关重要。能否对企业未来收益的风险作出恰当的判断，从而选择合适的折现率，对企业的最终评估值具有较大影响。

二、收益法的计算公式及其说明

（一）企业持续经营假设前提下的收益法

（1）年金法。年金法的计算公式为：

$$P = A/r$$

式中：P——企业评估价值；A——企业每年的年金收益；r——本金化率。

用于企业价值评估的年金法，是将已处于均衡状态，其未来收益具有充分的稳定性和可预测性的企业的收益进行年金化处理，然后再把已年金化的企业预期收益进行收益还原，估测企业的价值。因此，上述公式又可以写成：

$$P = \sum_{t=1}^{n}[R_t \times (1+r)^{-t}] \div \sum_{t=1}^{n}[(1+r)^{-t}] \div r$$

式中：R_t——第 t 年预期收益；$\sum_{t=1}^{n}[R_t \times (1+r)^{-t}]$——企业前 n 年预期收益折现值之和；$\sum_{t=1}^{n}[(1+r)^{-t}]$——收益年金化率；$r$——资本化率。

【例 9-1】 被评估企业预计未来 5 年的预期收益额为 100 万元、120 万元、110 万元、130 万元和 110 万元，假定企业永续经营，不改变经营方向、经营模式和管理模式，折现率及资本化率均为 10%，试运用年金法估测该企业的价值。

$$\begin{aligned}P &= \sum_{t=1}^{n}[R_t \times (1+r)^{-t}] \div \sum_{t=1}^{n}[(1+r)^{-t}] \div r \\ &= (100 \times 0.909\,1 + 120 \times 0.826\,4 + 110 \times 0.751\,3 + 130 \times 0.683\,0 + 110 \times 0.620\,9) \\ &\quad \div (0.909\,1 + 0.826\,4 + 0.751\,3 + 0.683\,0 + 0.620\,9) \div 10\% \\ &= (90.91 + 99.17 + 82.64 + 88.79 + 68.30) \div 3.790\,7 \div 10\% \\ &= 1\,133.85（万元）\end{aligned}$$

（2）分段法。分段法是将持续经营的企业的收益预测分为前后段。将企业的收益预测分为前后两段的理由在于：在企业发展的前一个期间，企业处于不稳定状态，因此企业的收益是不稳定的；而在该期间之后，企业处于均衡状态，其收益是稳定的或按某种规律进行变化。对于前段企业的预期收益采取逐年预测，并折现累加的方法。而对于后段的企业收益，则针对企业具体情况并按企业的收益变化规律，对企业后段的预期收益进行折现和还原处理。将企业前后两段收益现值加在一起便构成企业的收益现值。

假设以前段最后 1 年的收益作为后段各年的年金收益，分段法的公式可写成：

$$P = \sum_{t=1}^{n}[R_t \times (1+r)^{-t}] + \frac{R_n}{r} \times (1+r)^{-n}$$

假设从 $(n+1)$ 年起的后段，企业预期年收益将按一固定比率 (g) 增长，则分段法的公式可写成：

$$P = \sum_{t=1}^{n}[R_t \times (1+r)^{-t}] + \frac{R_n \times (1+g)}{(r-g)} \times (1+r)^{-n}$$

【例 9-2】 待估企业预计未来 5 年的预期收益额为 100 万元、120 万元、150 万元、160 万元、200 万元，并根据企业的实际情况推断，从第 6 年开始，企业的年收益额将维持在 200 万元水平上，假定本金化率为 10%，使用分段法估测企业的价值。

$$
\begin{aligned}
P &= \sum_{t=1}^{n}[R_t \times (1+r)^{-t}] + \frac{R_n}{r} \times (1+r)^{-n} \\
&= (100 \times 0.091 + 120 \times 0.826\,4 + 150 \times 0.751\,3 + 160 \\
&\quad \times 0.683 + 200 \times 0.620\,9) + 200 \div 10\% \times 0.620\,9 \\
&= 536 + 2\,000 \times 0.620\,9 \\
&= 1\,178(\text{万元})
\end{aligned}
$$

承上例资料，假如评估人员根据企业的实际情况推断，企业从第 6 年起，收益额将在第 6 年的水平上以 2%的增长率保持增长，其他条件不变，试估测待估企业的价值。

$$
\begin{aligned}
P &= \sum_{t=1}^{n}[R_t \times (1+r)^{-t}] + \frac{R_n \times (1+g)}{(r-g)} \times (1+r)^{-n} \\
&= (100 \times 0.091 + 120 \times 0.826\,4 + 150 \times 0.751\,3 + 160 \\
&\quad \times 0.683 + 200 \times 0.620\,9) + 200(1+2\%) \div (10\% - 2\%) \times 0.620\,9 \\
&= 536 + 2\,550 \times 0.620\,9 \\
&= 536 + 1\,583 \\
&= 2\,119(\text{万元})
\end{aligned}
$$

(二) 企业有限持续经营假设前提下的收益法

(1) 关于企业有限持续经营假设的适用。对企业而言，它的价值在于其所具有的持续的盈利能力。一般而言，对企业价值的评估应该在持续经营前提下进行。只有在特殊的情况下，才能在有限持续经营假设前提下对企业价值进行评估。如企业章程已对企业经营期限作出规定，而企业的所有者无意逾期继续经营企业，则可在该假设前提下对企业进行价值评估。评估人员在运用该假设对企业价值进行评估时，应对企业能否适用该假设作出合理判断。

(2) 企业有限持续经营假设是从最有利于回收企业投资的角度，争取在不追加资本性投资的前提下，充分利用企业现有的资源，最大限度地获取投资收益，直至企业无法持续经营为止。

(3) 对于有限持续经营假设前提下企业价值评估的收益法，其评估思路与分段法类似。首先，将企业在可预期的经营期限内的收益加以估测并折现；其次，将企业在经营期限后的残余资产的价值加以估测及折现。最后，将两者相加。其计算公式为：

$$P = \sum_{t=1}^{n}[R_t \times (1+r)^{-t}] + P_n \times (1+r)^{-n}$$

式中：P_n ——第 n 年企业资产的变现值；其他符号含义同前。

三、企业收益及其预测

企业的收益额是运用收益法对企业价值进行评估的关键参数。在企业的价值评估中，企业的收益是指在正常条件下，企业所获得的归企业所有的所得额。

（一）企业收益的界定

在对企业收益进行具体界定时，应首先注意以下两个方面：

（1）企业创造的不归企业权益主体所有的收入，不能作为企业价值评估中的企业收益。如税收，不论是流转税还是所得税都不能视为企业收益。

（2）凡是归企业权益主体所有的企业收支净额，都可视为企业的收益。无论是营业收支、资产收支还是投资收支，只要形成净现金流入量，就可视为企业收益。

企业的收益有两种表现形式：企业净利润和企业净现金流量。而选择净利润还是净现金流量作为企业价值评估的收益基础对企业的最终评估值存在极大的影响。因此，在对企业的收益进行具体界定时除了需要对企业创造的收入是否归企业所有进行确认之外，还要对企业的收益形式进行明确的界定。一般而言，选择企业的净现金流作为用收益法进行企业价值评估的收益基础的原因有两个：一是就两者与企业价值的关系而言。实证研究表明，企业的利润虽然与企业价值高度相关，但企业价值最终由其现金流决定而非由其利润决定；二是就可靠性而言。企业的净现金流量是企业实际收支的差额，不容易被更改，而企业的利润则要通过一系列复杂的会计程序进行确定，而且可能由于企业管理当局的利益而被更改。

（二）企业收益预测

企业的收益预测，大致分为三个阶段。首先，是对企业收益的历史及现状的分析与判断。其次，是对企业未来可预测的若干年的预期收益的预测。最后，是对企业未来持续经营条件下的长期预期收益趋势的判断。

企业预期收益的预测大致可分为以下几个步骤：评估基准日审计后企业收益的调整；企业预期收益趋势的总体分析和判断；企业预期收益预测。

第一步，评估基准日审计后企业收益的调整。评估基准日审计后企业收益的调整包括两部分工作：其一是对审计后的财务报表进行非正常因素调整，主要是损益表和现金流量表的调整。将一次性、偶发性或以后不再发生的收入或费用进行剔除，把企业评估基准日的利润和现金流量调整到正常状态下的数量，为企业预期收益的趋势分析打好基础。其二是研究审计后报表的附注和相关揭示，对在相关报表中揭示的影响企业预期收益的非财务因素进行分析，并在该分析的基础上对企业的收益进行调整，使之能反映企业的正常盈利能力。

第二步，企业预期收益趋势的总体分析和判断。企业预期收益趋势的总体分析和判断是在对企业评估基准日审计后实际收益调整的基础上，结合企业提供的预期收益预测和评估机构调查收集到的有关信息资料进行的。这里需要强调指出：第一，对企业评估基准日审计后的调整财务报表，尤其是客观收益的调整仅作为评估人员进行企业预期收益预测的参考依据，不能用于其他目的。第二，企业提供的关于预期收益的预测是评估人员预测企业未来预期收益的重要参考资料。但是，评估人员不可以仅仅凭企业提供的收益预测作为对企业未来预期收益预测的唯一根据，评估人员应在自身专业知识和所收集的其他资料的基础上作出客观、独立的判断。第三，尽管对企业在评估基准日的财务报表进行了必要的调整，并掌握了企业提供的收益预测，评估人员还必须深入企业现场进行实地考察和现场调研，与企业的核心管理层进行充分的交流，了解企业的生产工艺过程、设备状况、生产能力和经营管理水平，再辅之以其他数据资料对企业未来收益趋势作出合乎逻辑的总体判断。

第三步,企业预期收益的预测。企业预期收益的预测是在前两个步骤完成的前提下,运用具体的技术方法和手段进行测算。在一般情况下,企业的收益预测也分两个时间段。对于已步入稳定期的企业而言,收益预测的分段较为简单:一是对企业未来3~5年的收益预测;二是对企业未来3~5年后的各年收益预测。而对于仍处于发展期,其收益尚不稳定的企业而言,对其收益预测的分段应是首先判断出企业在何时步入稳定期,其收益呈现稳定性。而后将其步入稳定期的前1年作为收益预测分段的时点。对企业何时步入稳定期的判断,应在与企业管理人员的充分沟通和占有大量资料并加以理性分析的基础上进行,其确定较为复杂。

四、折现率和资本化率及其估测

折现率是将未来收益还原或转换为现值的比率。它在资产评估业务中有着不同的称谓:资本化率、本金化率、还原利率等。但其本质是相同的,都属于投资报酬率。作为投资报酬率通常由两部分组成:一是正常投资报酬率;二是风险投资报酬率。正常报酬率亦称为无风险报酬率,它取决于资金的机会成本,即正常的投资报酬率不能低于该投资的机会成本。这个机会成本通常以政府发行的国库券利率和银行储蓄利率作为参照依据。风险报酬率的高低主要取决于投资风险的大小,风险大的投资,要求的风险报酬率就高。

(一) 企业评估中选择折现率的基本原则

在运用收益法评估企业价值时,折现率起着至关重要的作用,它的微小变化会对评估结果产生较大的影响。因此,在选择和确定折现率时,必须注意以下几方面的问题:

(1) 折现率不低于投资的机会成本。在存在着正常的资本市场和产权市场的条件下,任何一项投资的回报率不应低于该投资的机会成本。在现实生活中,政府发行的国库券利率和银行储蓄利率可以作为投资者进行其他投资的机会成本。由于国库券的发行主体是政府,几乎没有破产或无力偿付的可能,投资的安全系数大。银行虽大多属于商业银行,但我国的银行仍属国家垄断或严格监控,其信誉也非常高,储蓄也是一种风险极小的投资。因此,国库券和银行储蓄利率可看作是其他投资的机会成本,相当于无风险投资报酬率。

(2) 行业基准收益率不宜直接作为折现率,但行业平均收益率可作为确定折现率的重要参考指标。我国的行业基准收益率是基本建设投资管理部门为筛选建设项目,从拟建项目对国民经济的净贡献方面,按照行业统一制定的最低收益率标准,凡是投资收益率低于行业基准收益率的拟建项目不得投产。只有投资收益率高于行业基准收益率的拟建项目才有可能得到批准进行建设。行业基准收益率旨在反映拟建项目对国民经济的净贡献的要求,包括拟建项目可能提供的税收收入和利润,而不是对投资者的净贡献。因此,不宜直接将其作为企业产权变动时价值评估的折现率。再者,行业基准收益率的高低也体现着国家的产业政策。在一定时期,属于国家鼓励发展的行业,其行业基准收益率可以相对低一些;属于国家控制发展的行业,国家就可以适当调高其行业基准收益率,达到限制项目建设的目的。因此,行业基准收益率不宜直接作为企业评估中的折现率。而随着我国证券市场的发展,行业的平均收益率日益成为衡量行业平均盈利能力的重要指标,可作为确定折现率的重要参考指标。

(3) 贴现率不宜直接作为折现率。贴现率是商业银行对未到期票据提前兑现所扣金额(贴现息)与期票票面金额的比率。贴现率虽然也是将未来值换算成现值的比率,但贴现率通常是银行根据市场利率和贴现票据的信誉程度来确定的。且票据贴现大多数是短期的,并无固定期间周期。从本质上讲,贴现率接近于市场利率。而折现率是针对具体评估对象的风险而生成的期望投资报酬率。从内容上讲，折现率与贴现率并不一致，简单地把银行贴现率直接作为企业评估的折现率是不妥当的。但也要看到，在有些情况下，如对采矿权评估所使用的贴现现金流量法，正是以贴现率折现评估价值的。但就是在这种场合，所使用的贴现率也包括安全利率和风险溢价两部分，与真正意义的贴现率也不完全一样。

（二）风险报酬率及折现率的测算

在折现率的测算过程中，无风险报酬率的选择相对比较容易一些，通常是以政府债券利率和银行储蓄利率为参考依据。而风险报酬率的测度相对比较困难。它因评估对象、评估时点的不同而不同。就企业而言，在未来的经营过程中要面临着经营风险、财务风险、行业风险、通货膨胀风险等。从投资者的角度，要投资者承担一定的风险，就要有相对应的风险补偿。风险越大，要求补偿的数额也就越大。风险补偿额相对于风险投资额的比率就叫风险报酬率。

在测算风险报酬率的时候，评估人员应注意以下因素：

（1）国民经济增长率及被评估企业所在行业在国民经济中的地位。

（2）被评估企业所在行业的发展状况及被评估企业在行业中的地位。

（3）被评估企业所在行业的投资风险。

（4）企业在未来的经营中可能承担的风险等。

在充分考虑和分析了以上各因素以后，风险报酬率可通过以下两种方法估测。

（1）风险累加法。企业在其持续经营过程可能要面临着许多风险，像前面已经提到的行业风险、经营风险、财务风险、通货膨胀风险等。将企业可能面临的风险对回报率的要求予以量化并累加，便可得到企业评估折现率中的风险报酬率。其计算公式为：

$$\text{风险报酬率} = \text{行业风险报酬率} + \text{经营风险报酬率} + \text{财务风险报酬率} + \text{其他风险报酬率}$$

行业风险主要指企业所在行业的市场特点、投资开发特点，以及国家产业政策调整等因素造成的行业发展不确定性给企业预期收益带来的影响。

经营风险是指企业在经营过程中，由于市场需求变化、生产要素供给条件变化以及同类企业间的竞争给企业的未来预期收益带来的不确定性影响。

财务风险是指企业在经营过程中的资金融通、资金调度、资金周转可能出现的不确定性因素影响企业的预期收益。

其他风险包括了国民经济景气状况、通货膨胀等因素的变化可能对企业预期收益的影响。量化上述各种风险所要求的回报率，主要是采取经验判断。它要求评估人员充分了解国民经济的运行态势、行业发展方向、市场状况、同类企业竞争情况等。只有在充分了解和掌握上述数据资料的基础上，对于风险报酬率的判断才能较为客观合理。当然，在条件许可的情况下，评估人员应尽量采取统计和数理分析方法对风险回报率进行量化。

（2）β 系数法。β 系数法用于估算企业所在行业的风险报酬率。其基本思路是，行业风险报酬率是社会平均风险报酬率与被评估企业所在行业平均风险和社会平均风险的比率系数（β 系数）的乘积。

β 系数法估算风险报酬率的步骤为：①将社会平均收益率扣除无风险报酬率，求出社会平均风险报酬率。②将企业所在行业的平均风险与社会平均风险进行比较，求出企业所在行业的 β 系数。③用社会平均风险报酬率乘以企业所在行业的 β 系数，便可得到被评估企业所在行业的风险报酬率。其计算公式为：

$$R_r = (R_m - R_g) \times \beta$$

式中：R_r ——被评估企业所在行业的风险报酬率；R_m ——社会平均收益率；R_g ——无风险报酬率；β——被评估企业所在行业的 β 系数。

在评估某一个具体的企业价值时，应再考虑企业的规模、经营状况及财务状况，确定企业在其所在的行业中的地位系数(α)，然后与企业所在行业的风险报酬率相乘，得到该企业的风险报酬率。其计算公式为：

$$R_r = (R_m - R_g) \times \beta \times \alpha$$

在上述计算公式中，β 系数是收益率对某风险因素的反应程度，决定了各种证券对于组合风险的贡献程度，因此 β 系数的准确确定具有十分重要的意义。β 系数通常可采用数理统计法确定，依靠股票收益率与市场收益率的历史数据，主要采取如下公式：

$$\beta = \frac{\mathrm{Cov}(R_s, R_m)}{\mathrm{Var}(R_m)} = \frac{\partial_{s,m}}{\partial_m^2}$$

式中：$\mathrm{Cov}(R_s, R_m) = \partial_{s,m}$ 是证券收益率与市场收益率之间的协方差；$\mathrm{Var}(R_m) = \partial_m^2$ 是市场收益率的方差。

$\mathrm{Cov}(R_s, R_m)$ 的计算公式为：

$$\mathrm{Cov}(R_s, R_m) = \frac{\sum_{t=1}^{N} (R_{st} - \overline{R_s})(R_{mt} - \overline{R_m})}{N-1}$$

式中：R_{st} —— 股票在 t 时间的实际收益率；R_s —— 股票的平均收益率；R_{mt} —— 市场在 t 时间的实际收益率；$\overline{R_m}$ —— 市场的平均收益率；N—— 选取的样本数量。

$\mathrm{Var}(R_m)$ 的计算公式为：

$$\mathrm{Var}(R_m) = \frac{\sum_{t=1}^{N} (R_{mt} - \overline{R_m})^2}{N-1}$$

式中：符号的含义同上。

利用已知的历史数据，分别计算出股票的平均收益率与市场的平均收益率，然后分别计算股票收益率和市场收益率的离差。将股票收益率离差与市场收益率离差的乘积加总平均作为公式中的分子，计算市场收益率的方差 $\mathrm{Var}(R_m)$ 作为分母，代入即可求出 β 值。

事实上，不同年限及其间隔的选择会对 β 的最终结果产生较大影响，应考虑到这些历史 β 值能够作为对未来 β 值的替代的近似程度，因此应对 β 作一些改良，一方面，以企业的历史 β 作为依据，按照 β 趋于 1 的规律对其进行调整，从而得出“调整后的 β ”，它比单纯的历史 β 更能预测未来的发展状况；另一方面，在对历史 β 的调整过程中考虑到一些基础发展因素，如财务杠杆，经营的同期性等，计算出“基本 β ”，它将随着企业经营状况的改变而改变。

如果能通过一系列方法测算出风险报酬率，则企业评估的折现率的测算就相对简单了。其中，加权平均资本模型是测算企业评估中的折现率的一种较为常用的方法。

加权平均资本成本模型是以企业的所有者权益和长期负债所构成的投资成本，以及投资资本所需求的回报率，经加权平均计算来获得企业评估所需折现率的一种数学模型。其

计算公式为:

$$\text{企业评估的折现率}=\text{长期负债占投资资本的比重}\times\text{长期负债成本}+\text{所有者权益占投资资本的比重}\times\text{净资产投资要求的回报率}$$

其中: 所有者权益(净资产)要求的回报率 = 无风险报酬率 + 风险报酬率

第三节 市场法与成本法在企业价值评估中的应用

一、企业价值评估的市场法

企业价值评估的市场法就是在市场上找出一个或几个与被评估企业相同或相似的参照系企业,分析、比较被评估企业和参照系企业的重要指标,在此基础上,修正、调整参照系企业的市场价值,最后确定被评估企业的价值。其理论依据就是“替代原则”。

9-3 资产评估专家指引第12号——收益法评估企业价值中折现率的测算

(1) 企业价值评估的市场法是基于类似资产应该具有类似交易价格的理论推断。因此,企业价值评估市场法的技术路线是首先在市场上寻找与被评估企业相类似的企业的交易案例,通过对所寻找到的交易案例中相类似企业交易价格的分析,从而确定被评估企业的交易价格,即被评估企业的公允市场价值。

(2) 运用市场法评估企业价值存在两个障碍:一是企业的个体差异。每一个企业都存在不同的特性,除了所处行业、规模大小等可确认的因素各不相同,影响企业形成盈利能力的无形因素更是纷繁复杂。因此,几乎难以找寻到能与被评估企业直接进行比较的类似企业。二是企业交易案例的差异。即使存在能与被评估企业进行直接比较的类似企业,要找到能与被评估企业的产权交易相比较的交易案例也相当困难。首先,目前我国市场上不存在一个可以共享的企业交易案例资料库,因此,评估人员无法以较低的成本获得可以应用的交易案例;其次,即使有渠道获得一定的案例,但这些交易的发生时间、市场条件和宏观环境又各不相同,评估人员对这些影响因素的分析也会存在主观和客观条件上的障碍。因此,运用市场法对企业价值进行评估,不能基于直接比较的简单思路,而要通过间接比较分析影响企业价值的相关因素,对企业价值进行评估。其思路可用公式表示为:

$$\frac{V_1}{X_1}=\frac{V_2}{X_2}$$

即:

$$V_1=X_1\times\frac{V_2}{X_2}$$

式中:V_1——被评估企业价值;V_2——可比企业价值;X_1——被评估企业与企业价值相关的可比指标;X_2——可比企业与企业价值相关的可比指标。

$\frac{V}{X}$ 通常又称作可比价值倍数。式中 X 参数通常选用三个财务变量:利息、折旧和税收前利润,即 $EBIDT$;无负债的净现金流量;销售收入。

基于成本和便利的原因,目前运用市场法对企业价值进行评估主要在证券市场上寻找与被评估企业可比的上市公司作为可比企业。通常使用市盈率乘数(P/E)法对企业价值进行评估。市盈率乘数法的思路是将上市公司的股票年收益和被评估企业的利润作为可比指标，在此基础上评估企业价值的方法。其基本思路是：首先，从证券市场上搜寻与被评估企业相似的可比企业，按企业的不同的收益口径，如息前净现金流、净利润等，计算出与之相应的市盈率。其次，确定被评估企业不同口径的收益额。再次，以可比企业相应口径的市盈率乘以被评估企业相应口径的收益额，初步评定被估企业的价值。最后，对于按不同样本计算的企业价值分别给出权重，加权平均计算企业价值。在运用该方法时，还需对评估结果进行适当调整，以充分考虑被评估企业与上市公司的差异。

由于企业的个体差异始终存在，把某一个相似企业的某个关键参数作为比较的唯一的标准，往往会产生一定的误差。为了降低单一样本、单一参数所带来的误差和变异性，目前国际上比较通用的办法是采用多样本、多参数的综合方法。例如评估 W 公司的价值，我们从市场上找到了三个(一般为三个以上的样本)相似的公司 A、B、C，然后分别计算各公司的市场价值与销售额的比率、与账面价值的比率以及与净现金流量的比率，这里的比率即为可比价值倍数(V/X)，得到结果见表 9-1。

表 9-1 相似公司比率汇总表

	A 公司	B 公司	C 公司	平均
市价/销售额	1.2	1.0	0.8	1.0
市价/账面价值	1.3	1.2	2.0	1.5
市价/净现金流	20	15	25	20

把三个样本公司的各项可比价值倍数分别进行平均，就得到了应用于 W 公司评估的三个倍数。需要注意的是，计算出来的各个公司的比率或倍数在数值上相对接近是十分重要的。如果它们差别很大，就意味着平均数附近的离差是相对较大的，所选样本公司与目标公司在某项特征上就存在着较大的差异性，此时的可比性就会受到影响，需要重新筛选样本公司。

如表 9-1 所示，得出的数值结果具有较强的可比性。此时假设 W 公司的年销售额为 1 亿元，账面价值为 6 000 万元，净现金流量为 500 万元，然后我们使用从上表得到的三个倍数计算出 W 公司的指示价值，再将三个指示价值进行算术平均，如表 9-2 所示。

表 9-2 W 公司的评估价值

项 目	W 公司实际数据(万元)	可比公司平均比率	W 公司指示价值(万元)
销售额	10 000	1.0	10 000
账面价值	6 000	1.5	9 000
净现金流量	500	20	10 000
W 公司的平均价值	9 700		

从表 9-2 中得到的三个可比价值倍数分别是 1.0、1.5、20，然后分别以 W 公司的三个指标 10 000 万元、6 000 万元和 500 万元分别乘以三个可比价值倍数，得到 W 公司的三个指示价值 10 000 万元、9 000 万元和 10 000 万元，将三个指标价值进行平均得到 W 公司的评估价值为 9 700 万元。

市场比较法的一个优点是，它可以用来确定一个股票不公开交易的公司的价值。这是一种可以来预测公司股票公开交易时所倾向的价格的方法，同样适用于兼并收购中验证正确的估价。在兼并收购中的买主和卖主可选择该方法，以确认相对于其他公司的价值来讲这个价格是公平的，在西方国家的上市企业中，如果一个感到怀疑的股东提起一个诉讼，法庭会要求这样的论证。

二、企业价值评估的成本法

成本法实际上是通过对企业账面价值的调整得到企业价值。其理论基础也是“替代原则”，即任何一个精明的潜在投资者，在购置一项资产时所愿意支付的价格不会超过建造一项与所购资产具有相同用途的替代品所需的成本。这种方法起源于对传统的实物资产的评估，如土地、建筑物、机器设备等的评估，而且着眼点是成本，很少考虑企业的收益和支出。在使用成本法评估时，主要通过调整企业财务报表的所有资产和负债来反映它们的现时市场价值。当然，在企业价值评估中运用成本法时要遵循的一个假设是企业的价值等于所有有形资产和无形资产的成本之和减去负债。

成本法以企业单项资产的成本为出发点，忽视了企业的获利能力，而且在评估中不考虑那些未在财务报表上出现的项目，如企业的管理效率、自创商誉、销售网络等。因此，成本法适用于不以盈利为目的的非盈利组织的评估。

三、企业价值评估的加和法

加和法是实现企业重建的具体技术手段，也是成本法和收益法在企业重建思路下的一个融合，具体是指将构成企业的各种要素资产的评估值加总求得企业价值的方法。企业重建并不是对被评估企业的简单复制，而主要是对企业生产能力和盈利能力的重建。因此，企业价值评估的加和法是紧紧围绕企业的盈利能力进行的，所得出的企业价值就是企业有形资产和无形资产的总和减去负债。

在进行加和法评估之前，应对企业的盈利能力以及相匹配的单项资产进行认定，以便在委托方委托的评估范围基础上，进一步界定纳入企业盈利能力范围内的资产和闲置资产的界限，明确评估对象的作用空间和评估前提。作为一项原则，评估人员在对构成企业的各个单项资产进行评估时，应该首先明确各项资产的评估前提，即持续经营假设前提和非持续经营假设前提。在不同的假设前提下，运用加和法评估出的企业价值是有区别的。对于持续经营假设前提下的各个单项资产的评估，应按贡献原则评估其价值。而对于非持续经营假设前提下的单项资产的评估，则按变现原则进行。

在持续经营假设前提下，一般不宜运用加和法对企业价值进行评估。因为运用加和法评估企业价值，是通过分别估测构成企业的所有可确指资产后加和而成。此种方法无法把握持续经营企业价值的整体性，亦难以把握各个单项资产对企业的贡献。对企业各单项资产间的工艺匹配和有机组合因素产生出的整合效应，即不可确指的无形资产，无法进行有效衡量。因此，在一般情况下，不宜单独运用加和法评估一个在持续经营假设前提下的企业价值。在特殊情况下，评估人员采用加和法对持续经营企业价值进行评估，应予以充分的说明。

在正常情况下，运用加和法评估持续经营的企业应同时运用收益法进行验证。特别是在我国目前的条件下，企业的社会负担和非正常费用较多，企业的财务数据难以真实反映企业的盈利能力，影响了基于企业财务数据进行的企业预期收益预测的可靠性。因此，将加和法与收益法配合使用，可以起到互补的作用。这样既便于评估人员对企业盈利能力的把握，又可使企业的预期收益预测建立在较为坚实的基础上。因此，在运用加和法评估持续经营企业时，在对构成企业的各单项资产进行评估时，不能只见树木不见森林。下面列举了对企业某些单项资产评估时应注意的问题：

(1) 现金。除对现金进行点钞核数外，还要通过对现金及企业运营的分析，判断企业的资金流动能力和短期偿债能力。

(2) 应收账款及预付款。从企业财务的角度，应收账款及预付款都构成企业的资产。而从企业资金周转的角度，企业的应收账款必须保持一个合理比例。企业应收账款占销售收入的比例，以及账龄的长短大致可以反映一个企业的销售情况、企业产品的市场需求及企业的经营能力等，并为预期收益的预测提供参考。

(3) 存货。存货本身的评估并不复杂，但通过对存货进行评估，可以了解企业的经营状况，可以了解企业产品在市场中的竞争地位。企业畅销产品、正常销售产品、滞销产品和积压产品的比重，将直接反映企业在市场上的竞争地位，并为企业预期收益预测提供基础。

(4) 机器设备与建筑物。机器设备和建筑物是企业进行生产经营和保持盈利能力的基本物质基础。设备的新旧程度、技术含量、维修保养状况、利用率等，不仅仅决定机器设备本身的价值，同时还对企业未来的盈利能力产生重大影响。按照机器设备及建筑物对企业盈利能力的贡献评估其现时价值，是持续经营假设前提下运用加和法评估企业单项资产的主要特点。

(5) 无形资产。企业拥有无形资产的多寡，以及研制开发无形资产的能力，是决定企业市场竞争能力及盈利能力的决定性因素。在评估过程中，要弄清每一种无形资产的盈利潜力，以便为企业收益预测打下坚实的基础。

在对以上单项资产实施评估并将评估值加和后，再运用收益法评估企业价值，而后将两种评估思路下的评估结果进行分析比较，以判断企业是否存在商誉或经济性贬值，并确定企业的最终评估值。

思政育人

为何企业的社会价值越来越重要?

如何应对挑战、坚定信心，成为更有活力、创造力和竞争力的市场主体，成为更有社会价值的商业机构，做新时代下的“好公司”? 这是新时代给企业和企业家们提出的一道必答题。不断提升经营能力和管理水平，开展基础研究和科技创新，响应国家重大战略号召，在守法经营做大“蛋糕”的同时，积极履行社会责任、实现社会价值、参与社会公益事业，成为有担当的企业和企业家们的共同选择。

新的时代，需要有担当的“好公司”在“做大蛋糕”和“分享蛋糕”中发挥更大更重要的作用。企业积极履行社会责任，既是商业文明发展的要求，也是现代企业可持续发展的必然选择；企业不仅要增强商业价值，也需要兼顾社会价值；不仅能够创造商业文明，更是能够促进社会文明。企业履行社会责任，参与社会公益事业，不仅要促进社会问题的直接解决，更是要通过积极干预，不断激发社会活力，使得社会发展崇尚“劳动、才能、勤奋”的运行机制仍然能够保持良性运转。

资料来源：https://baijiahao.baidu.com/s?id=1719313428461429253&wfr=spider&for=pc.

本章重要概念

企业价值评估风险累加法　　可比价值倍数　　加和法

本 章 练 习

一、单项选择题

1. 利用净利润指标作为企业价值评估的收益额，资本化后的价值应该是企业的（　　）。

A. 部分股权　　B. 所有者权益　　C. 投资资本　　D. 总资产

2. 在持续经营假设前提下，运用资产的成本法评估企业价值时，各个单项资产的评估，应按（　　）原则确定其价值。

A. 变现　　B. 预期　　C. 替代　　D. 贡献

3. 利用净利润加上扣税后的长期负债利息作为企业价值评估的收益额，资本化后的价值应该是企业的（　　）。

A. 部分股权　　B. 所有者权益　　C. 投资资本　　D. 总资产

9-4 第九章练习题答案

4. 评估企业的资产价值时，选择（　　）作为资本化的收益额最为直接。

A. 利润总额　　B. 净利润

C. 净现金流量＋负债利息×（1－所得税税率）　　D. 净现金流量＋长期利息×（1－所得税税率）

5. 用于企业价值评估的收益额，通常不包括（　　）。

9-5 第九章PPT

A. 利润总额　　B. 净利润

C. 净现金流量　　D. 息前净现金流量

6. 从量的角度上讲，企业价值评估与构成企业的单项资产评估加和之间的差异主要表现在（　　）。

A. 管理人员才干　　B. 商誉

C. 企业获利能力　　D. 无形资产

7. 运用收益法进行企业价值评估时，其前提条件是（　　）。

A. 企业具有持续获利能力　　B. 企业各项资产完好

C. 企业具有无形资产　　D. 企业具有商誉

8. 由于企业经营的目的是对资产进行保值增值，因此，从本质上讲，企业评估的真正对象是（　　）。

A. 企业的生产能力　　B. 企业的全部资产

C. 企业整体资产　　D. 企业获利能力

9. 当企业的整体价值低于企业单项资产评估值之和时，通常的情况是（　　）。

A. 企业的资产收益率低于社会平均资产收益率

B. 企业的资产收益率高于社会平均资产收益率

C. 企业的资产收益率等于社会平均资产收益率

D. 企业的资产收益率趋于社会平均资产收益率

10. 在企业价值评估中，投资资本是指（　　）。

A. 所有者权益＋负债　　B. 所有者权益＋流动负债

C. 所有者权益＋长期负债　　D. 企业未来的客观收益

二、多项选择题

1. 企业作为一类特殊的资产，具有（　　）特点。

A. 盈利性　　　　B. 持续经营性
C. 收益无限期　　　　D. 整体性

2. 成本法中可能忽略的无形资产要素有(　　)。
A. 企业的管理效率　　　　B. 企业的自创商誉
C. 企业的销售网络　　　　D. 企业的专利权

3. 用于衡量和判断被评估企业现时获利能力的指标主要有(　　)。
A. 净资产利润率　　　　B. 净资产报酬率
C. 投资资本利润率　　　　D. 投资资本报酬率
E. 企业资金利润率

4. 在折现率与收益额口径保持一致的前提下,直接用于评估企业所有者权益价值的财务指标是(　　)。
A. 利润总额　　　　B. 利税总额
C. 净利润　　　　D. 净现金流量

5. 在企业价值评估中,企业价值的表现形式包括(　　)。
A. 投入资本价值　　　　B. 长期投资价值
C. 所有者权益价值　　　　D. 长期负债价值

三、判断题

1. 上市公司的企业内在价值应该等同于评估日该公司全部股票市值之和。(　　)
2. 用收益法评估企业价值时,评估时点企业的实际收益可以直接用来计算企业价值。(　　)
3. 企业整体资产是企业各项可确指资产的汇集,其价值等于各项可确指资产价值之和。(　　)
4. 以持续经营为前提对企业进行评估时,成本法一般应当作为唯一使用的评估方法。(　　)
5. 在某些情况下,企业在持续经营前提下的价值并不必然大于在清算前提下的企业变现价值。(　　)

四、简答题

简述企业价值评估的程序。

五、计算题

对某企业进行整体资产评估。经评估人员分析预测,该企业未来前5年的收益额维持在每年50万元不变,从第6年开始,每年比前1年增加3%,并长期保持下去。1年期银行存款的利率是5%,市场平均收益率为8%,该企业风险较大,评估人员确定其β系数为2.0。

要求:评估该企业价值。(计算结果以“万元”为单位,保留两位小数)

第十章　资产评估综合操作实务

内容提要

本章主要讲解了资产评估报告的概念、内容、资产评估报告的编制以及资产评估工作底稿的编制。

重点难点

本章重点为资产评估报告的作用、分类和资产评估报告的编制；难点为国有资产评估编制步骤。

学习目标

通过本章的学习，学生应了解资产评估报告的含义、作用、分类及基本要素；掌握国有资产评估编制的基本制度和基本内容；熟悉资产评估报告的编制要求及步骤；理解资产评估工作底稿的编制步骤及基本要求。

知识框架

10-1 第十章章节导读

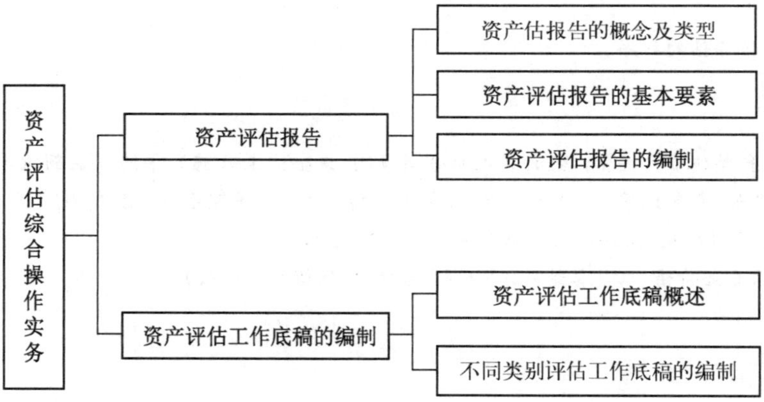

引入案例　　财政部发布2021年度资产评估机构联合检查情况

总的来看,此次检查的证券评估机构基本能够遵循评估准则和职业道德开展业务,但在机构内部治理、专业胜任能力、质量控制体系和项目执业质量等方面仍存在一些问题。主要包括:

(一)机构内部治理有待规范。部分机构总分所一体化管理不到位,未建立完善的内部管理制度,或虽有制度但未有效执行。收入成本核算不实、薪酬费用化、挂名执业现象还较为普遍。

(二)专业胜任能力亟待提升。部分新证券评估机构对证券业务复杂性认识不足,风险意识薄弱,实务处理不当,未达到相应执业质量要求。

(三)质量控制体系尚需完善。部分机构评估报告三级复核流于形式,未根据新准则内容及时调整优化风险评价、专业胜任能力评价、评估计划等程序;部分新证券评估机构执业质量控制制度和责任追究机制不健全,未建立风险控制委员会和独立的质控部门等。

(四)执业质量有待提高。部分项目存在业务委托合同签订不规范,评估资料收集不充分,现场调查程序履行不到位,缺少实质性勘查记录,评定估算结论公式、参数选用错误,选取的参数缺少分析测算依据或过程,评估报告信息披露不充分等问题。

思考:资产评估报告应该包含的内容有哪些?

资料来源:http://jdjc.mof.gov.cn/jianchagonggao/202211/t20221123_3852923.htm.

第一节　资产评估报告

一、资产评估报告的概念及类型

(一)资产评估报告的概念

资产评估报告是指资产评估师根据资产评估准则的要求,在履行必要评估程序后,对评估对象在评估基准日特定目的下的价值发表的、由其所在评估机构出具的书面专业意见。

资产评估报告既是资产评估机构完成对资产作价意见提交给委托人的出证性的报告,也是评估机构履行评估合同情况的总结,还是评估机构为资产评估项目承担法律责任的证明文件。

(二)资产评估报告的类型

资产评估报告作为资产评估过程的反映,其类型取决于资产评估的类型。从这一角度出发,资产评估报告的类型主要有以下几种:

(1)按照资产评估的对象划分,资产评估报告可以分为单项资产评估报告和整体资产评估报告。

单项资产评估报告就是以单项资产为对象所出具的评估报告,如无形资产评估报告、机器设备评估报告、房地产评估报告等;整体资产评估报告则是以整体资产为对象所出具的评估报告,如企业价值评估报告等。

(2)资产评估工作按其内容划分,可以分为正常评估、评估复核和评估咨询。相应地,资产评估报告也可以分为正常评估报告、评估复核报告和评估咨询报告。

以往所出具的评估报告都是所谓正常评估报告,但随着资产评估业务的开展,新的评估业务类型不断出现。评估复核是指对其他评估师出具的评估报告进行评判分析的行为和过程;评估咨询则主要是对于评估对象结果的利用价值、利用方式、利用效果的分析和研究。工作内容不同,需要反映的评估报告内容也不相同。因此,规范资产评估报告,不仅应对现在正常的评估报告进行规范，还应分别对评估复核、评估咨询的报告进行规范。至少，应揭示其中的区别和联系。

（3）根据评估项目的目的和作用不同，资产评估可以分为追溯性评估、现值性评估和预期性评估。评估报告相应划分为追溯性评估报告、现值性评估报告和预期性评估报告。

评估报告中涉及两个重要的时间概念：①基准日。它是对资产进行清查、核实以及确定取价标准的日期。②出具报告日期。它是指评估师完成整个评估过程出具评估报告的日期。在一般的评估中，评估师确定的是资产的现时价值，而上述这些类型的评估涉及资产的过去价值和未来价值。

二、资产评估报告的基本要素

资产评估师应当在执行必要的资产评估程序后，根据相关准则编制并由所在评估机构出具评估报告。资产评估师在资产评估报告中应该披露必要的信息，使评估报告使用者能够合理地理解评估结论。因此，资产评估报告一般应包括以下基本要素：

（1）委托人及其他评估报告使用者。

（2）评估目的。

（3）评估对象和评估范围。

（4）价值类型及其定义。

（5）评估基准日。

（6）评估依据。

（7）评估方法。

（8）评估程序实施过程和情况。

（9）评估假设。

（10）评估结论。

（11）特别事项说明。

（12）资方评估报告使用限制说明。

（13）资方评估报告日。

（14）资方评估专业人员签名和资产评估机构印章。

三、资产评估报告的编制

（一）资产评估编制的基本要求

编制资产评估报告书时，需清楚地表达评估结果，并对评估依据进行充分的说明，其主要目的是明确资产评估机构的义务与责任，有效地规避评估风险。因此，编制资产评估应遵循以下要求：

（1）实事求是，切忌出具虚假报告。报告书必须建立在真实、客观的基础上，不能脱离实际情况，更不能无中生有。这就要求评估人员在编写资产评估报告书时要实事求是，真实地反映评估工作情况，同时要求报告的所有附件，例如取证的材料、有关市场价格的信息资料、财务资料等，是真实地、公正地反映被评估资产情况，绝不允许评估机构和评估人员运用虚假资料，有意偏向资产业务的某一方，对被评估资产作出不公正的判断。另外，报告拟定人应是参与该项目并较全面了解该项目情况的主要评估人员。

(2) 坚持一致性做法，切忌表里不一。报告书文字、内容前后要一致，摘要、正文、评估说明、评估明细表内容与数据要一致。

(3) 内容全面、准确、简练。资产评估报告应全面、准确、简练地叙述评估的依据、过程和结果。措辞要严谨，不能含糊不清，模棱两可。同时，要求文字表达的含义要准确肯定，以免引起疑义或误解。另外，还要求使用统一的货币计量单位和同一币种。

(4) 提交报告书要及时、齐全和保密。在正式完成资产评估工作后，应按业务约定书的约定时间及时将报告书送交委托方。送交报告书时，报告书及有关文件要送交齐全。涉及外商投资项目的对中方资产评估的评估报告，必须严格按照有关规定办理。此外，要做好客户保密工作，尤其是对评估涉及的商业秘密和技术秘密，更要加强保密工作。

(二) 资产评估报告的编制步骤

资产评估报告的编制是完成评估工作的最后的环节。资产评估师和评估机构通过资产评估报告不仅要真实准确地反映评估工作情况，而且要表明其在今后一段时期里对评估的结果和有关的资料承担相应的法律责任。这就要求资产评估师和评估机构编制的报告要思路清晰、文字简练准确，并且有关的取证材料和数据真实可靠。为了达到这些要求，资产评估师应按下列步骤进行评估报告的编制。

(1) 评估资料的分类整理。大量的真实的评估工作记录，包括被估资产的有关背景资料、技术鉴定情况资料及其他可供参考的数据记录等，是编制评估报告的基础。一般来说，一个较复杂的评估项目是由一组评估人员合作完成的，为了正确地反映评估的全过程，首先要求评估小组按工作的分工情况，将全部评估资料进行分类整理，包括评估作业分析表的审核、评估依据的说明、分类明细表的编制，最后要求形成分类评估的文字资料。

(2) 评估资料的分析讨论。在整理分类资料工作完成后，应召集参与评估工作过程的有关人员，对评估的情况和初步结论进行分析讨论，对于存在的问题，应进行必要的调整。采用两种不同方法评估并得出两个结论的，需要在充分讨论的基础上，得出一个正确的结论。

(3) 评估资料的汇总和评估报告的编排。评估报告的总纂人应根据分类评估资料讨论后的修正意见，进行全部资料的汇总编排和资产评估报告的编写工作，审查复核无误后打印正式报告，并将正式报告及附件交付客户。如果客户另有要求的，资产评估师还应向客户进行特别说明。

(4) 评估报告的审核。评估报告先由项目经理(或负责人)审核，再报评估机构负责人审核签发，必要时组织有关专家会审。

第二节 资产评估工作底稿的编制

10-2 资产评估执业准则——资产评估报告

一、资产评估工作底稿概述

(一) 资产评估工作底稿的概念

资产评估工作底稿(也称“工作底稿”)包括评估过程中的一切资料，有广义和狭义之分。广义的工作底稿指的是资产评估师执行评估业务形成的反映评估程序实施情况、支持评估结论的工作记录和相关资料，狭义的工作底稿仅仅指的是资产评估师在评估过程中形成的评估工作记录。我们一般说的工作底稿是指广义的概念。

（二）资产评估工作底稿的作用

资产评估工作底稿的作用主要表现在以下几方面：

（1）资产评估底稿是形成评估报告的直接依据。工作底稿记录了被评估资产的状态，以及注册资产评估选用的方法、作价依据和作价计算过程等，因而是提出评估报告最直接的依据。

（2）资产评估工作底稿是评估和考核资产评估师专业能力和工作业绩的依据。资产评估师在进行评估作业时，是否实施了必要的评估操作程序、所选用的评估方法是否恰当、依据的作价标准是否正确、职业判断和计算结果是否准确等，都会在工作底稿中反映出来。通过检查工作底稿，可以较为客观地评价资产评估师的专业能力，考核资产评估师的工作业绩。

（3）资产评估工作底稿是澄清资产评估师评估责任的依据。规避评估风险和澄清评估责任是评估机构和资产评估师在执业过程中特别关注的重要问题。完整的工作底稿是澄清评估师是否按照行业标准进行评估操作、有关方面是否提供了真实准确的法律文件的证据。

（4）资产评估工作底稿是控制评估质量和监控评估工作的手段。按一定的规范格式和内容编写工作底稿，是约束资产评估师的执业行为和控制评估质量的重要手段。

（5）资产评估工作底稿是未来评估业务和其他评估人员学习的参考文献。同类企业的同类资产的评估均存在一定的共性，以前执业的工作底稿可成为后人的参考与考核借鉴。评估人员除了在评估项目实践中学习评估业务以外，对未能参与的评估项目工作底稿的学习也是提高执业水平、增加执业经验的有效方式。

（三）资产评估工作底稿的分类

按照《资产评估执业准则——资产评估档案》（中评协〔2017〕34 号），工作底稿通常分为管理工作底稿和操作工作底稿。

管理类工作底稿是指资产评估师在执业评估业务过程中，为受理、计划、控制和管理评估业务所形成的工作记录及相关资料。一般应包括资产评估业务基本事项的记录、资产评估委托合同、资产评估计划、资产评估业务执行过程中重大问题处理记录、资产评估报告的审核意见等。

操作工作底稿是指资产评估师在履行现场调查、收集评估资料和评定估算程序时所形成的工作记录及相关资料。操作类工作底稿的内容因评估目的、评估对象和评估方法等不同而有所差异，一般包括现场调查记录与相关资料，收集的评估资料、评定估算过程记录等。

（四）资产评估工作底稿的编制原则

1. 完整性原则

完整性原则是指工作底稿用来反映整个评估过程的全貌，同时它也是鉴定评估机构和评估人员评估质量和执业水平的重要依据。因此，编制工作底稿时必须做到内容完整，按规定的要求进行编制，不能重复，也不得遗漏。

2. 真实性原则

真实性原则是指评估人员在编制底稿的过程中，要实事求是，真实地反映评估过程的全貌。真实性原则主要表现在以下两个方面：一是所获取资料需真实可靠；二是计算依据需真实可靠。

3. 重要性原则

重要性原则是指评估人员在编制工作底稿时要注意繁简得当，突出重点。对同种资产的评估，其底稿也应随着评估精度要求的不同而调整。如在企业整体资产评估中，对运输设备的评估，一般对典型设备作重点评估，编制详细底稿；对其他类似设备则相对简化作类比评估，底稿设计可简略些。如果是单独对运输设备进行评估，则每一台设备都应编制详细的底稿。

4. 科学性原则

科学性原则是指工作底稿的编制必须是科学的，主要包括两个方面：一是评估方法的采用与评估依据的取得必须是科学的；二是工作底稿的编制方法必须是科学的，既能较为全面地反映整个评估过程，又具有可操作性。

5. 统一性原则

统一性原则是指工作底稿的格式、采用的标识要统一；要求每张工作底稿上采用同一评估标识，使其含义前后一致。

(五) 资产评估工作底稿的管理

根据《资产评估执业准则——资产评估档案》(中评协〔2017〕34 号)，资产评估师在评估业务完成后，应当根据评估业务特点和工作底稿类别，编制工作底稿目录和索引号，及时将工作底稿整理好并归档。

按规定，资产评估师应当在评估报告日后 90 日内，及时将工作底稿与评估报告等一起归入评估业务档案，并由所在评估机构按照国家有关档案管理的法律、法规及本准则的规定妥善管理。

二、不同类别评估工作底稿的编制

(一) 管理类评估工作底稿的编制

管理类工作底稿按评估管理程序分类，分为受理、计划、实施和报告阶段的工作底稿。底稿设计可简可繁，可根据各评估机构的管理要求确定，但各阶段工作的重点必须以底稿形式记录在案。

1. 协议阶段工作底稿

协议阶段主要是评估机构与委托方就待评估项目进行洽谈。评估机构初步了解委托方和被评估单位(或产权持有单位)的基本情况，双方就评估目的、要求、范围、时间和收费等事项进行商谈，在衡量有关风险可以接受的前提下，与委托方最终达成评估协议。

这一阶段的工作底稿主要包括待评估项目情况表，待评估项目风险评价表和评估协议书三部分内容。待评估项目情况表主要反映委托方和被评估单位(或产权持有单位)的基本情况、相关经济行为及其背景、评估目的、评估对象和范围、评估基准日、委托评估资产的分布、评估的时间要求和收费、客户的期望和特别要求等。

待评估项目风险评价表主要反映该项目是否存在不可控制的风险，确定是否承接该项目。风险评价主要包括的内容有：评估报告的使用方式是否符合规定，是否会误导使用者；委托评估资产的特殊性是否存在难以客观估价的风险；委托评估资产权属状况是否过于复杂造成权属判定风险；委托评估单位内部管理状况是否良好，是否存在不配合评估、不支付费用等风险；评估人员的专业知识和技能是否能满足项目要求；在客户要求的时间内能否完成评估任务等。

评估协议书是评估机构与委托方签订的评估服务合同，是评估机构在对委托评估事项作了前期调查了解、对该项目可能存在的风险作出判断和评价的基础上，与委托人就评估基本事项达成一致意见。协议书的基本内容有：①签约双方的名称；②委托资产评估的目的、范围和基准日；③评估期限和出具评估报告时间；④评估报告的使用范围；⑤资产评估收费；⑥双方的权利和义务；⑦违约责任；⑧其他事项等。

2. 计划阶段工作底稿

评估计划阶段主要是在前期调查被评估单位（或产权持有单位）和委托评估资产概况的基础上，由项目负责人制定评估计划，为履行评估协议书而拟定的评估工作的总体思路和实施方案。计划阶段的工作底稿包括评估计划和客户提供的资料清单。评估计划的基本内容包括：①评估项目的基本情况；②各类资产的评估程序及评估方法；③评估人员配备及分工；④评估进度、时间安排；⑤评估风险控制或需要注意的重点问题；⑥评估计划的审核等。

在评估中，客户需提供的资料随着评估方法不同而不一样，但各类资产评估需收集的资料基本上是固定的。客户提供的资料按照集体情况整理后，分别归入各类资产评估业务类底稿，并赋予对应的索引号。

3. 评估实施和报告阶段工作底稿

进入评估实施阶段，主要是对各类资产进行清查、核实与评估，大量形成的是操作类评估工作底稿。其间可能出现人员调整、计划变更而调整评估计划，特殊问题、重大事项需与客户沟通，遇到非常规的评估技术问题需要处理则应进行讨论、协商，达成一致意见，相应形成重大事项请示与协调工作底稿，相关评估会议纪要可作为附件。

进入评估报告阶段后，评估人员整理工作底稿，草拟评估报告，报告和工作底稿同时进行三级复核，并留下复核记录。评估结论和报告草稿经客户认可后，出具正式报告。如有需要，再报有关部门审核。此阶段的工作底稿则为资产评估报告底稿（正文、说明、汇总表）、机构内部三级审核意见、客户反馈意见和主管部门审核意见等。

（二）操作类评估工作底稿的编制

操作类评估工作底稿主要在评估各项具体资产时编制，用来反映评估对象、程序、方法和评估结果。其主要包括以下内容：①被评估资产范围内各类资产或负债的汇总表；②客户申报的资产明细表；③评估人员用于勘测和计算的评估明细表；④各类专项调查记录；⑤资产产权归属证明文件或使用权证明文件；⑥价格信息、市场调研记录；⑦分析计算说明、调整说明和主要事项说明；⑧被评估单位的整体分析资料；⑨有关原始凭证，包括会计报表、盘点表、对账单、平面图、鉴定证书、决算资料、重要资产购置发票、重要合同、重要设备运行记录和大修理、改造记录等；⑩现场核实资产的工作记录；⑪委托单位及被评估单位（或产权持有单位）的反馈意见及修改记录；⑫资产评估工作小结。

在实际工作中，工作底稿的形式使用最多的是表格加附件式，即表格上反映程序的基本内容，表格的附件反映相关的证明文件、计算依据。每张工作底稿设计的评估目的程序可以独立以文字形式体现，也可以表格形式简略反映。具体应根据现行资产评估管理规范意见执行。

资产评估工作底稿一般按资产类别划分为流动资产及负债、长期投资、机器设备、房屋建筑物、土地使用权、无形资产和整体资产七大类。下面以各大类资产评估为例，列举有关底稿参考格式。

1. 流动资产及负债评估工作底稿

流动资产及负债除现金、存货为实物资产外，其余基本上是债权类资产和债务。

流动资产评估工作底稿一般按会计科目分类设计，每一科目设计一类资产评估工作底稿。每类底稿由资产评估明细表、评估基础表格和附件组成。资产评估明细表可以按照财政部现行规定的资产评估明细表格式，由企业填写。基本表格内容包括评估程序的执行记录、评估方法、评估申报数和评估结果；附件由现场核实与调查记录组成，作为评估方法、参数选择的依据。

现金评估工作底稿，包括：①现金评估明细表，记录存放部门、币种、账面余额、基准日汇率、调整后账面余额、评估价值。该表由企业填写，除"调整后账面余额、评估价值"外的内容。②现金评估作业分析表，记录评估程序、核实金额、所附证据、评估方法和评估价值。③现金盘点表，记录盘点日期、货币面额、张数、金额，核对账面金额，盘点尚未入账的收付金额，盘盈与盘亏说明（企业盘点人员、会计主管和企业负责人签字，监盘人员也要签字）。④有关会计凭证，复印核对账务时涉及的重要凭证，如盘点时尚未入账的收付凭证。

银行存款评估工作底稿，包括：①银行存款评估明细表，记录开户银行及账号币种、账面余额、基准日汇率、核实金额、调整后账面余额、评估方法、评估价值。②银行存款余额调节表，记录基准日企业和银行的银行存款账面余额的调整明细、调整后余额是否一致、不一致的原因说明。③有关会计凭证、银行对账单、银行存款函证。应收账款的评估方法有多种，如坏账估计法、账龄分析法等。坏账估计法下的评估工作底稿应着重反映以前年度（一般为5年）所发生坏账总额占应收账款余额总数的比例。账龄分析法下的评估工作底稿应着重反映其存在时间，债务人资金、信用、经营管理状况等资信状况，以及分析坏账形成的原因。

底稿以表格形式编制，应充分反映应收账款的原始情况，如结算对象、发生日期、账龄、账面金额等内容；同时反映评估过程情况，如账面调整情况、清查核实情况、评估价值等内容。函证、核销文件或其他证明材料作为附件对坏账的分析和处理可单独编制一张底稿，记录坏账分析的方法、金额，坏账的处理及有关证明材料。为便于操作，存货评估的工作底稿分为评估汇总表和各类存货评估明细表。评估明细表记录各项存货清查情况，如资产名称、计量单位、数量、账面价值；记录存货评估方法及评估价值，如现行市场单价、费用率、损耗率等。长期借款评估工作底稿应反映借款日期、借款对象、借款用途、借款金额、借款利率、调整后账面价值等内容。适当关注借款担保或抵押情况。另附资料：长期借款银行函证单、长期借款合同或协议复印件、借入或还款的原始凭证复印件等。

2. 长期投资评估工作底稿

长期投资中的对外投资，按现行规定，投资比例超过50%的，必须按企业整体资产评估的格式编制底稿。

以股票投资评估工作底稿为例，以表格形式反映股票投资清查、评估汇总的工作底稿，内容包括股票名称、购进日期、账面投资额、股数、占被投资单位的比例、账面调整净值、市价、评估方法、评估值。

3. 机器设备评估工作底稿

运用成本法评估机器设备时，各类设备的重置价格构成和取得途径不同。如进口设备、外购设备和自制设备的区别。再者是成新率判断不一样，如高精尖设备、普通通用设备和简易设备成新率判断方法和现场勘察详略程度不一。底稿设计应根据设备的特点详略得当。

进口设备评估工作底稿应包括反映其原始情况的资料（如设备编号、设备名称、规格、型号、生产厂家、计量单位、购置日期、账面原值、净值等）和评估过程中获得的资料（如重置价格的构成、取得途径和金额、已使用年限、尚可使用年限的确定、成新率的确定方法、保养和利用率情况记录等），这些内容可以表格形式综合反映。重点设备评估应单独编制评估作业表，内容包括设备名称、规格型号、购置日期、制造厂家、供货单位、启用日期、账面原值、账面净值、出厂日期、外币名称、外币原值、停用日期、成新率、重置价格、价格来源、价格构成(进口设备的价格构成一般应包括 CIF 价、关税、银行手续费、增值税、国内运输费、国内安装调试费等;国产设备的价格构成则应包括售价、运输费、安装调试费等)、重置完全价值、评估价值。

4. 房屋建筑物评估工作底稿

房屋建筑物评估工作底稿主要包括基础性资料和评估类资料。基础性资料包括委托方提供的资料,如建筑编号、建筑物名称、结构、层数、层高、跨度、跨数、基础、柱距、起重设备、建成年月、电梯、账面价值等情况;评估类资料包括建筑总造价的取得、成新率的测定、实地勘察所获得的资料、评估价值等。同时应编制房屋建筑物现状调查表,内容反映建筑物的基本特征、建筑特征、装修标准、安装工程等。

5. 土地使用权评估工作底稿

土地使用权的评估方法有多种,不同评估方法的工作底稿是不一样的。

6. 无形资产评估工作底稿

无形资产评估,可在收益法、市场法或成本法中选择合适的方法进行评估。相应编制的底稿应着重反映对无形资产的获利能力的分析和预测、无形资产的市场竞争情况和比较分析结果、重新开发成本、开发者的合理利润等。无形资产评估底稿多以表格和文字相结合的形式出现。

7. 企业整体价值收益法评估工作底稿

用收益法评估企业价值的工作底稿应包括的主要内容如下:①企业前 3～5 年收支结构分析;②财务指标的分析;③主要产品历年销售统计表;④销售收入、成本、毛利预测表;⑤期间费用预测表;⑥销售税金及附加预测表;⑦评估假设条件;⑧客户预测表和调整依据;⑨经营活动现金流入和流出预测表;⑩投资活动现金流量预测表;⑪筹资活动现金流量预测表;⑫折现率确定说明;⑬评估计算表。

思政育人

资产评估机构"翻车",46 家 IPO 公司品尝苦酒!谁该担责?

作为资本市场的"看门人",中介机构理应履职到位,营造和维护规范有序的市场环境,进而保护投资者的合法权益。但有的"看门人"却没有尽到职责,反因自身被立案而牵连多家上市公司中止审核。

2022 年 7 月 29 日,深交所宣布对 32 家创业板 IPO 企业中止审核,原因是 31 家公司的资产评估机构中水致远资产评估有限公司(下称"中水致远")和 1 家公司的法律服务机构北京中银律师事务所(下称"中银律所")被证监会立案调查。

同日,上交所宣布,15 家科创板 IPO 企业中止发行注册程序,原因亦与相关的证券服务机构被立案调查有关。不过,上交所没有明确提及机构名称。据自媒体"投行那些事儿"报道,这 15 家公司的资产评估机构都是中水致远。

IPG 中国首席经济学家柏文喜表示,资产评估、律所在企业 IPO 过程中起着资产价值评估、法律咨询与合规性审查、产权确认等关键性作用,在资本市场中扮演着公允公正的第三方服务的角色,因此其公信力是资本市场有效运行的基石。

思考:如果资产评估人员没有做到客观公正,会造成什么样的后果?

资料来源:https://baijiahao.baidu.com/s?id=1740057972263588165&wfr=spider&for=pc.

本章重要概念

资产评估报告　资产评估工作底稿

本 章 练 习

10-3 第十章练习题答案

10-4 第十章PPT

一、单项选择题

1. 在国际评估界,有的国家将资产评估报告类型划分为完整型、简明型和(　　)。

A. 保留型　　B. 拒绝发表意见型

C. 反对型　　D. 限制型

2. 下列属于评估基准日是过去时点的评估报告是(　　)。

A. 现实型评估报告　　B. 预测型评估报告

C. 追溯型评估报告　　D. 以上都不是

3. 按照现行国有资产评估项目管理制度规定,国有资产评估项目实行(　　)制度。

A. 资产评估项目立项确认审批制度　　B. 资产评估项目核准制和备案制

C. 资产评估项目核准制　　D. 资产评估项目备案制

4. 资产评估工作底稿的编制原则有(　　)。

A. 完整性原则　　B. 真实性原则

C. 重要性原则　　D. 谨慎性原则

5. 下列属于管理类工作底稿的是(　　)。

A. 流动资产及负债评估工作底稿　　B. 协议阶段工作底稿

C. 长期投资评估工作底稿　　D. 机器设备评估工作底稿

二、多项选择题

1. 国有资产评估报告由(　　)组成。

A. 标题、文号、声明、摘要　　B. 评估说明

C. 正文　　D. 评估明细表

2. 资产评估报告的作用有(　　)。

A. 对委托评估的资产提供价值意见

B. 反映和体现资产评估工作情况,作为明确委托方、受托方及有关方面责任的依据

C. 对其进行审核,是管理部门完善资产评估管理的重要手段

D. 它是建立评估档案,归集评估档案资料的重要信息来源

3. 评估机构撰写出资产评估正式报告并经审核无误后,还需要(　　)。

A. 至少两名负责该项目的资产评估师签章

B. 参与评估项目的其他人员签章

C. 评估机构法定代表人签章

D. 加盖评估机构公章

4. 资产评估工作底稿分为(　　)工作底稿。

A. 管理类　　B. 操作类　　C. 资产类　　D. 负债类

5. 资产评估工作底稿的编制原则有(　　)原则。

A. 完整性　　B. 真实性　　C. 重要性　　D. 谨慎性

三、判断题

1. 基准日是对资产进行清查、核实以及确定取价标准的日期。（ ）

2. 资产评估报告正文应当由两名以上资产评估师签字盖章，不需要评估机构盖章。（ ）

3. 评估报告的审核先由项目经理（或负责人）审核，再报评估机构负责人审核签发，必要时组织有关专家会审。（ ）

4. 资产评估师应当在评估报告日后30日内，及时将工作底稿与评估报告等一起归入评估业务档案。（ ）

5. 管理类工作底稿按评估管理程序分类，分为协议、计划、实施和报告阶段的工作底稿。（ ）

四、简答题

1. 资产评估报告的含义是什么？由哪些内容构成？

2. 简述资产评估工作底稿的基本内容。

3. 试述资产评估报告书的编制要求。

参 考 文 献

[1] 财政部.资产评估基本准则.2017.
[2] 乔志敏,宋斌.资产评估学教程[M].北京:中国人民大学出版社,2015.
[3] 中国资产评估协会.资产评估师职业资格全国统一考试辅导教材,资产评估[M].北京:经济科学出版社,2016.
[4] 路君平.资产评估理论与案例分析[M].北京:中国人民大学出版社,2014.
[5] 李建.中国资产评估业存在问题及对策研究[J].财经问题研究,2017(10).
[6] 冯兴明.无形资产评估准则的应用研究[D].长安大学,2014.
[7] 刘明中.财政部随机抽查证券资格资产评估机构[N].中国财经报,2017-10-28.
[8] 薄建奎,于雅静.价值类型与资产评估目的的关系讨论[J].现代商业,2017(28).
[9] 胡玄能.三种资产评估方法的比较与建议[J].会计之友,2006(04).
[10] 刘国财.新形势下森林资产评估核查内容和方法[J].广东科技,2014(14).
[11] 徐桂彤.企业价值评估案例研究[D].天津商业大学,2016.
[12] 唐艳.我国无形资产评估面临的困境及对策[J].财会研究,2011(13).
[13] 肖时庆.证券市场资产评估问题研究[D].厦门大学,2001.
[14] 罗文芳.我国机器设备评估准则与英国资产评估准则的比较探讨[J].时代金融,2015(09).
[15] 郑皓文.基于市场法的房地产评估指标体系研究分析[D].西南财经大学,2014.
[16] 汪海粟.资产评估[M].北京:高等教育出版社,2009.
[17] 宋传联,闫大柱,于洪.资产评估理论与实务[M].北京:机械工业出版社,2014.
[18] 秦中甫,杨录强.资产评估[M].北京:清华大学出版社,2009.
[19] 刘玉平.资产评估[M].北京:高等教育出版社,2015.

参考文献